Contemporary Artists Dictionary

COVER: DARIO ORTIZ
"EL CIRCULO" OIL ON CANVAS, 1.50 X 1.20 M.

COMTEMPORARY **ARTISTS**
D I C T I O N A R Y
EDITION No. 5 YEAR 2003

DIRECTOR
RAFAEL VEGA J.
EDITOR
GLORIA VEGA
PUBLISHED BY
N $ V PUBLISHER
PRESIDENT
CESAR NIETO Q.
PUBLIC RELATIONS
PATRICIA NIETO
ADVERTISING SALES
REPRESENTATIVE
COLOMBIA
NELSON GÁMEZ
GUSTAVO BERNAL

COLLABORATORS,
WRITES AND ART CRIYICS
LUIS CABALLERO CALDERON
J.CASAGRAN
CAROL DAMIAN
AMELIA MARÍA DOVAL H.
F. GIL TOVAR
ROBERTO J. CALLUSO
LUIS FELIPE MARSAUS
RAFAEL VEGA J.
JORGE DE LA FUENTE
GERMAN RUBIANO CABALLERO
LUIS LASTRA
EDUARDO MARCELES DACONTE
BENJAMIN ORTIZ
CARLOS VERDECIA
LUIS ZALAMEA

OFFICE USA
MIAMI
838 S. MIAMI AVE
PH: (305 372 1235
MIAMI, FL. 33130
POSTAL ADRESS
P.O.BOX 403021
MIAMI BEACH. FL. 33140
PH: (305) 354 49 72
FAX (305) 944 21 92
E-MAIL: RVEGA@NETSIDE.NET
OFFICE COLOMBIA
BOGOTÁ
CALLE 74 No. 15-15 SUITE 212
PH: 57-1-2112936

Diccionario de Artistas Contemporáneos

Introduction

An artists dictionary is a working tool to find, discover, get to know, read about or simply explore and be surprised with the resources of the imagination and the unlimited expressive possibilities that exist in a community. It is still more useful to art critics, curators, dealers and, of course, to the artists themselves, we all need the information that divulges this necessary reference book.

There cannot be homogeneity in a volume that is intended to bring to light Latin American artists that live in the United States and throughout the continent, because in art everything is possible and each person has an individual way of projecting its esthetic values through an infinity of techniques, themes or philosophical reflections. Picasso once exclaimed: 'I do not seek, I find', because art has an intuitive aspect that allows artists to find roads they had never dreamed until the moment of creation.

Each day the world of art expands its borders to the extent that more artists enter the arena, new art museums and galleries are opened and new curators and representatives arise. At the same time, the means of communication are expanded through the innovative discoveries and technological inventions that spread artistic currents. Nevertheless, a book can never be replaced by another medium since it is a friend that is always there, willing to inform without obstacles at any moment. Consequently, a volume as 'Contemporary Artists Dictionary' is fundamental for all, not only for persons in the art business, but also for those who want to be initiated in the complex art world and learn of the dominant tendencies of contemporary art.

Eduardo Marceles
Art Critic and Curator

Introducción

Un diccionario de artistas es una herramienta de trabajo para encontrar, descubrir, conocer, leer o simplemente explorar y sorprenderse con los recursos de la imaginación y las ilimitadas posibilidades expresivas que existen en una comunidad. Es aún más útil a críticos, curadores, marchantes de arte y, por supesto, a los artistas, todos necesitamos la información que divulga este necesario libro de consulta.

No puede haber homogeneidad en un volumen que se propone dar a conocer a los artistas latinos que viven en los Estados Unidos y América Latina, porque en arte todo es posible y cada persona tiene una manera individual de proyectar sus valores estéticos a través de la infinidad de técnicas, temas o reflexiones filosóficas. Picasso en una ocasión exclamó: 'Yo no busco, encuentro', porque el arte tiene su aspecto intuitivo que le permite a los artistas encontrar caminos que nunca habían soñado hasta el momento mismo de la creación.

Cada día el mundo del arte amplía sus fronteras a medida que entran más artistas a la palestra, se abren nuevos museos y galerías de arte, surgen curadores y representantes, pero al mismo tiempo se expanden las vías de comunicación a través de los innovadores descubrimientos e inventos tecnológicos que divulgan los valores artísticos. No obstante, un libro nunca puede ser remplazado por ningún otro medio puesto que es un amigo que está siempre allí, dispuesto a informar sin cortapisas en el momento que se desee. En consecuencia, un volumen como 'Contemporary Artists Dictionary' es fundamental para todos, no sólo para personas en el ámbito artístico, sino también para quienes se inician en el complejo mundo artístico y quieran estar enterados de las tendencias dominantes del arte contemporáneo.

Eduardo Marceles
Crítico y curador de arte

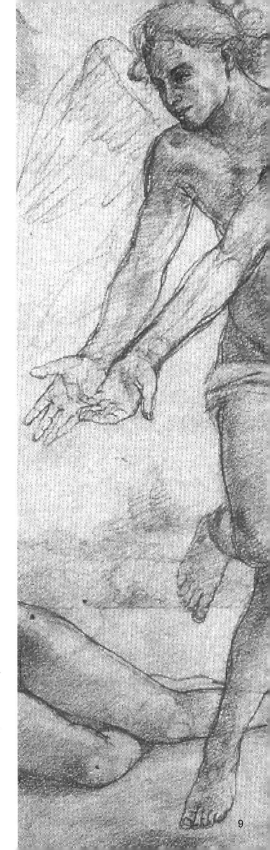

9

Index of Artists and Painters

Dictionary Index

A

B

C

CH

D

L

M

N

Index of Artists and Painters
Black and White

José Bencomo

"Cristo"

PORTRAIT OF CUBAN PAINTER "MIJARES". CHARCOAL, 22" X 28 "

JULIO BLANCO

E-mail: jbsarte@aol.com   BIOGRAPHY:107   E-maiL: XXIjbart@yahoo.com

390 N.E. 85TH ST. EL PORTAL, FL. 33138 - PH: (305) 757 8791 - CELL: (305) 281 1069

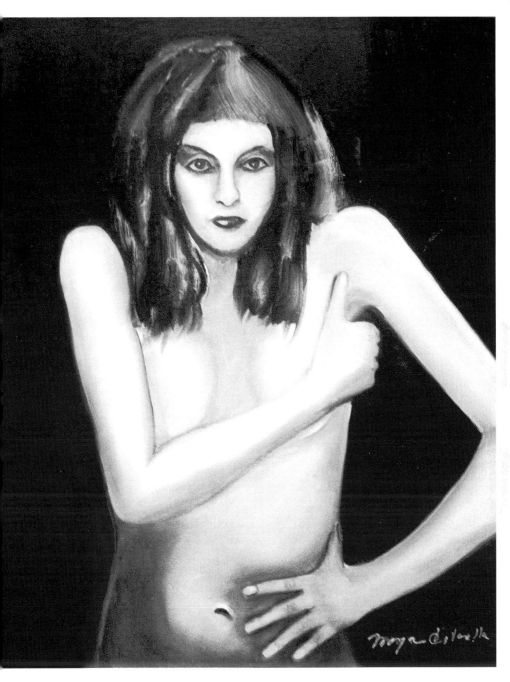

"MUJER FATAL". OIL ON CANVAS, 24" X 30"

MAYA CITARELLA

BIOGRAPHY:115

2445 S.W. 102 PL.MIAMI, FL. 33165 PH: (305) 553 1958 - FAX: (305) 223 9163

"El Testigo". Oil on Canvas, 24" x 18"

VICENTE DOPICO LERNER

BIOGRAPHY:120

E-mail: gracecz@msn.com

ISAURA

"NATURALEZA MUERTA". ACRYLIC ON CANVAS, 24' X 36"

BIOGRAPHY:155

8231 N.W. 8 ST. APTO. 314 - MIAMI, FL. 33126 - PH: (305) 265 6236

LEOPOLDO ROMAÑACH

BIOGRAPHY:159

DARIO ORTIZ
Painting as Self-Reflection

By Jorge de la Fuente

Historical subjects are one of the most revealing media to approach current themes. After all, history is a free narrative of each unrepeatable fact which provides wide margins of interpretation to re-condition meanings and establish relationships generally accessible only through intuition. In art, visual images prevail over discursive interpretation, endowing the past with an ambiguous and many-faced portrayal. The work of Dario Ortiz is a reflective incursion not only into the history of art and the possible homologies of its subject matter with today's world, but also an intimate reflection of the plastic process which creates such a portrayal. With his subtle vocation for irreverence, the artist displays imagination in playing with hallowed iconographic reality, which appears as unquestionable evidence, as backdrops legitimized by history, or by the faith with which the artist transforms part of his own personal milieu, training and self-conscience. I don't see any religious mysticism in any of Dario Ortiz's works. In any event this would be mysticism applied to transcendental existence, to dramatic emphasis — almost always theatrical — centered on the essence of human circumstances over an infinite melange of scenarios. Such a dauntless and provocative relationship with representative space is expressed not only through the coexistence of objects, costumes and other details from opposing eras and characters, but also by a sense of alienation – as Brecht might say — in the context that these paintings are not so much a substitute for reality but rather artistic expressions with semantic intentions. Perhaps the most widely resources to create this effect are the obsessive

> **With his subtle vocation for irreverence, the artist displays imagination in playing with reality**

images of the human hand and the brush displayed in most of Ortiz's paintings, from his still lives to his historical/religious subjects. When the artist emphasizes the notion of the construed and artificial in each scene, he brings to the foreground his will to stress a certain meaning, to display his conscious treatment of a symbol prevailing over the literal perception of the setting.

In Florence, where he was imbued with classical culture, the artist was able to endow his esthetic options with their own identity. Perhaps this desire to share creative space with his masters is what leads Ortiz to appear in most of his paintings as a character making notes or simply as part of the scenery, which is usually confined to an artist's studio. This element of self-reflection reveals the artist's concern with his subject matter of painting as training, mode of expression and social linkage.

In the current creations of this youthful painter we envision traces of his previous sojourns into surrealism and expressionism, revealed by the way he treats certain details or his occasional focus on particular colors or sketching methods. However, "updated" classical heritage prevails as a formal proposition in the expressive treatment of light, composition, texture and overall plastic conception of subject matter. Over and above whatever specific thematic approach this artist may select in the future, his well-trained sensibility remains unchanged, as well as his excellent technique and his rare quality to offer us in each work images brimming with allusions through which feeling as an esthetic fact acquires its fullest dimension.

English Translation by Luis Zalamea.

" *Untitled*". *Charcoal on Paper, 70 x 50 cm.*

Dario Ortíz

DARIO ORTIZ

La pintura como autorreflexión

Por Jorge de la Fuente

E l tema histórico ha sido una de las vías más reveladoras para acercarnos a los enigmas del presente. A fin de cuentas, la historia es una narración abierta en la que cada hecho irrepetible deja un amplio margen de interpretación desde el cual se recodifican significados y se establecen correspondencias generalmente asequibles solo a través de la intuición. En lo que al arte respecta, el dominio de la imagen visual sobre la interpretación discursiva añade un componente ambiguo y polisemico a cualquiera representación del pasado.

La obra de Darío Ortiz es una incursión reflexiva no solo en la historia del arte y en las posibles homologías de sus temas con el mundo de hoy, sino también una íntima reflexión sobre el proceso pictórico que ha dado lugar a esas representaciones. Con su fina vocación para las irreverencias, el artista juega imaginativamente con realidades icnográficas canonizadas que funcionan como evidencias indiscutibles, como trasfondos legitimados por la historia o por la fe que el transforma en parte de su propio itinerario personal, de su aprendizaje y de su autoconciencia.

No creo que exista un misticismo religioso en su trabajo. En todo caso se trataría de una mística sobre lo trascendente de la existencia, de un énfasis dramático –y casi siempre teatral- centrado en la esencialidad de la circunstancia humana frente a las infinitas variaciones de los escenarios. Esa relación desenfadada y provocadora con el espacio representacional se expresa no solo a través de la coexistencia de objetos, vestuarios y otros detalles que confrontan épocas y personajes

diversos, sino también por el uso de un efecto de extrañamiento- como diría Bretch- que nos evidencia que los cuadros no son propiamente sustitutos de la realidad sino expresiones artísticas con una intencionalidad semántica. Tal vez el recurso más reiterado para dar ese efecto es el motivo obsesivo de la mano y el pincel que recorre buena parte de la iconografía de Ortiz, desde las naturalezas muertas hasta las obras de tema histórico-religioso. Cuando el artista subraya la idea de lo construido y artificial de cada escena pone en primer plano la voluntad de remarcar el significado, de llamar la atención sobre la elaboración conciente de un símbolo que desborda el sentido literal de la imagen.

El contacto directo con la cultura clásica durante su estancia en Florencia, Italia, le ha permitido al artista construir una identidad que le da sentido a sus opciones estéticas. Tal vez ese deseo de compartir el espacio creativo con sus maestros hace que en buena parte de sus piezas Ortiz aparezca como un personaje –tomando apuntes, pintando o simplemente como parte de la escena,- ubicado casi siempre dentro de un estudio de pintura. Este es un elemento autoreflexivo que revela el interés del artista por el tópico de la pintura como aprendizaje, como medio de expresión y como relación social.

En su obra actual se perciben huellas de anteriores búsquedas dentro del surrealismo o el expresionismo, que asoman en el tratamiento de un detalle o en el enfoque ocasional del dibujo o el color. Sin embargo, la herencia clásica "actualizada" predomina como propuesta formal, en el uso expresivo de la luz, en la composición,

Con su fina vocación para las irreverencias, el artista juega imaginativamente con realidades

en las texturas y en la concepción general del tratamiento pictórico de los temas. El horizonte expresivo de un artista es tan amplio como sus propias motivaciones. En este momento Darío Ortiz está incursionando en un tipo de realismo muy próximo al fotográfico, que está completamente desprovisto de alegorías. Es el tema de lo cotidiano que se impone sin más referencia que el dato escueto de la representación.

Para captar el sentido de este giro expresivo basta comparar las diferencias semánticas entre el cuadro con las escenas de una Beatriz alada junto al Dante y el de la joven Catalina tirada en el sofá, en el simple acto de leer. De nuevo, la trascendencia y lo profano, pero ahora en lugar separados.

Al margen del perfil temático específico que asuma la obra de este artista, quedara inalterable su entrenada sensibilidad, la excelencia de su dominio técnico y esa rara virtud de ofrecernos en cada pieza una imagen llena de sugerencias en donde la sensoriedad como hecho estético adquiere su más plena dimensión.

The *Grande Gallery* in the *Gable*

www.thegrandegallery.com

* Art Works of Famous Painters
* Antiques
* Porcelains
* Limoges
* Hand Embroiled Tables Cloths
* Hand Blown Lamps from Greece

The largest dealer of Edna Hibel painting in Florida. Over the past forty years the artwork of Edna Hibel has met with growing critical and popular acclaim as major museums and galleries in more than twenty countries. Four continents have held exhibitions of her work.

E-mail: odalys@thegrandegallery.com

1911 Ponce de Leon Blvd. Coral Gables, FL. 33134
Ph: (305) 447 9603 - Fax: (305) 447 9605 - Cell: (305) 498 9999

A COMPELLING MIX OF CONTEMPORARY ART FROM EUROPE, ASIA AND THE AMERICAS

ART MIAMI

JANUARY 9–13
MIAMI BEACH CONVENTION CENTER

OPENING NIGHT GALA

Thursday, January 9 (invitation only)   7–10pm

DATES AND TIMES

Friday	January 10	Noon – 8pm
Saturday	January 11	Noon – 8pm
Sunday	January 12	Noon – 8pm
Monday	January 13	Noon – 6pm

OBRA DE ARTISTA COLOMBIANO EXTRAVIADA EN MIAMI

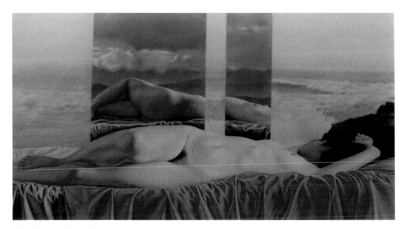

Enrique Martínez.   Oleo/lienzo, 32" x 47"

Por favor si usted ha visto esta obra comunique al
Consulado General de Colombia en Miami Tel: (305) 442 9215, o escriba
E-mail:loagarte@hotmail.com
Absoluta reserva

CUSTOM FRAMING • ART • MURALS & MORE!

"Untitled". Oil on Canvas, 18" x 28"

Ismael A. Abreu

Biography:100

E-mail: oygallery@aol.com

Ph: (305) 446 2666 - Fax: (305) 446 0081
110 Valencia Ave., Coral Gables FL. 33134

41

"CARGANDO LOS GALLOS". OIL ON CANVAS, 24" X 30"

ORLANDO ACOSTA

BIOGRAPHY: 100

1470 S.W. 21 AVE. MIAMI, FL. 33145 - PH: (305) 642 2517 - (305) 541 68 24

"El Pasaje". Acrylic on canvas 7 F. 3" x 5 F. 3"

Fabiola Aixala

Biography:101

E-mail:fabart@bellsouth.net

1225 Manati Ave. Coral Gables, FL. 33146 -
Ph: (305) 662 7755 -Fax: (305) 669 5970 - Cell: (305) 790 1062

marina albornoz

marinaalbornoz@aol.com

161 Crandon Blvd. Apt # 218
Key Biscayne, Florida 33149
tel: (786) 554 4575

"Amalfi" acrylic on canvas 24" x 30" in.

BIOGRAPHY: 101

Devora Arango

BIOGRAPHY: 104

"EL ULTIMO PECADO".

OBRA EN LA CUAL DESPIDIÓ SU OFICIO LA PINTORA EN 1998.
COLECCION PRIVADA

"Las Cuatro Loncheras". Mixta sobre tela", 135 x 135 m.

JUAN ALDANA

BIOGRAPHY: 102

E-mail:juanaldana333@hotmail.com

TELÉFONOS: (571) 213 73 03 (571) 369 10 03

TRANSVERSAL 15 # 119-10, APTO. 103, BOGOTÁ, COLOMBIA. S.A.

"NIGHT OF THE SOUL". ACRYLIC & INKS ON BOARD, 23½" X 30"

ALDO AMADOR

BIOGRAPHY: 46

14107 S.W. 66TH STREET, NO. D6 MIAMI, FL. 33183 - PH: (305) 380 9737

"AMISTAD". PASTEL, 41" X 31",

JOHN AMAT

"PARAISO". PASTEL, 26" X 20"

E-mail:erros1432@msn.com

5722 S.W. 53 TR. SOUTH MIAMI, FL. 33155 - PH: (305) 666 6847

BIOGRAPHY:103

Jorge Arango

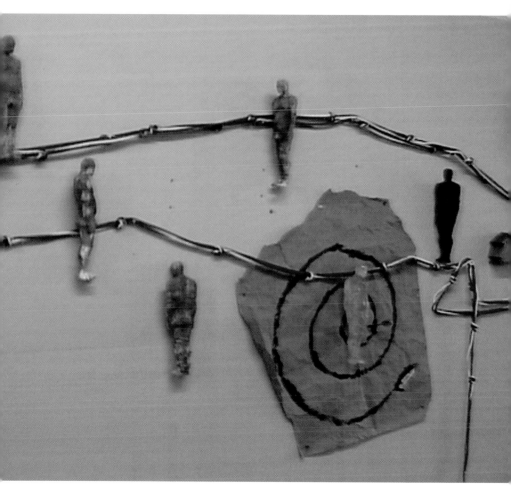

"Lift Cuba Ban"

Biography: 103

E-mail: arangoart@att.com

4666 S.W. 75 Ave. Miami, FL. 33155 - Ph: (305) 267 4103

JAIRO 'FOX' BARRIOS

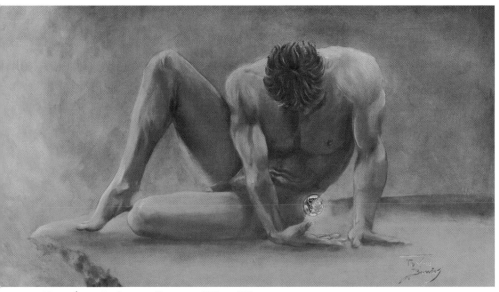

"SIN TÍTULO". OIL ON CANVAS, 25" X 47"

WWW.FOXVENTUSARTS.COM

BIOGRAPHY: 105

E-mail: jairo@foxventus.zzn.com

11223 LAKEVIEW DR. CORAL SPRING, FL. 33071 PH: (954) 341 0773

FERNANDO BOTERO

"LOS JUGADORES DE CARTAS". OIL ON CANVAS, 118 X 154 CM

BIOGRAPHY: 108

COLECCIÓN PRIVADA

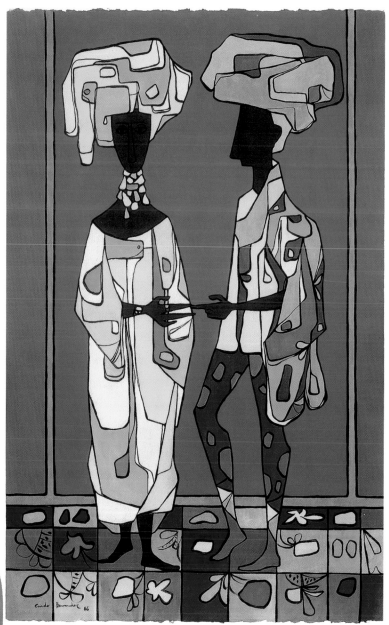

"Recien Casados". Gouache /Paper, 24" x 40"

Cundo Bermúdez

Biography:107

50

CRISTINA BERTRAND

"LOS ANGELES NO.7", ACRYLIC ON CANVAS, 48" X 48"

BIOGRAPHY:107

E-mail:cristinabertrand@earthlink.net

5700 COLLINS AVENUE, APTO. 11G, MIAMI, FL. 33141 - CELL: (305) 519 6633

"LOS NIÑOS DE LA FRUTA". OIL ON CANVAS, 36" X 40"

LUIS BRESO

BIOGRAPHY:109

5925 N.W. 110 ST. HIALEAH, FL. 33012 PH: (305) 558 3235

MINERVA BRIZUELA

"Misterio". Oil on Canvas, 25" x 30". 2001

MINERVA BRIZUELA

Biography:109

"Anones". Oil on canvas, 12" x 24". 2002

MIAMI. PH: (305) 667 9509 - FAX: (305) 667 5718 - CELL: (305) 332 4798

"Rastros de estrellas" Mixta Oleo/lienzo, 40 x 50 cm. 2.002

VITTEL BUGMANN

Biography:109

E-mail:vittelbugmann@hotmail.com

MÉXICO, D.F. TEL: (5255) 55202202

MILTON CAMARGO MANTILLA

"BODEGON" OIL ON CANVAS, 18" x 22"

BIOGRAPHY:111

COLOMBIA. PHONE: (57-1) 677 6942 - (57-1) 231 0905

OLGA CAMPOS

BIOGRAPHY:111

"COCOS FRESCOS". OIL ON CANVAS. 30" X 40"

9175 S.W. 77 AVE. SUITE 202, MIAMI, FL. 33156. PH/FAX: (305) 598 8743

MANUEL CANOVACA

"OJOS BRUJOS".OIL ON CANVAS, 40" x 60"

BIOGRAPHY:112

E-mail: canostudio@aol.com

2601 S.W. 25 St. MIAMI, FL. 33133 - PH: (305) 854 2309 - FAX: (305) 643 2235

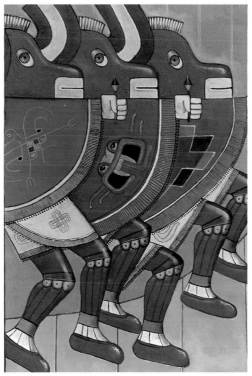

CESAR CARACAS

"DANZA DEL GUEGUENSE"
OIL ON CANVAS, 30" x 40"

BIOGRAPHY: 113

PH: (305) 221 6589

12259 S.W. 17 LANE. NO.104
MIAMI, FL. 33175

E-mail:mariadiliam@wmconnect.com

"Renacer de Benancio". Oil on Canvas, 48" x 36".

CARLOS RAFAEL

Biography:113

10701 S.W. 28 ST. Miami, FL. 33165 - Ph: (305) 283 5641

OSWALDO CANTILLO

"MUJER Y NATURALEZA". OIL ON CANVAS, 100 x 80 CM, 2000

BIOGRAPHY:112

COLOMBIA. S.A.

TEL:(57) 310 6469111 - (57)-5 - 3095005

CALLE 2 NO. 18-35 PRADOMAR PUERTO COLOMBIA, COLOMBIA

Oswaldo Cantillo

"Desprevenido". Oil on Canvas, 100 x 130 cm. 2002

WWW.DIRECTARTWORKS.COM

2801 S.W. 27 Tr. Miami, FL. 33133 - Phone: (305) 446 9751 Cell: (786) 897 2500

"Si me pides el "pescao"...Te lo doy! Oil on Canvas 48" x 36½"

RAMON CARULLA

VICTOR CASTILLO

9549 BAY DR. SURFSIDE, FL. 33154 - PH: (305) 868 8139 - CELL:(786) 301 0817   E-mail:victorillo61@latinmail.com

BIOGRAFIA 114

CHENCO

WWW.ARBYCHENCO.COM

"Untitled". Acrylic on wood, 12" x 12" not dated. From the erotic series

CHENCO HAS PARTICIPATED IN OVER 50 EXHIBITIONS AROUND THE WORLD

BIOGRAPHY:117

E-mail:chenco@artbychenco.com   E-mail: chenco99@hotmail.com

9154 D.S.W. 23 St.- Fort Lauderdale, FL.33324 - (954) 476 6231/pager 305)657 8491

SALVADOR DALI

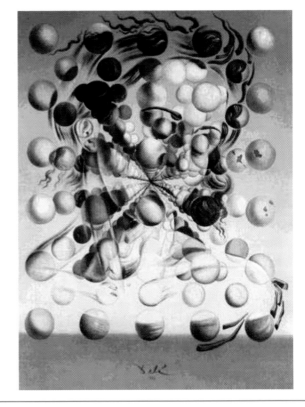

BIOGRAPHY: 119

"GALATEA DE LAS ESFERAS".
OIL ON CANVAS, 65 x 54 CM
COLECCION PRIVADA

WWW.GUILLOTART.COM

GUILLERMO DELGADO

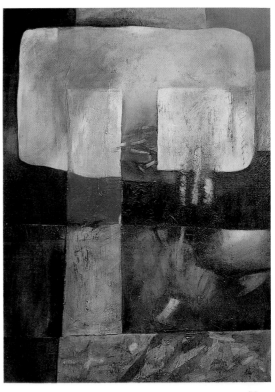

BIOGRAPHY: 119

"L" COMPOSITION.
OIL ON CANVAS, 30" x 40"

3025 SW. 13 ST.
MIAMI. FL. 33145
PH/FAX: (305) 567 9643

"Los Cinco Continentes". Oil on Canvas, 54" x 72"

Juan Elesgaray

Biography: 121

Ph: (305) 857 3746 - (305) 708 0056

Studio. 700 S.W. 6 Street. Suite 11, Miami, FL. 33130

"Untitled". Oil on Canvas, 54" x 72"

MANUEL ESPINOSA

BIOGRAPHY:122

ART & FRAMING GALLERY

E-mail:proartemoderno@aol.com

PH. (305) 644 3282 - FAX: (305) 644 3362
3919 N.W. 7TH STREET, MIAMI FL. 33126

"Señora Tentacion". Acrylic on Canvas, 18" x 24"

EMILIO FERNÁNDEZ

Biography:123

E-mail:efpicasso2@aol.com

20922 SW. 121 Ave., Miami, FL. 33177. Ph: (305) 235 3216

MARK W. FORMAN

"EMERGENCE"
ACRYLIC ON CANVAS, 72" x 48"

PH: (561) 482 4179

9132E S.W. 20TH. STREET
BOCA RATON, FL. 33428 - 7777

BIOGRAPHY:124

BIOGRAPHY:123

AGUSTÍN FERNÁNDEZ

REPRESENTED BY
GARY NADER

67

NELSON FRANCO

"NATURALEZA MUERTA Y SOLA". OIL ON CANVAS" 24" X 36". 2002

BIOGRAPHY:125

E-mail:nfranco@bellsouth.net

2140 S.W. 17ST. MIAMI, FL .33145 - PH: (305) 858 7129

CLAUDIA GARCÍA

"EL ASCENSO". OIL ON CANVAS, 120 x 140 CM. 2002

BIOGRAPHY:126

E-mail:claudiagarciao@hotmail.com

CALLE 44 No. 17-34, APTO. 501 - BOGOTÁ, COLOMBIA. - TELÉFONO: 57-1 240 4619 - 340 1792

"Three Ladies". Oil on Canvas, 40" x 30"

RAIMUNDO GARCIA

Biography: 126

Phone: (305) 278 3910

11700 S.W. 176 St., Miami, FL. 33177

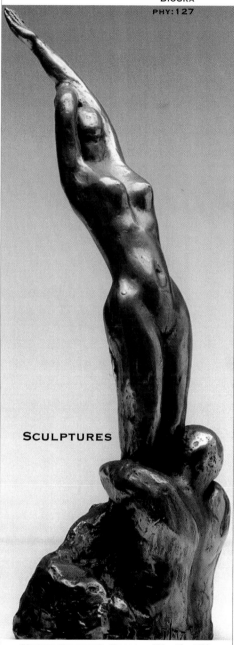
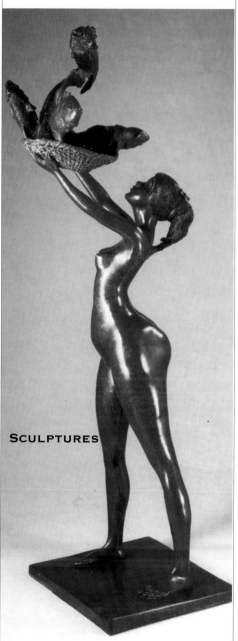

SILVIO GAYTON

FRIENDS
Acrylic & Oil on Canvas
48" X 60"

FINE ART STUDIO
E-Mail: sgayton@aol.com

SILVIO GAYTON
8205 Southwest 98 Court
Miami, Florida 33173
Tel:/Fax: (305) 275-5644

MILDRED GUILLOT

WWW.MILDREYGUILLOT.COM

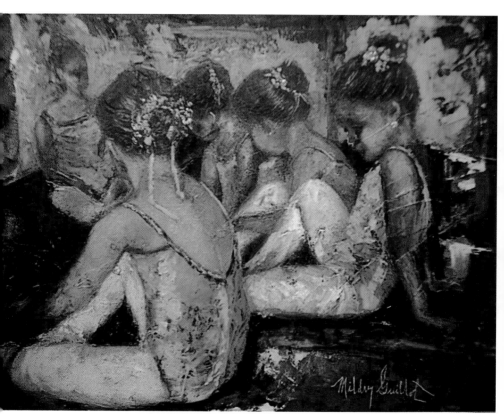

"THE PETITE BALLET CLASS". OIL ON CANVAS 18" x 24"

BIOGRAPHY:130

GDS Fine Arts Studio

PH: GALLERY (305) 447 1740 - CELL. (305) 495 9667
(305) 538 1498 - FAX: (305) 447 9948
2910 PONCE DE LEON BLVD. CORAL GABLES, FL. 33134
E-mail: guillot@mildreyguillot.com

Octavio Guinard

WWW.GUINARTGALLERY.COM

"La Escalera de la vida". **Oil on Canvas", 48" x 36", 1999**

Biography:130

E-mail: octavio@guinartgallery.com

Phone: 01 (305) 626-9801 / 01 (786) 382-3205

5364 N. W. 201 Street, Miami, Florida 33055, USA

"Resurrección" Oil on Canvas, 36" x 48"

Joaquín Godoy

BIOGRAPHY:127

9310 Haitian Dr. Miami, FL. 33189 - PH: (305) 233 2787 - E-mail:serg77@aol.com

Salvador Gutierrez

Sculpture
"Mar De Madera".
27" x 14" x10".

BIOGRAPHY:131

PH:(305) 443 2577

3304 S.W. 2a. Street,
Miami, FL. 33135

"En la Orilla del Camino". Oil on Canvas, 70 x 100 cm

Olivia Gutierrez

Biography: 131

E-mail:oliviag@tvcable.net.co

CRA. 40 No. 103-40 , Pasadena, Bogotá D.E. Colombia
PH: 57 -1- 236 7011 - fax: 57-1- 282 8857
contacto en Miami: (305) 386 9991- (305) 559 4060

ENRIQUE GRAU

"RITA, 10.30 AM." OIL ON CANVAS 140 x 170 CM. COLECCION PRIVADA.

BIOGRAPHY:129

EWA GRAU

"THE FISHERMAN".
OIL ON CANVAS, 46" x 42"

BIOGRAPHY:129

PH: (305) 221 8039

2010 S.W. 135 AVE.
MIAMI FL. 33175

E-mail:
dominguin516@C.S.com

Carmen Herrera

WWW.CARMENHERRERA.NET

"INTERCONEXIÓN DE TIERRA Y VIDA". OIL ON CANVAS, 24" x 30"

BIOGRAPHY:133

Carmen Herrera
Art Gallery

E-mail: 8am@carmenherrera.net

519 57 STREET WEST NEW YORK, N.J. 07093 - TEL/FAX: 01 (201) 348 48 14

MARTA G
ISMAIL

"RACING THOUGHTS".
OIL ON CANVAS, 22" X 28"

BIOGRAPHY:135

FINE ARTS STUDIO
PH: (305) 858 6146
CELL: (305) 505 2027
20 SHORE DR. NORT.
MIAMI, FL. 33133

E-mail:martamariagarcia@Hotmail.com

FRANCISCO
IGEÑO

"CABERTAN".
MIXTA, COLAGE, MADERA,
200 X 200 CM

BIOGRAPHY:135

COLECCION PRIVADA

ANA MARÍA JARAMILLO

"UNICORNIOS DE MIS SUEÑOS" OIL ON CANVAS. 46" X 35"

ANA MARÍA JARAMILLO

"LO QUE NOS TRAJO EL BOSQUE...ALEGRIA" OIL ON CANVAS 52" X 40"

COLOMBIA, CALI. AVE 5A. NORTE #37B-71
PH: 57-2-664 0556 - FAX: 57-2-660 3308
CEL: 57-3-256 3857
E-mail:anyjaramillom@hotmail.com
CONTACT IN MIAMI: ALICIA SALAZAR - PH: (954) 455 9456

USA. MIAMI. 851 THREE ISLAND BLVD.
BUILDING 5 SUITE 104
HALLANDELE, FL. 33009
PH: (954) 4559456
E-mail:aspelaez@aol.com

BIOGRAPHY:136

"Las dos Fridas". *Coleccion Privada*

FRIDA KAHLO

BIOGRAPHY: 137

" Oversoul "

DC LANGER

1800 Sunset Harbour Drive - Apt. 2201
Miami Beach, FL 33139

Tel. (305) 604-0444 / 1-888-606-DCDC

Biography:138

dc@dclanger.com
www.extracoolart.com

"La ra la Harlequin".

Oil on Canvas, 40" x 30"

RAIDA LOPEZ

Biography:139

E-mail: raidalopez@aol.com

www.raidalopez.com

263 George Road.S.E. Port Charlotte, FL. 33952 - Ph/fax: (941) 625 2113

MICHELLE LÓPEZ DEKSNYS

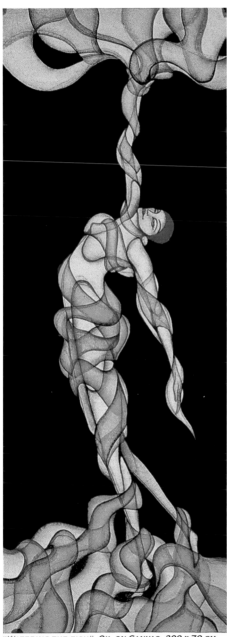

"WATERING THE FISH". OIL ON CANVAS, 200 X 70 CM.

"IN BETWEEN FORCES". WATERCOLOR, 56 X 22 CM.

BIOGRAPHY:139

USA. CONTAC: PATRICIA NIETO

MOVILE (786) 201 1456

E-mail:nietopatricia@msn.com

BOGOTÁ, COLOMBIA

CALLE 79 NO. 9-67 APTO. 702

PH: 57-1-321 3520 - FAX: 57-1-3262320

E-mail:michylz@hotmail.com

Luis Miguel

"Preso de su imaginación", Oil on Canvas, 36" x 51"

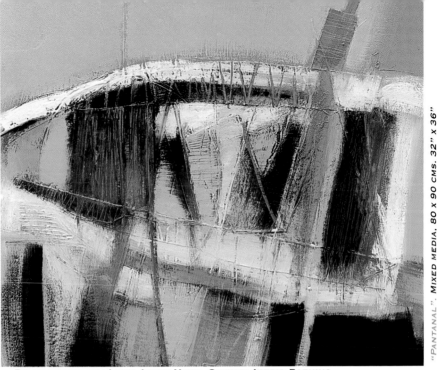

"PANTANAL". MIXED MEDIA, 80 X 90 CMS. 32" X 36"

REPRESENTED BY : LATIN ARTES MIAMI. CONTAC: ASTRID BOENING.
CELL: (786) 325 5597 - PH: (305) 933 9802 FAX: 1-801-7051807

SERGIO LÓPEZ

BIOGRAPHY:140

WWW.LATINARTESMIAMI.COM

E-mail:astridboening1@aol.com

ROY LIECHSTEIN

BIOGRAPHY:139

"AMERICAN INDIAN THEME II". WOODCUT ON HANDMADE SUZUKI,

"El Caballero de París". Acrylic on Canvas, 16" x 12"

GILBERTO MARINO

Biography:141

145 S.W. 30 Ct. Apto. B-210 Miami, FL. 33135 - Ph: (305) 643 9613

GUSTAVO MARINO

www.gustavomarino.com

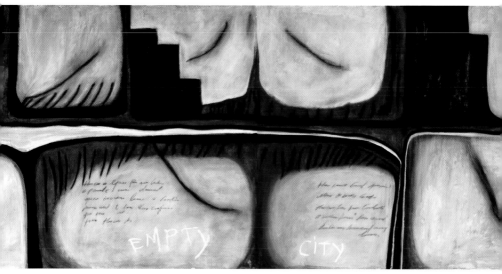

EMPTY CITY - Diptych 56" x 102", Mixed media on Canvas

Contac in Colombia: Loag-arte Luis O. Alvarez
E-mail:loagarte@intic.net - loagarte@hotmail.com
Phone: 01157 4 322 5198 Medellín

Biography:142

E-mail: luigusmar@aol.com
Studio 4565 S.W. 75 Ave. Miami, FL. 33155 U.S.A. - Phone: 305 446 9751

MARIADILIA MARTÍNEZ

"BOACO ES VERDE".
ACRYLIC ON CANVAS, 36" X 26"

BIOGRAPHY: 142

PH: (305)221 6589

12259 S.W. 17 LANE, # 104
MIAMI, FL. 33175

E-mail
:mariadiliam@wmconnect.com

JUAN A. NAVARRETE

"POEMA PARA DOS
ENAMORADOS DEL PAISAJE"
OIL ON CANVAS 50" X 40"

BIOGRAPHY: 147

PH: (305 447 3954
4390 W. FLAGLER ST.
SUITE #6
MIAMI, FL. 33134

E-mail: navarrete_art@yahoo.com

E-mail:fmontoya47@hotmail.com

Biography:145
Fernando Montoya. Cell: (305)742 4569
17030 N.W. 22St. Pembroke Pine, FL. 33028.
Contacto: Mario Botero Ph: 1-954-436 3875

"Madona de Santi Spirit." ***Pastel, 40" x 30"***

Orlando Naranjo

Biography:147

Art Gallery & Antiques

4600 W. Flagler Street. Miami, Fl. 33134 - Ph: (305) 567 2329

"Monasterio de la época de las Cruzadas. Cripta de San Juan Acra, Israel".
Oleo sobre lienzo. Coleccion Privada de Leopoldo y Elba Rivas.

FABIOLA NAYA

BIOGRAPHY:148

342 S.W. 17 ROAD. MIAMI FL. 33129 - PH: (305) 854 3655

TATA NAVIA

WWW.TATANAVIA.COM

"CHAIR".OIL ON CANVAS, 54" X 18"

BIOGRAPHY: 147

PH: (954) 385 1899 - CELL: (954) 444 6019
638 HONEYSUCKLE LN. WESTON, FL. 33327

Contemporary Artists Gallery

"Leyenda de Guatavita". Acrylic on wood , 15" x 14" Collection of the Artists

Alejandro Obregon

Biography:149

E-mail: rvega@net.side.net
838 South Miami Ave. Miami. FL., 33130
Ph: (305) 372 1235 - (305) 354 4972 - Cell:786 208 8930

"Yo Soy El Que Soy". Oil on Canvas, 26" x 20"

Obra donada a la Gran Cruzada de Arte
en favor de los niños desplazados de Colombia, victimas de la violencia.

Marcolfo Obregón

Estados Unidos

1-800-354 2485

Contacto: Elizabeth Obregon
1300 La Quinta Dr., Orlando, FL. 32829
Ph: (407) 240 2969 - Fax: (407) 856 1196

Biography:149

Colombia
Avenida 2a G Norte #37 N 32 Apto 202 B
Edificio Bello Horizonte - Cali - Colombia
Ph: 57- 2- 667 4037

E-mail: willbeth@msn.com

ANDREA OROZCO

"AMIGOS". OIL ON CANVAS. 20" X 16"

BIOGRAPHY:150

6731 S.W. 48 TERRACE, MIAMI, FL. 33155 - PH: (305) 661 2960

OSHKA
TARAZONA

"ROMPIENDO FRONTERAS".
OIL ON CANVAS, 24" X 30"

BIOGRAPHY:151

PH: (305) 595 9562

8203 S.W.107 AVE.
MIAMI, FL. 33173

96

"El Pentágono". Oil on Canvas 1.80 x 1.60 m.

DARIO ORTIZ

Biography: 151

E-mail:darioortiz@007mundo.com

"FRIDA KAHLO ALOS 13 AÑOS". OIL ON CANVAS, 48" X 24"

WWW.FERDIEPACHECO.COM   E-mail:ferdie/vis@aol.com

BIOGRAPHY:152
4151 GATE LANE. MIAMI, FL. 33137 -
PH: (305) 576 4536 - FAX: (305) 573 2874 - CELL:(305) 803 3741

DICTIONARY

BIOGRAPHIES OF PAINTERS FROM A TO Z

Abela Eduardo. Born in San Antonio de los Baños, Cuba in 1889. Died in 1965. Studied at the San Alejandro Academy of Art. Worked as an illustrator for the newspaper La Noche, Diario Cubano, Diario La Marina and Semana magazine where he created El Bobo, a character that represent the Cuban public opinion. He moved to Paris in 1927 and return to his country three years later. Live in Mexico when he work for the Cuban government as a cultural attaché.

Abela Eduardo. *Nació en San Antonio de los Baños, Cuba en 1889. Murió en 1965. Estudió en la Academia de Bellas Artes de San Alejandro. Trabajo como ilustrador para los periódicos La Noche, Diario Cubano, Diario La Marina y la revista Semana desde donde lanzó su personaje el Bobo que caracterizaba al ciudadano cubano de entonces manipulado políticamente.*

A. Abreu Ismael. Born in Havana, Cuba in 1963. Talented artist who is part of the new generation of Cubans. He is a self-taught artist. His work is a constant search for light and shadow, green hues, transparencies in rivers and streams, cleanliness and beauty in color *(Page 41*

A. Abreu Ismael. *Nació en La Habana, Cuba en 1963. Pintor autodidacta de las nuevas generaciones. "Su visión del paisaje está diseñada con las claves de un romanticismo idealizante que sublima la espiritualidad de la naturaleza y contribuye a afirmar el sentido de pertenencia nacional. El delicado tratamiento de la luz se aleja de los altos contrastes para distribuirse como un elemento casi mágico que refuerzan la atmósfera de quietud con énfasis tonales y áreas de color que aportan balances de un equilibrio clásico," afirma Jorge de la Fuente.*

Acosta Gustavo. Born in Havana, Cuba in 1958. Studied at San Alejandro Academy. Use arquitectural elements that represent loneliness, remembrances and pain.

Acosta Gustavo. *Nació en La Habana, Cuba en 1958. Estudió en la Academia de San Alejandro. Su obra muestra elementos arquitectónicos, como escaleras y ventanas, que representan la soledad y el dolor.*

Acosta Leon Angel. Born in Havana, Cuba in 1932. Died in 1964. Studied at the San Alejandro Fine Art Academy. Achieved recognition in Cuba and in Europe for his depiction of daily utensils as coffee pots and other machines. Abrupted end his life in 1964 after living a legacy of works with reminiscent of Paul Klee.

Acosta León Ángel. *Nació en La Habana, Cuba en 1932. Murió en 1964. Estudió en la Academia de Bellas Artes San Alejandro de La Habana. Obtuvo reconocimiento en Cuba y Europa por su bella interpretación de los utensilios de la vida diaria, como una cafetera y otros objetos. Murió abruptamente en 1964 después de dejar un legado pictórico que igualmente nos recuerdan a Paul Klee.*

Acosta Orlando. Born in Oriente, Cuba, and graduated from San Alejandro Academy of Painting and Sculpture in Havana. His works have been exhibited in Havana and other important cities of Europe and America. Acosta has received numerous awards. As stated by the critic Cabrera Infante, "His work [Acosta's] is a spectacle that pleases both the eye and the spirit, since it offers a soft and harmonic sight deprived of anything that might disturb the most demanding taste for good painting. His preferred subjects-in which Acosta shows full skills with the brush-are the women faces. However, his paintings also spreads grace when the artist engage in other motifs like the fighting cocks, animals whose colorful plumage, sharp beak and spur, Acosta depicts with remarkable accuracy. *Page 42*

Acosta Orlando. *Nació en Oriente, Cuba. Se graduó en la Academia de San Alejandro. Ha exhibido en La Habana, y ciudades de los Estados*

100

Unidos. Ha recibido numerosos premios por su excelente trabajo, Según el crítico Guillermo Cabrera Infante "su obra es un espectáculo que agrada a la vista y recrea el espíritu pues ofrece una visión armónica tenue, sin nada que pueda rechazar el más exigente gusto por la buena pintura. Los temas preferidos -donde Acosta ejerce pleno dominio del pincel- son las caras femeninas. Su pintura también capta otros motivos, como los gallos finos, ese brioso animal de pelea cuyo plumaje encendido, agudo pico y espuelas, Acosta pinta con precisión extraordinaria. En sus obras hay una variada utilización del color, que unas veces luce tonalidades vagas y etéreas, dando la impresión de lo fugaz, y en otras muestra el recio y firme tinte de lo permanente."

Aguggiaro Franco. Born in Vigonza, province of Padova, Italy. Learned painting in several countries of Europe and after returned to Italy to continue studying painting in Rome with Renato Guttuso. Shared art time moments with some prominent artists and ending the seventies went to Stockholm to teach art. In the eighties **Pages 214/215**

Aguggiaro Franco *Nació en Vigonza, provincia de Padua, Italia. Estudió pintura en varios países de Europa y regresa de nuevo a Italia para continuar estudiando pintura en Roma con Renato Guttuso. Comparte momentos de arte con algunos artistas famosos y a finales de los setenta va a Estocolmo para enseñar arte. En los ochenta abre su propio Estudió en el Trastevere en Roma.*

Aixala Fabiola. Born in El Salvador. She combined

art arquitecture in a style of her own. Currently residing in the United States, Fabiola creates and exhibits her work with a keen sense of scale accompanied by vigorous brush strokes of lifelike texture and depth. Her exhibit titled "Doors and Windows" features jumbo size painting in a colorful modern palette that has met undeniable appreciation by art aficionados. Her trompe-l'oeil style is inspired by arquitectural elements and is cleverly expressed with non figurative realism. With a variety of arquitectural styles to draw from, this artist is bound to be inspired time again undoubtedly producing an abundant body of work for her evolving portfolio. **Page 43**

Aixala Fabiola. *Nació en El Salvador, ésta artista combina la arquitectura y el arte en un estilo propio. Fabiola, que reside actualmente en los Estados Unidos, crea y exhibe su trabajo con un sentido agudo de escala, acompañado de vigorosas pinceladas de textura y profundidad natural. Su exposición "Puertas y Ventanas" muestra pinturas de un gran formato y moderno*

colorido, que ha recibido elogiosos comentarios de parte de la crítica de arte. Su estilo de ilusión óptica esta inspirado por elementos arqui- tectónicos y se expresa inteligentemente con realismo no figurativo. Con una variedad de estilos arquitectónicos de donde elegir, esta artista esta dedicada a inspirarse una y otra vez sin duda alguna, produciendo una cantidad abundante de trabajo para su portafolio en desarrollo.

Albornoz Marina. Born in Quito, Ecuador in 1977.

Graduated from Interior Architec ture and Industrial Design in Florence, Italy. In her works, figures from real life - watermelons, elephants, and tulips - are transfor med into abstract representations with bright and vivid colors full of energy. Her use of color draws one's attention "these are my greatest inspiration...thanks to them any figure acquires a meaning" Marina uses in her different techniques, watercolor, acrylic and oil, the psychology of color emphasizing in how these affect each person's emotions in a different way. The artist, who presently resides in Miami, has participated in various exhibits with her latest works: Art Festival-Key Biscayne, Power International Art Gallery-Coral Gables, exhibits of the AAW (Art Around the World), Citibank-Key Biscayne, among others. **Page 44**

Albornoz Marina. *Nació en Quito, Ecuador en 1977. Obtuvo su titulo en Arquitectura de Interiores y Diseño Industrial en Florencia, Italia. En sus obras, figuras de la realidad: sandías, elefantes, tulipanes, se ven transformados en representaciones abstractas con colores vivos, brillantes, llenos de energía. Llama la atención el uso del color. Sobre su obra la artista afirma: "Estos son mi mayor inspiración, gracias a ellos cualquier forma adquiere un significado." Utiliza en sus diferentes técnicas, acuarela, acrílico y óleo, la psicología del color enfatizando en como estos afectan de forma diferente a cada persona. La artista que actualmente reside en Miami, ha hecho numerosas exposiciones de sus más recientes obras: Art Festival-Key Biscayne, Power International Art Gallery de Coral Gables, muestras de la AAW (Art Around the World), Citibank-Key Biscayne, entre otras.*

Alejandro Ramon. Born in Havana, Cuba, in 1943. Currently lives in Miami, Florida where he exhibits in different galleries.

Alejandro Ramón. *Nació en La Habana, Cuba en 1943. Actualmente vive en Miami, Florida, donde expone en algunas galerías de arte.*

Albizu Olga. Born in Ponce, Puerto Rico in 1924. She attended the Academy La Grand Chaumiere in Paris, and the Academy of Fine Arts of Florence, Italy.

Albizu Olga. *Nació en Ponce, Puerto Rico en 1924. Estudió en la Academia La Grand Chaumiere de París y en la Academia de Bellas Artes de Florencia, Italia.*

Aldana Juan Carlos - Born in 1960 in Bogota, Colombia, he studied at Mexico's Institute of Fine Arts and the Graduate School of Graphic Arts, where he also received a master's degree in scenography. Aldana's visual and esthetic posture is founded on the imprint of his first schooling, which he uses to submerge us into a world of stains, graphisms and frottages, which like Proust's fascination with fragrances, remind us of the first steps taken in creating our consciousness. It's an environment at the same time nostalgic and painful, whether living or past, the very air that imbues his images and graphisms interpreted as drawings, free of all literary symbolism. Rather, they denote discipline and effort to control emotion and spontaneity and thus create letters that mark life's formative genesis. Veils and patinas speak of time and of the artist's joy in handling raw materials to refine them into good painting. With humor, in a fresh and spontaneous way, he reaches the balance needed to make space more dynamic and endow his concepts with form and execution." *Edgar Correa.* **Page 45**

Aldana Juan Carlos. *Nació en Bogotá, Colombia en 1960. Estudió en el Instituto Nacional de Bellas Artes y en la Escuela Superior de Artes Gráficas de México. Allí también recibió una licenciatura en escenografía. "Todo sobre la A o de la poética escolar, nombra la propuesta pictórica y estética de Juan Carlos Aldana. La evocación de la huella de los primeros esfuerzos de nuestro aprendizaje la utiliza el pintor para sumergirnos en una atmósfera hecha de manchas, grafismos, frottages que como aromas proustianos, nos recuerdan los primeros pasos del proceso formador de nuestra conciencia. Atmósfera entre nostálgica y doliente, por vivida o por pasada, es el aire que resuda las imágenes, los grafismos manejados como elemento dibujístico mas que como símbolo literario. Son la constancia del esfuerzo disciplinario que controla los trazos emocionales y espontáneos para llegar a formar letras, letras que son el comienzo del transcurrir formativo de la vida. El manejo de la materia plástica deja entrever el proceso de apropiación de la forma y el aprendizaje por el diálogo con la mancha. Las veladuras y pátinas nos hablan del tiempo y del regodeo del artista con la*

manipulación de la materia en el ejercicio del bien pintar. Con humor y de manera fresca y espontánea maneja el equilibrio necesario para dinamizar el espacio y dar congruencia al concepto con la forma y su factura". Edgar Correa

Aldunate Carmen. Born in Santiago, Chile in 1940. Studied at the School of fine art of Santiago Catholic University.

Aldunate Carmen. *Nació en Santiago, Chile en 1940. Estudió en la Escuela de Bellas Artes de la Universidad Católica de Santiago.*

Aleman Jose. Born in Havana, Cuba in 1954. Studied at San Alejandro. Currently lives in Miami.

Alemán José. *Nació en La Habana, Cuba en 1954. Estudió en la Academia de San Alejandro. Vive en Miami.*

Alfonso Carlos. Born in Cuba in 1950. Died in 1991. Studied at the Academia de San Alejandro. From 1974 to 1977 studied at Havana University where he received a degree in art history.

Alfonso Carlos. *Nació en Cuba en 1950. Muere en 1991. Estudió en la Academia de San Alejandro. Desde 1974 a 1977 Estudió Historia del Arte en la Universidad de La Habana.*

Alpuy Julio. Born in Tacuarembo, Uruguay, in 1919. Studied at the Taller Torres Garcia of Montevideo. In 1963, he received a fellowship from the New York School of Social Research.

Alpuy Julio. *Nació en Tacuarembo, Uruguay en 1919, Estudió en el Taller de Arte Torres García de Montevideo. En 1963, recibió una beca de la Escuela de Investigación Social de Nueva York.*

Alvarez Pedro. Was born in Havana, Cuba in 1967.

Alvarez Pedro. *Nació en La Habana, Cuba en 1967.*

Amador Aldo. Born in Havana, Cuba in 1940. Graduated from the Garces Commercial College in 1959. In the new generation of Cuban painters, Amador has won a place of ranks, thanks to the abundance of imagination and technical resources revealed in his painting. In 1969 he moves from Cuba to Mexico. Then he resides in Puerto Rico and the United States. While he calls himself a Neo-surrealistic, his work has none of the mechanical quality often associated with surrealistic painting. He is not a storyteller. His drawing is tremulous and indecisive, as if the artist was hesitant to give precise expression to his themes. Ideed there is a sense of mystery, of unrevealed secret, to his compositions. The brilliant colors, however, carries the spectator away. **Page 46**

Amador Aldo. *Nació en La Habana, Cuba en 1940. Graduado del Garcés Comercial College de La Habana Cuba, en 1959. En la nueva generación de artistas cubanos, Amador se ha Ganado un lugar de rango, gracias a su abundante imaginación y a los recursos técnicos que se revelan en sus pinturas. En 1059 se trasladó de Cuba a México y más tarde se mudo a Puerto Rico y los Estados Unidos. No obstante que se autoproclama Neo Surrealista, sus trabajos carecen de los recursos mecánicos que a menudo se asocian a la pintura surrealista. No es un narrador. Su dibujo es trémulo e indeciso, como si el artista estuviera dudando en darle la expresión precisa a sus teas. En el interior de sus composiciones hay n sentido de misterio, de secreto guardado. El brillo de sus colores, sin embargo, arrastra hacia fuera al espectador.*

Amaral Antonio. Born at Sao Paulo, Brazil. Studied with professors Livio Abramo and Shiko Munataca. He studied later at the Pratt Graphic Center of New York. Inspired by the Tropicalism Movement of Brazil, using music and performances, produce important works in 1968. He was awarded at the Annual National Salon of Modern Art in Rio de Janeiro.

Amaral Antonio. *Nació en Sao Paulo, Brasil. Estudió con los profesores Livio Abramo y Shiko Munataca. Más tarde Estudió en el Pratt Center de Nueva York. Inspirado por el Movimiento Tropicalismo gestado en el Brasil, utilizando música y performances, produjo trabajos importantes en 1968. Fue galardonado en el Salón Anual de Arte de Rió de Janeiro.*

Amaral do Tarsila. Born in Brazil in 1896. Died in 1973. She spent her childhood in Europe. Studied at the Julian Academy of Paris. Become innovator of Brazilian art.

Amaral do Tarsila. *Nació en Brasil en 1896. Murió en 1973. Vivió gran parte de su juventud en Europa. Estudió en la Academia Julián de París. Fue una innovadora del arte brasilero.*

Angée John. Born in Medelln, Colombia in 1958.

He studied at the New World School of the Arts in Florida International University, Miami, Florida, where he received a Bachelor Degree in Fine Arts. He specialized in painting techniques at the Ecole Nationale Superieur des Beaux Arts de Paris, France. "There is a luminous sensuality in his paintings.

Angée John. *Nació en Medellín, Colombia en 1958. Estudió en la Nueva Escuela Mundial de las Artes en la Universidad Internacional de la Florida, Miami, donde recibió una licenciatura en Bellas Artes. Posteriormente se especializó en técnicas de la pintura en la Ecole Nationale Superieur des Beaux Arts de París, Francia.*

Amat John. Born in Marianao, La Habana, Cuba,

in 1957. Live in Miami since 1962. Self-taught painter. He starts his career as artists in 1997 painting portraits in black and white. His most famous portrait is the one of Gloria Estefan that decorates the office of the Cuban singer. Then he begging painting the nature, details of flowers with vigorous strokes. In these painting, light became an important element that makes look his art works with reality. Actually he is a well known Cuban painter with pieces in important collections all over the country. **Page 47**

Amat John. *Nació en Marianao, La Habana, Cuba, en 1957. Reside en Miami desde 1962. Es un pintor autodidacta que comenzó su carrera como artista en 1997 pintando retratos en blanco y negro. El más importante de ellos, fue el de Gloria Estefan, el cual decora la oficina de la diva Cubana. Luego comenzó a pintar la naturaleza. Extrae los detalles del fondo del color, con mucha precisión. En estas pinturas la luz se convierte en un elemento vital que le imprime a sus obras un fuerte realismo. En la actualidad es un pintor de amplio reconocimiento y sus piezas se encuentran en importantes colecciones.*

Antonio Julio. Born in Havana, Cuba in 1950. Studied at the San Alejandro Academy. Currently lives in Miami

Antonio Julio. *Nació en Habana, Cuba in 1950. Studió en la Academia de San Alejandro. Vive en Miami.*

Antunez Nemesio. Born in Santiago de Chile in 1918. Died in 993. Studied arquitecture at the Catholic University of Santiago de Chile. Painter and printer. Studied printmaking in New York with W Hayter. Was a realistic painter that became abstract. Won a prize at the Sao Paul Biennale.

Antunez Nemesio. *Nació en Santiago de Chile en 1918. Murió en 1993. Estudió arquitectura en la Universidad Católica de Chile, pero más tarde se convirtió en pintor y grabador. Estudió grabado en Nueva York con el profesor W Hayter. Fue un pintor realista que se convirtió al arte abstracto.*

Arango Jorge. Born in Cuba, on July 4th, 1953. He graduated from Havana's Art Higher Institute in 1981, where he later taught sculpture for eleven

years. Arango currently resides in Miami. He has carried out several solo and group exhibitions in different cities such as Bridgetown, Barbados; Fort of France, Martinique; Valencia, Spain; Denver, Colorado; Arangelovac, Yugoslavia; and Carrara, Italy. His works of art show versatility, impeccable techniques, and reflections on philosophical subjects. He switches from marble to glass, from oil and canvas to metal, but always coherently and organically. Nowadays, this artist, whose sculptures and paintings can be found in several collections and museums around the world. Arango is working in a comission for the City of Plantation in Florida. Three large scale sculptures for a Public Park with sound is the new challenge to qet. Work will be done in May 2003. **Page 48**

Arango Jorge. *Nació en Cuba el 4 de julio de 1953. Graduado del Instituto Superior de Arte de La Habana en 1981 donde más tarde enseñó escultura durante once años. En la actualidad reside en Miami. Ha realizado exposiciones individuales y colectivas en diferentes ciudades. Entre ellas, Bridgetown, Barbados; Fort de Francia, Martinica; Valencia, España; Denver, Colorado; Arangelovac, Yugoslavia y Carrara, Italia. Su obra muestra versatilidad, impecable técnica, y sus temas predominan los asuntos filosóficos. Es un artista versátil que cambia del mármol a la resina o el vidrio y del óleo sobre lienzo al metal, pero siempre en forma coherente y orgánica. Actualmente -este artista que tiene esculturas y pinturas en museos y colecciones de diferente países del mundo-, En la actualidad Arango trabaja en una comision de Arte para Espacios Públicos para la City of Plantation con tres esculturas de gran formato que inaugurara en Mayo del 2003* .

Arango Débora. Born in Medellín, Colombia in 1917. She became artist in a historic moment very complex and plenty of prejudices. Her revolutionary art finally was accepted and helped to modify that poor cultural reality. Actually she is one of the most important Colombian painting icons.

Arango Débora. *Nació en Medellín, Colombia, en 1917. Se reveló como artista en un momento histórico complejo y desventajoso para ella. Pero la grandeza de un artista se reconoce cuando su producción logra modificar la realidad. Y ella tiene ese privilegio histórico. Ha transformado no sólo la concepción del arte sino también muchos aspectos de la sociedad.* **Page 44**

Arenas Betancourt Rodrigo. Born in October 23 1919 in El Uvital, Antioquia, Colombia. Son of a Colombian peasant family. Studied at Medellín Institute of Fine Arts, at the School of Fine Arts of the National University Santafé de Bogotá, at the San Carlos Academy, Mexico and a the La Esmeralda Art School of Mexico. One of the most outstanding sculptors of Latin America.

Arenas Betancourt Rodrigo. *Nació el 23 de Octubre de 1919 en la vereda El Uvital, municipio de Fredonia, Antioquia, Colombia. Hijo de padres campesinos. Estudió en Instituto de Bellas Artes de Medellín, en la Escuela de Bellas Artes de la Universidad Nacional de Colombia en Santafé de Bogotá, en la Academia de San Carlos, en México y en la Escuela Libre de Arte La Esmeralda de México.*

Arias Henry. Born in Bogotá, Colombia, in 1950. Studied with Master Roberto Fiorillo. His painting is a mixture of naïf and surrealism. Currently lives in Bogotá.
Arias Henry. *Nació en Bogota, Colombia en 1950. Estudió con el Maestro Roberto Fiorillo. Su pintura es una mezcla de pintura Naif con Surrealismo. Actualmente vive en Bogota.*

Ariza Alfonso. Born in Bogotá, Colombia in 1960. Studied Japanese Painting at Tama University. Currently lives and exhibit in Bogotá.
Ariza Alfonso. *Nació en Bogota, Colombia, en 1960. Estudió arte japonés en la Universidad Tama. Reside y expone en Bogota.*

Arostegui Alejandro. Born in Blufields, Nicaragua in 1935. Studied in the United States, Italy and France.
Arostegui Alejandro. *Nació en Blufields, Nicaragua en 1935. Estudió en Estados Unidos, Italia y Francia.*

Azra Malak Lola. Born in Sao Paulo, Brazil. Studied Fine Arts at "Escola do Parque" in Belo Horizonte. Lola Azra Malak is an original, vital colorist. Her naturalistic paintings have an unusual chromatic resonance that makes one think of the blue Reiter Group.
Azra Malak Lola. *Nació en Sao Paulo, Brasil. Estudió Arte en la "Escola do Parque" en Belo Horizonte, Brasil. Es una vital y original colorista. Sus pinturas, lúdicas, de un cromatismo inusual, nos hace pensar en Frankz Marc, líder del blue Reiter Group, cuya influencia es evidente en su pintura . Otras, a manera de Kandinsky, expresan formas geométricas para evocar ideas metafísicas o significados espirituales.*

Bacon Francis. Born in Dublin. Irlanda in 1910).
Bacon Francis. *Nacido en Dublin, Irlanda en 1910).*

Balthus Balthazar K. Born in Paris, France in 1908.
Balthus Balthazar K. *Nacido en París, Francia en 1908.*

Barcelo Wilfredo. Born in Havana, Cuba in 1972. Studied Art at the San Alejandro Academy in Havana. His works explore the human anatomy and recurs to its most intimate expressions to impress in its canvases his personal touch that.
Barceló Wilfredo. *Nació en La Habana, Cuba en 1972. Cursó sus estudios de Arte en La Academia de San Alejandro. Su obra explora la anatomía humana y recurre a sus más íntimas expresiones para imprimirle a sus lienzos un toque personal.*

Barea Gumersindo. Was born in Cardenas, Cuba in 1901. Studied drawing and painting at the San Alejandro Fine Art Academy and the San Fernando Fine Art School in Madrid, Spain. Is considered one of the most important watercolor painter for his depurate techniques.
Barea Gumersindo. *Nació en Cárdenas, Cuba en 1901. Estudio dibujo y pintura en la Escuela Nacional de Bellas Artes San Alejandro. Amplió después sus conocimientos en la Escuela de Bellas Artes San Fernando de Madrid. Acuarelista de marinas sus obras se distinguen por un colorido y técnica depurada.*

Barrios Jairo (Fox) was born Colombia . Studied at UT Fine Arts, Ceramic at S.E.N.A, with Master David Manzur. Until the 70,s the figurativism and the Cosmo vision works of pre-Columbian cultures. In the 80,s, 90,s; he even makes the thematic cosmic man's effective, a mix of techniques with the colour characteristic, forces, movement, space, with tendency to the surrealism. He has made 34 collective exhibitions, 24 individual, 10 murals, and

has been teaching arts and was jury of arts contest. In1998 a video of 47 minutes of his works is made: images in movement and music. Polidoro Villa, Director of the gallery Darío Echandia of Ibagué, Colombia wrote: "For 20 years of walking for the world of the art, show that Jairo Barrios is not an improvised painter, neither casual, a solid intellectual and artistic information, academy musician and exquisite sensibility... affirm that it spreads to the universal thing, that which is not completely common in the county painting.

Barrios Jairo. *Nació en Colombia. Estudió en la UT, Facultad de Bellas Artes; cerámica en el S.E.N.A y con el maestro David Manzur. Hasta los 70, s trabaja el figurativismo, el costumbrismo, la cosmovisión precolombina. En los 80, s, 90, s; hace el planteamiento del hombre cósmico, temática aun vigente, una mezcla de técnicas con la característica de color, fuerza, movimiento, espacio, con tendencia al surrealismo. Ha realizado 37 exposiciones colectivas, entre ellas en la Gallery of Georgetown Mall, Manmhuth gallery, Museo Hispanoamericano de arte y 24 individuales, 10 murales y ha sido maestro en artes, profesor de música, jurado. En 1998 se realiza un video de 47 minutos con su obra, donde hay imágenes en movimiento y música. Polidoro Villa, Director de la galería Darío Echandia de Ibagué, Colombia, escribió: "Por mas de 20 años de andar por el mundo del arte, ponen de manifiesto que Jairo Barrios no es un pintor improvisado, ni casual, una sólida pintura intelectual y artística, músico de academia y exquisita sensibilidad...afirman que tiende a lo universal, lo cual no es del todo común en la pintura de provincia. **Pag. 49***

Barrenechea Felix Alejandro. Born in Huanta, Peru, in 1921, is a veteran painter who has lived in New York City since 1990. He studied at the National School of Arts in Lima and the School of Fine Arts in Buenos Aires, Argentina. His work, based on a solid aesthetic foundation, shows a phenomenal control of chromatic harmonies creating an almost sculptural sense of form.

Barrenechea Felix Alejandro. *Nació en Huanta, Perú en 1921. Estudió en la Escuela de Bellas Artes de Lima. Posteriormente viajó a Buenos Aires donde cursó estudios desde 1948 a 1953 en la Escuela Superior Ernesto de la Cárcova. Su trabajo, basado en una fundación estética sólida, demuestra un absoluto dominio sobre las armonías cromáticas, creando un sentido casi escultural de la forma.*

Batelli Gaston. Born in Modena, Italy in 1937. Studied at the Art Institute Adolfo Ventura. In 1957 studied in Roma with Master Franco Gentillini. Moved to Colombia in 1959. Won a prize at the Esso Art Salon and another one at the Croydon Art Salon.

Batelli Gaston. *Nacido en Modena, Italia en 1937. Estudio en el Instituto de Arte Adolfo Ventura y en la academia de bellas artes en Roma. Llega a Colombia a fines de 1959. Gana Mención en el Salón de Artistas Jóvenes de la Esso. Gana el premio en el salón Croydon.*

Bauta Yovani. Born in Matanzas, Cuba en 1949. Studied at the Havana National School of Arts in 1972. His painting has abstract features, where color stains sprout figures.

Bauta Yovani. *Nacido en Matanzas, Cuba, en 1949. Estudió en la Escuela Nacional de Arte de La Habana. Su obra es abstracta.*

Bedia Jose. Born in Havana, Cuba in 1959. His art reflect and promotes the Indian American cultures. He lives for a while at the Dakota Sioux Reservation. When he return to Cuba, received strong influences of Afro Cuban cultures.

Bedia José. *Nacido en La Habana, Cuba en 1959. Su arte refleja y promueve las culturas amerindias después de haber vivido durante algún tiempo en la Reserva de los Indios Sioux de Dakota. Durante su retorno a Cuba, recibe una fuerte influencia de las culturas afro cubanas.*

Bencomo Mena Jose A. Born in Remedios, Las

Villas, in 1890. One of the most important Cuban masters and professor of the San Alejandro Art Academy. During 8 years study at Italy and comeback to Cuba in 1927. Lives in Florence. Exhibit at La Marinara (Roma), at the Florence Art Festival, at the Circle of Fine Arts, at Stibert. In Cuba have an exhibition at the Salon del Diario La Marina. He became professor at the San Alejandro Academy of Fine Arts.

Bencomo Mena Jose A. *Nació en Remedios las Villas en 1890. Pintor de reputación, profesor de la Escuela Nacional de Bellas Artes San Alejandro. Realizo estudios de dibujo y pintura en la Escuela Nacional de Bellas Artes San Alejandro, con las más altas calificaciones. Obtuvo la primera beca del Estado cubano para continuar estudios en Italia por espacio de 8 años, regresando a Cuba en 1927. Exhibió en Italia en la Marinera; en la Muestra de Arte Florentino y Concurso Stibert, entre otras. En Cuba expuso en el Salón del Diario de la Marina (1928). Se vinculo como profesor de San Alejandro.*

Benejan Beatriz. Was born in Mexico City on July 17, 1949. She has worked with different techniques and procedures in painting and graphic design.

Benejan Beatriz. *Nació en la Ciudad de México el 17 de julio de 1949. Ha realizado obras en diferentes técnicas y procedimientos, en pintura y diseño gráfico.*

Bernal Delfina. Born in Barranquilla, Colombia

where she studied at the School of Fine Arts of the University of the Atlantic under the direction of Alejandro Obregon and Angel Lockhart. She studied print-making at the Parson School of Design with Benedetto Bianchi and continued her studies at Contra Costa College in the San Francisco Bay Area where she currently resides.

Bernal Delfina. *Nació en Barranquilla, Colombia donde estudió en la Escuela de Bellas Artes de la Universidad del Atlántico bajo la dirección de Alejandro Obregón y Angel Loochkartt. Estudió Grabado en Parson School of Design bajo la dirección de Benedetto Bianchi. Hizo estudios en Contra Costa College en el Área de la Bahía de San Francisco.*

Beltrán Félix. Born in Havana in 1938. Is currently a Mexican citizen. In 1956 he traveled to the United States where he graduated from the School of Visual Arts, New York, and the American Art School, New York. He also studied at the Art Students League, New York, and the Circulo de Bellas Artes, Madrid. He was awarded scholarships from the New School for Social Research, New York, the Graphic Art Center of the Pratt Institute, New York.

Beltrán Félix. *Nació en La Habana, Cuba, el 23 de junio de 1938. Actualmente es ciudadano mexicano. En 1956 viajó a Estados Unidos donde se diplomó de la School of Visual Arts y de la American Art School, ambas en Nueva York. Además estudió en el Art Students League de Nueva York y en el Circulo de Bellas Artes de*

Madrid. Fue becario de la New School for Social Research y del Graphic Art Center del Praff Institute, ambas de New York.

Bermudez Cundo. Born in Havana, Cuba in 1914.

He was begging painting after quitting the Havana University where he was studing a Diplomatic career. In his paintings Cundo Bermudez uses bright colors that reflect the tropical lights of his country. Among others, he exhibits at the Harlem Museum of Art. He is a major figure in Cuba's second generation of modernist who rose to prominence in the mid 1940's. **Page 50**

Bermúdez Cundo. Nacido en La Habana, Cuba en 1914. Comenzó a pintar luego de abandonar la carrera diplomática En sus pinturas usa colores brillantes que reflejan la luz tropical de su tierra natal. Entre otras, ha expuesto en el Museo de Arte de Harlem. Es una de las figuras más prominentes del arte de Cuba de la segunda generación de modernistas que alcanzó prominencia a mediados de 1940.

Bertrand Cristina. Born in Madrid, Spain. Before

obtaining a Ph.D. Cum Laude in history and geography at Madrid's Complutense University, Bertrand was awarded two Golden Campaniles at Siena International School of Art. Her dissertation on the Chinese book of philosophy I Ching explored the symbiosis of man, nature and spirit from a holistic perspective in which East and West coexist. Bertrand's relate series of I Ching painting elevated humanistic geography to the realm of fine arts. Bertrand sees the world through a philosophical lens projected in a vivid, expressionistic blending of colors. She extracts the ultimate essences of nature, letting life's primal forces shape her landscapes. Through the threads that weave a metropolis-wood, stone, concrete- Bertrand distills in her urban landscapes a city's spirit, its reason for being. **Page 51**

Bertrand Cristina. Nació en Madrid, España. Antes de obtener el título de doctora en historia y geografía en la Universidad Complutense de Madrid, Bertrand obtuvo dos Campaniles de Oro en la Escuela Internacional de Arte Siena. Su tesis doctoral sobre el libro de filosofía china I Ching explora la simbiosis del hombre, la naturaleza y el espíritu desde una perspectiva humanística en la que el Este y el Oeste coexisten. La serie de cuadros relacionados con el I Ching de Bertrand elevan la geografía humanística a la esfera de arte. Bertrand Contempla el mundo desde un ángulo filosófico que se proyecta en una vital y expresionista mezcla de colores. La pintora extrae la esencia de la naturaleza, dejando que su fuerza se plasme en sus paisajes. A través de la trama que entreteje una metrópolis –madera, piedra, cemento – Bertrand destila en sus paisajes urbanos el espíritu de la ciudad, su razón de ser.

Bido Candido. Was born at Santo Domingo, Dominican Republic, in 1936. Has exhibited through the word.

Bido Candido. Nacio en Santo Domingo, Republica Dominicana, en 1936. Ha exhibido alrededor del mundo.

Blanco Julio. Born in Camaguey, Cuba in 1970.

Studied at the Camaguey Professional Art School. In his training he focused on sculpture and the academic study of the human form. His charcoal drawings use stark contrast, dramatic lines and realism to create sculptural images that are real to the touch. Seeing drawings as an essential, complete, and sincere form, Julio Blanco views this art form as his destiny of expression. Inspired by his Cuban roots and love of creation, Julio's work expresses a blend of his life experiences in Cuba and the U.S., a reverence for life and the human form, and a raw spirituality. Most of his recent art can be found at shows throughout Florida and can also be seen online at an International art web page...www.art-appreciation.com. **Page 28**

Blanco Julio. Nació en Camaguey, Cuba en 1970. Estudio en la Escuela Profesional de Arte de su ciudad natal. Sus trabajos se enfocan en la escultura y el estudio académico de la forma humana. Sus dibujos, en especial el carboncillo, manifiestan un contraste absoluto en las líneas, además de un realismo dramático que se refleja en imágenes escultóricas.Inspirado por su herencia cubana y su amor a la creación artística, expresa en sus trabajos su reverencia a la vida y experiencias propias. Actualmente trabaja con el crayón y ha mostrado su más recientes obras en galerías de la Florida. También se pueden apreciar sus trabajos en la página electrónica www.art-appreciation.com.

Blanco Dionisio. Was born at Santo Domingo, Dominican Republic, in 1953.

Blanco Dionisio. Nacido en Santo Domingo, Republica Dominicana en 1953

Bofil Luis. Born in Guiness, Cuba, 1960. He came to United Status in 1968 and established in Miami.

Bofil Luis. Nació en Guiness, Cuba en 1960. Vino a los Estados Unidos en 1968 y se estableció en Miami.

Botello Angel. Born in Galicia, Spain in 1913. Died in 1986. Studied in Bordeaux at L'Ecole des Beaux Arts and the San Fernando School of Fine Art. He lives in Dominican Republic, Haiti and finally settled in Puerto Rico where he also opens an art gallery.
Botello Angel. *Nacido en Galicia, España en 1913. Murió en 1986. Estudio en Bordeaux en L'Ecole des Beaux Arts y en la Academia de San Fernando. Vivió en Republica Dominicana, Haití y finalmente se estableció en Puerto Rico donde abrió una galería de arte.*

Botero Fernando. Born in Medellín, Colombia in 1932. Studied in Madrid at the San Fernando Academy and in Florence, Italy. His inflated images exhibited at the New York Museum of Modern Art establish him as one of the most important contemporary painters and master of the 20th Century. His sculptures exhibitions at the Champs Ely sees traveled to New York, Chicago and Buenos Aires. Honored with an exhibit at the Grand Palais de Paris. *Page 49*
Botero Fernando. *Nacido en Medellín, Colombia en 1932. Estudio en la Academia de San Fernando de Madrid y en la Academia de Florencia. Sus figuras infladas exhibidas en el Museo de Arte Moderno de Nueva York lo colocaron como uno de los pintores más importantes del arte contemporáneo y maestros del Siglo XX. Sus esculturas exhibidas en los Campos Eliseos se convirtieron en una exposición itinerante que se mostraron e Nueva York, Chicago y Buenos Aires. Fue honrado con una exhibición en el Grand Palais de París.*

Bowerman David. Born in Detroit, Michigan in 1949. In 1984 begging to study visual arts. His works are the result of a particular experience where the real and the other side of the veil interact and converse to express an inspired plane, which unravels from painting to sculpture and to tableaux as an endless poem.
Bowerman David. *Nace en Detroit, Míchigan en 1949. En 1984 empieza a estudiar arte. Sus trabajos son el resultado de una experiencia particular en donde lo real y lo irreal interactúan y se combinan para expresar un plano de inspiración que alterna entre la pintura, la escultura y el retablo en un poema sin fin.*

Bravo Aldo. Born in Valparaiso, Chile. He has been living in Florida since 1992. He studied in Chile at the Viña del Mar School of Fine Arts, concentrating on drawing, painting, art history, engraving, printmaking, and graphic design. Member of the Jury at the Biennial Art contest in Valparaiso. Director of Chilean Artist Association (Artch). Received prizes and nominations in Plastic Art Shows.
Bravo Aldo. *Nacido en Valparaíso, Chile. Vive en la Florida desde 1992. Estudió dibujo, pintura, historia del arte, grabado y diseño gráfico en la Escuela de Artes Plásticas de Viña del Mar. Fue jurado en la Bienal de Arte de Valparaíso, director de la Asociación de Artistas de Chile*

y ha recibido varios galardones durante su carrera.

Bravo Claudio. Born in Valparaiso, Chile in 1936. Studied with Miguel Vanegas in Chile. Move to Madrid, Spain, in 1961. His still life's are a visual paradox of hyperrealist style.
Bravo Claudio. *Nació en Valparaíso, Chile, en 1936. Estudio en su tierra natal con el profesor Miguel Vanegas. Se trasladó a Madrid, España, en 1961. Sus bodegones son una paradoja visual de la escuela hipe realista.*

Brayer Yves. Born in Versalles, France in 1907.
Brayer Yves. *Nacido en Versalles, Francia.*

Brenner Miguel. Born in Lima, Peru in 1953. Studied at Lima Art School and in Roma and Paris. His still-lives have an impeccable technique.
Brenner Miguel. *Nació en Lima, Perú en 1953. Estudio en la Escuela de Bellas Artes de Lima y en Roma y Paris. Sus bodegones son de una técnica impecable.*

Breso Luis. Born in Matanzas, Cuba, in 1946. Luis

completed painting studies at the San Alejandro Academy of Visual Arts in Havana, Cuba and has traveled extensively in Spain and France, studying and observing with great concentration the great masters who exhibit their works in the most important museums. He has exhibited his works in galleries in Madrid and Paris and has participated in exhibitions at art fairs that have taken place in locations such as the Miami Beach Convention Center and Coconut Grove, both in the State of Florida. In his work, one will observe the traditional motifs of the classical school: the exuberant freshness of fruit harvested in the lush Caribbean countryside, or the sensual faces of island women. He sublimates his subjects in such a way that he converts his pieces into works that, thanks to their precision and luminosity, have successfully graced the exhibit halls of great collectors who have found in him an artist who knows how to conjugate with great mastery both the art of stage design and that of portraiture. *Pag. 52*

Breso Luis. *Nacido en Matanzas, Cuba en 1946. Realizó estudios de pintura en la Academia de Artes Plásticas San Alejandro de La Habana, Cuba y ha viajado extensamente por España y Francia observando y estudiando con detenimiento a los grandes maestros que exhiben sus obras en los más importantes museos. Ha expuesto en galerías de Madrid y París y participado en exposiciones realizadas en ferias de arte que han tenido como escenario el Centro de Convenciones de Miami Beach y Coconut Grove, en el estado de la Florida. En su pintura se observan las claves de la escuela clásica, la exuberante frescura de los frutos de la campiña caribeña, los rostros sensuales de sus mujeres y sublima sus temas de tal manera que convierte sus piezas en obras que por su precisión y luminosidad recorren con éxito los salones de coleccionistas que han encontrado en él a un artista que sabe conjugar magistralmente la escenografía y el retrato.*

Brizuela Minerva. Born in Havana, Cuba in 1951.

Studied in Havana's San Alejandro Academy of Fine Arts. Minerva is caught by the topic of roosters in Cuban art found in 19th century engravings, to the works of Tarrazone and Mariano in the 20th. Being the work of art a revelation of the artist's interior as well as an independent being behind which lays a universal cause of human destiny, what is important in it is not what it shows, but what it suggests; as in the artist, what he looks for and not what she puts before our eyes. Minerva's roosters, always two, form one single being or system: two closing curves, offspring's of the same inextricable matrix, shaping a heart, inside which our eyes sink into an endless cave or abyss. The legs of the animals are the naked fleshes that struggle, while the heads are the two precise forms, which are under an imposed destiny. The mystery is revealed when a female figure replaces the abyss and appears as dominant and peacemaker. She has participated in exhibitions in Barcelona (Spain), several cities of Latin America and in Chicago, New York, Wizo Art 2001, Miami Beach, Coral Gables and Coconut Grove Florida. She has participated in important events like America Helping America, Women in the Art and Cuba Nostalgia. ***Page 53***
Brizuela Minerva. *Nacida en La Habana, Cuba, en 1951. Su pintura es una constante evocación. Acude a la memoria como fuente que la orienta hacia lo lírico y hacia lo subjetivo. Recurre a imágenes que le permiten ilustrar un medio ambiente cargado de significaciones en donde se*

reconoce la emoción. Su pintura es una exaltación del campesino cubano como personificación nacional. En su idealización de la memoria cubana, el motivo de las peleas de gallo se convierte en un revuelo de formas en que el plumaje adquiere un frenesí de color. Lo hace con naturalidad, sin exagerar el detalle, buscando extraer lo esencial. El suyo es un trabajo de amor al que el colorido y el movimiento, que a veces asumen la medida de la calma, convierten en un revuelo caribeño. Ha realizado exposiciones en Barcelona (España), varias ciudades de Latinoamérica, Chicago, Nueva York, Wizo Art 2001, Miami Beach, Coral Gables, Coconut Grove Florida y participado en importantes eventos como America Helping America, Mujeres en el Arte y Cuba Nostalgia.

Buffet Bernard. Born in Paris, France in 1928.
Buffet Bernard. *Nacido en París, Francia en 1928.*

Bugmann Vittel. Born in Santander, Colombia.

There are extravagant features in the artwork of this artist, graduated in sociology; her language contains the breath of this planet, and the admiration of its existence. Her ecological influence avoids the common and schematic scenery, to give way to a touch towards survival. A frenetic impulse puts her forms between life and death, between delirium and order, between matter and that which is intangible; it forces to human eye to explore the rid of the volumetric textured surfaces, pushed into the search of the infinite. Following the paths of water, the rivers of lava or the metallic earth, the spectator gets absorbed into the matter of the planet and acknowledges life. **Page 54**
Bugmann Vittel. *Nació en Santander, Colombia. Hay rasgos indómitos en la obra de esta artista autodidacta -graduada en sociología- cuyo lenguaje contiene el aliento de los elementos del planeta, y la exhalación humana ante la existencia. Su propuesta ecológica elude los lugares comunes de la denuncia esquemática, para dar paso a trazos que abogan por la sobrevivencia. Un impulso frenético sitúa sus formas entre la vida y la muerte, entre el delirio y el orden, entre la materia y lo intangible; y obliga al ojo a hundirse entre los filones de las superficies de texturas volumétricas, como espoleado por la búsqueda del infinito. Recorriendo sus lechos de aguas, sus ríos de lava o sus tierras metálicas el espectador se apropia de las materias del planeta y afirma la vida.*

C

Caballero Luis. Born in Bogotá, Colombia in 1943.

Died in Paris in 1990. Most of his works are drawing inspired by the grand masters as Michelangelo, Rubens and Rodin. He exhibits in the most important galleries of Colombia, New York, Madrid, Paris and Brussels. Represent Colombia at the Sao Paulo Biennale in 1973.
Caballero Luis. *Nació en Bogota, Colombia en 1943. Murió en Paris en 1990. La mayor parte de sus trabajos son dibujos que están inspirados en los grandes maestros como Miguel Ángel, Rubens y Rodin. Exhibió en las más importantes galerías de Colombia, Nueva Cork, Paris y Bruselas. Represento a Colombia en la Bienal de Sao Paulo en 1973.*

Cabañas Orlando. Born in Havana, Cuba in 1934. Studied painting with Telésforo Ferrer and in Mexico at La Esmeralda School of Fine Arts.
Cabañas Orlando. *Nació en La Habana, Cuba en 1934. Estudió pintura en Cuba con el profesor Telésforo Ferrér y en México en la Escuela de Artes Plásticas La Esmeralda.*

Cabrejo Marthagaby. Born in Bogotá, Colombia.

Studied at the School of Fine Arts of the Jorge Tadeo Lozano University and with Luis Camnitzer, Lucca, Italy. Land-scapes are worked in colors and material, carefully expressed trough abstract and expressionist style. Time and space are reflected in the light. The simple beauty of the sea holds the viewer, ad trough its motion, changes time and space from a fixed image into a fluid world. A metamorphosis of color and paint transform the canvas as the image glows. From the artist's skill and knowledge the atmosphere is one of art and poetry. Her works are reflected of color, texture, perspective and poetry. On the canvas appears a mix of oil and sand. A strong line that sometimes breaks at the horizon cuts the landscapes.

Cabrejo Marthagaby. *Nacida en Bogotá, Colombia. Estudio en la Escuela de Bellas Artes de la Universidad Jorge Tadeo Lozano y con Luis Camnitzer, en Lucca, Italia. Su obra son paisajes trabajados a base de pintura-materia. La artista va construyendo cuidadosamente sus paisajes, entre abstractos y expresionistas, apoyados en un tiempo subjetivo. Su tema es simplemente el mar, que en jadeos o en suntuosas opacidades, va haciendo el transito de lo espacial a lo temporal y de la fijeza al cambio; y va tomando posesión de la tela para formar un bloque transparente que da la idea de agua o de un paisaje desértico que tiembla. Se ve la metamorfosis de la materia-color, manejada con conocimiento de lo que se propone crear: una atmósfera puramente plástica o poética. Trabaja en técnica mixta con oleos y arena. Sus paisajes están cortados por una línea fuerte que algunas veces rompen el horizonte.*

Cadmus Paul. Born in New York, United States in 1904.
Cadmus Paul. *Nacido en Nueva York, Estados Unidos en 1904.*

Calbajal Eddy. Born in Havana, Cuba. Graduated in art and sculpture from the San Alejandro School in 1949. His work is characterized by the high degree of maturity, his pictorial language and his clear and explicit expression.

Calbajal Eddy. *Nació en La Habana, Cuba. Estudio pintura y escultura en la Escuela de San Alejandro, en 1949. Su obra se caracteriza por su alto grado de madurez, su rico lenguaje pictórico y su expresión clara y explícita.*

Camacho Jorge. Born in Havana, Cuba in 1934. Self-taught artist. Close friend of Andre Breton and Jose L Cuevas. Participated in surrealistic exhibitions in Europe. Currently lives in Paris.

Camacho Jorge. *Nació en La Habana, Cuba en 1934. Pintor autodidacta. Amigo cercano de André Bretón y José Luis Cuevas. Participó en salones de Europa en varias exposiciones de arte.*

Camacho Jaime. B.A. in Architecture from the National University of Bogotá, Colombia, 1977. Master in History of Art, Architecture & Restoration, **Camacho Jaime.** *Arquitecto de la Universidad Nacional de Colombia, 1977. Maestría en restauración e historia de la arquitectura, Universidad Católica, Córdoba, Argentina 1978-1979.*

Camargo Mantilla Milton. Born in Los Santos, Santander, Colombia. Studied at the Universidad Industrial de Santander, Bucaramanga, Colombia and at the Escuela de Bellas Artes de Santander. Comes from the Guanera Province, region of the Guane's Culture (ancient pre-Columbian culture of the Colombian East region),whose tradition in textile art has left us beautiful samples as cotton sheets entrusted by Chibcha Culture (old pre-Columbian establishment) I which it has a great value their graphic design and delicate colors managements. We have seem in Camargo's making, some objects, fruits, sheets and musical instruments with an almost hyperrealist treatment, getting and interior atmosphere on his dives. Objects which has been chosen by artist, call attention because they turn us back to cultures and colonial customs, getting in designs and authentic forms. *Page 55*

Camargo Mantilla Milton. *Nació en Los Santos, Santander, Colombia. Estudió en la Universidad Industrial de Santander, de Bucaramanga y en la Escuela de Bellas Artes de Santander. Proviene de la provincia de Guanera, cuna de la cultura Guane (cultura precolombina del Oriente colombiano), cuya tradición en el arte textil nos dejo bellas muestras de mantas de algodón encargadas por los Chibchas (antiguo asentamiento precolombino) y en las que se destacan sus diseños de grafismos y delicado color. Llama la atención los objetos escogidos por el artista que nos remiten a culturas y costumbres coloniales obteniendo sus diseños y formas auténticas. Ha realizado múltiples exposiciones individuales y colectivas. Ha ganado diferentes premios, entre otros el Diploma de Honor en e IV Salón Regional de Artes Visuales de Pamplona. Con un tratamiento hiperrealista sus principales temas son frutas, instrumentos musicales y bodegones.*

Campos Olga. Under the signature of Urdaniz, Olga Campos has been able to transmit to the canvas, her most profound artistic feeling. Born in Camaguey, Cuba, she received her first artistic education at said city's school of Fine Arts. In Madrid, Spain, she studied oil painting under the direction of Federico Alvarez and later, in the United States, she refined her technique at the Koubek Center of University of Miami under the guidance of the recognized professor Berta Rendin, and at Miami Art Club, oriented by the expertise of professor Jorge Bustamante and Manuel Canovaca. Samples of her vast work have been exhibited in New York, Washington DC, Savannah Georgia and Miami, obtaining the Firsts Prize at Colors of the Earth Art Show in Homestead, Florida in 1997. Her paintings are part of numerous private collections and encompass a wide variety of pictorial styles, where still life and countryside themes, customs, and scenes of her native Cuba are predominant. He is a member of the Cuban American Artist Society. *Page 55*

Campos Olga. *Bajo la firma de Urdaniz, Olga Campos ha logrado plasmar en el lienzo sus más profundas sensibilidades artísticas. Oriunda de Camaguey, Cuba, cursó sus primeros estudios artísticos en la Escuela de Bellas Artes de dicha ciudad. En Madrid, España, estudió bajo la dirección de Federico Alvarez y más tarde, en los Estados Unidos, perfeccionó su técnica en el Koubek Center de la Universidad de Miami bajo la tutela de la reconocida profesora Berta Rendin, y en el Miami Art Club, orientada por las expertas manos de los profesores Jorge Bustamante y Manuel Canovaca. Muestras de su vasta obra han sido expuestas en New York, Washington DC, Savannah Georgia y Miami, otorgándosele el Primer Premio en Colors of the Earth Art Show de Homestead, Florida en 1997.Sus trabajos forman parte de numerosas colecciones privadas y abarcan toda una gama de estilos pictóricos, descollando la naturaleza muerta y los temas, costumbres y escenas campestres de su Cuba natal. Es miembro de la Sociedad de Artistas Cubano Americanos.*

Canovaca Manuel. Born in Havana, Cuba, on August 23 1914. Studied at the Fine Art Academy San Alejandro. This artist has created art pieces that belong to the Cuban cultural patrimony. About his works the art critic and art historian Frank Ebra said: "This outstanding Cuban painter has diversified himself successfully in different areas of the arts, like illustration, oil painting, teaching and journalism. His special talent and professionalism have reserved for him a special place among the art world, being considered as one of the most important Cuban artist. These qualities have made of Canovaca an example of human being and a tireless educator of the arts". He was also an important journalist. Work for important Cuban newspapers and magazines such as Casino Español Magazine, X Magazine, Avance newspaper and Orbe and Sensación magazine. Currently lives and exhibit in Miami. **Page 56**

Canovaca Manuel. *Nació en La Habana, Cuba, el 23 de Agosto de 1914. Graduado de la Academia de Arte San Alejandro ha logrado crear obras de arte que hacen parte del patrimonio cultural cubano. Sobre su obra, el crítico e historiador de arte Frank Ebra afirma: "Este gran artista incursiona exitosamente en diversas áreas: la ilustración, la pintura, la enseñanza y el periodismo. Su especial talento y su profesionalismo le han reservado un sitial de honor, siendo considerado como uno de los más altos exponentes de la plástica cubana de todos los tiempos y un ejemplo de ser humano e incansable educador de las bellas artes". Se dedico al dibujo desde el ano 1935 iniciándose como ilustrador de la revista Casino Español y de la revista X. Posteriormente trabajó para el periódico Avance, la revista Orbe, la revista Sensación. Vive y exhibe sus obras en Miami.*

Cañas Benjamin. Born in San Salvador, Salvador in 1933. Died in 1987. His works are influenced by the Surrealism. Exposed in El Salvador and United States. Art critic considers him as the most important Salvadorian painter.

Cañas Benjamín. *Nació en El Salvador, Salvador en 1933. Murió en 1987. Sus trabajos están influenciados por el Surrealismo. Expuso en El Salvador y los Estados Unidos. La crítica lo considera como el pintor salvadoreño más importante.*

Cancio Arcadio. Born in Guanabacoa, Cuba. Studied in Havana at San Alejandro Academy of Fine Arts. Shows a strong influence from the Cubism school.

Cancio Arcadio. *Nació en Guanabacoa, Cuba. Estudió en la Escuela de Artes Plásticas San Alejandro. Refleja una fuerte influencia del movimiento cubista.*

Canovas Fernando. Born in Buenos Aires, Argentina in 1960. Studied in Paris at L'Ecole des Beaux Arts. He won the Prix Fortabat, in France. A retrospective of his works was exhibited first at the Modern Art Museo of Buenos Aires and then in order important museums of the world.

Canovas Fernando. *Nacio en Buenos Aires, Argentina en 1960. Estudio en Paris a L'Ecole des Beaux Arts. Gano el Premio Fortabat, en Francia. Una retrospectiva de sus trabajos se exhibió en Buenos Aires y otros importantes museos .*

Cantillo R Oswaldo. Born in San Marcos, Sucre, Colombia, in 1960. Studied at the Fine Art School of the Atlantico University, Barranquilla, Colombia. Won in 1991 an Honor Mention at the First Still-life's National Salon organized by the Museo Bolivariano of Santa Marta, Colombia. Declared out of Context at the First Salon of Young Artist organized by Barranquilla Chamber of Commerce in 1991. Have had solo exhibitions in several occasions, among other: Art Gambetta Gallery, Metz, France; Colombian Consulate Gallery of Washington, DC, USA; IDB Staff Association Gallery, Washington, USA. Also at the Colombian Art Forces Gallery, Bogotá, Colombia; Villa D'Arte Gallery; Autonoma University, Barranquilla, Colombia and others. Is recognized as one of the new generation more important Colombian hyperrealist painters. Some of his works capture the Caribbean atmosphere with its vibrant nature. Universal painters as Colombian Master Dario Morales have inspired Cantillo's works. *Pages 58/59*

Cantillo R Oswaldo. *Nació en San Marcos, Sucre, Colombia, en 1960. Estudió en la Facultad de Bellas Artes de la Universidad del Atlántico, Barranquilla, Colombia. Ganó una Mención de Honor en 1991 en el Primer Salón Nacional del Bodegón organizado por el Museo Bolivariano de Santa Marta, Colombia. Fue declarado fuera de Concurso en el Primer Salón Nacional de Jóvenes Artistas organizado por la Cámara de Barranquilla, en 1991. Ha realizado varias exposiciones individuales en varios países del mundo, entre otras: Art Gambetta Gallery, Metz, Francia; Galería del Consulado de Colombia en Washington, DC, Estados Unidos; IDB Staff Association Gallery, Washington DC, Estados Unidos. También ha expuesto en la Galería de las Fuerzas Armadas de Colombia, Bogota; Galería Villa D'Arte de Barranquilla; Universidad Autónoma de Barranquilla y otras. La crítica lo reconoce como uno de los pintores hiperrealistas colombianos más importantes de la nueva generación. Algunos de sus trabajos captan la atmósfera vibrante del Caribe con su vibrante naturaleza. Sus trabajos están inspirados por artistas de la pintura universal como el Maestro colombiano Darío Morales.*

Caracas Cesar. Was born in Rivas, Nicaragua on December 6, 1935. At age 13, he won a contest as the Best Sketcher of Nicaragua. The award opened for him the doors of the School of Fine Arts of Managua, where he studied for seven years under Rodrigo Penalba and had his first exhibition there in 1949. In 1954-55 he traveled to Mexico to study mural painting. In 1958, Caracas was

awarded a scholarship from the Italian government to study for five years at Saint Mark's Academy in Florence. Later in 1971, he was invited by the United State Department o visit all the important museums and galleries in the United States. From 1963, through 1985, Caracas was a professor of fine arts at various universities in Nicaragua. In 1986, he sought exile in Miami, where he resides today. Through his career, he has exhibited in Italy, Switzerland, France, Colombia, Brazil, Central America, United States and Dominican Republic. He has had over 27 solo exhibitions, and 56 collective exhibitions. In March 2002 he was invited by the Nicaraguan Ministry of Culture to attend the First Congress of Popular Art celebrated in Managua. *Page 56*

Caracas Cesar. *Nació en Rivas, Nicaragua, el 6 de Diciembre de 1935. A la edad de trece anos ganó u concurso como el Mejor Dibujante de Nicaragua. El premio le abrió las puertas de la Escuela de Bellas Artes de Managua donde estudió por siete años bajo la dirección de Rodrigo Penalba y allí tuvo su primera exhibición en 1949. En 1954-55 viajo a México a estudiar muralismo. En 1958 recibió una beca del gobierno italiano para estudiar por cinco anos en la Academia de San Marcos de Florencia. Más tarde, en 1971, fue invitado por el Departamento de Estado de los Estados Unidos para visitar los más importantes museos y galerías. Desde 1963 hasta 1985, fue profesor de la Escuelas de Bellas Artes de varias universidades de Nicaragua. En 1986 se asiló en Miami, donde reside hoy. A través de su carrera, ha exhibido en Italia, Suiza, Francia, Colombia, Brasil, América Central, Estados Unidos y Republica Dominicana. Ha realizado más de 27 exhibiciones individuales y cerca de 56 colectivas. En Marzo del 2002 fue invitado por el Ministerio de Cultura para asistir al Primer Congreso de Arte Popular celebrado en Managua.*

Carbonel Manuel. Born in Havana, Cuba in 1918. Studied at the San Alejandro Fine Art Academy. Won the First International Award at the 1954 Biennale Hispano-Americana of Barcelona, Spain. The figurative Masters of the European art influences his works.

Carbonel Manuel. *Nació en La Haba, Cuba en 1918. Estudió en la Academia de San Alejandro. Ganó el Primer Premio en la Primera Bienal de Arte Hispano-Americano de Barcelona en 1954. Sus trabajos están influenciados por los maestros figurativos europeos.*

Carbonell Santiago. Born in Spain in 1960. He studied at La Massana School and the School of Fine Art of Quito, Ecuador. Currently resides in Mexico.

Carbonell Santiago. *Nació en España en 1960. Estudio en la Escuela La Massana y en la Escuela de Bellas Artes, de Quito, Ecuador. Reside actualmente en México.*

Cardenas Agustin. Born in Matanzas, Cuba in 1927. Studied at San Alejandro Academy. His Works are in the Paris Modern Art Museum, Montreal, Havana, Tel Aviv and Hakone, Japan. He has created monumental sculptures.

Cárdenas Agustín. *Nació en Matanzas, Cuba en 1927. Estudio en la Academia de San Alejandro. Sus trabajos hacen parte de las colecciones de los Museos de Arte Moderno de La Habana, Montreal, Tel Aviv y Hakone, Japón. Creó esculturas monumentales.*

Carlos Alonso. Born in Tucumán, Argentina, 1930. Studied at the National Academy of Fine Arts in Cuyo, and received instruction in drawing, printing, painting, and sculpture. Since 1960s he begin to form part of the New Figuration Movement.

Carlos Alonso. *Nació en Tucumán, Argentina en 1944. Estudió en la Academia Nacional de Bellas Artes de Cuyo y se graduó en dibujo, grabado, pintura y escultura. Desde 1960 hace parte del movimiento Nueva Figuración de Nueva York.*

Cárdenas Santiago. Born in Bogotá, Colombia in 1937. Outstanding Colombian painter.

Cárdenas Santiago. *Nacido en Bogotá, Colombia en 1937. Pintor colombiano de reconocimiento.*

Carlos Rafael. Born in Havana, Cuba, graduated from the Academy of Plastic Arts San Alejandro. He has participated in numerous personal and collective exhibitions at Cuba, U.S. and Latin American. Art critic, Amelia Duval defined his art as being...."the versatility of his masterpieces is a demonstration of how in-tuned he is with his surroundings, the human body, and nature that are the symbols of creation, where the dark/light or the defined line that he puts together transmits a strong sexuality with his clear colored backgrounds..." This contains his most recent works where he makes the strong Cuban image of country and farmers, including his famous farmer "Benancio". *Page 57*

Carlos Rafael. *Nació en La Habana, Cuba, graduado de la Academia Nacional de Artes Plásticas San Alejandro. Ha participado en numerosas exhibiciones personales y colectivas en Cuba, EE.UU., y Latinoamérica. Amelia Duval, crítica de arte lo define... "la versatilidad de su obra es una muestra de su constante interrelación*

113

con el mundo circundante, el cuerpo humano y la naturaleza, que son símbolos de la creación, donde los claroscuros o la línea definitoria de contorno se conjugan para transmitir una fuerte sensualidad, reafirmándolas con las transparencias...", Esto consta en sus más recientes trabajos donde realza el paisaje cubano y la imagen del campesino, sobre todo en su guajiro "Benancio".

Carmona William. He was born in Pinar del Rio in 1964. Studied at the Fine Art School of Havana University. At the beginning was expressionist and later became Tropical Realism.

Carmona William. Nació en Pinar del Río en 1964. Estudió en la Facultad de Bellas Artes de la Universidad de La Habana. Al comienzo fue un pintor expresionista y más tarde comenzó a desarrollar el Realismo Tropical.

Carmona R Jaime. Born in Bello, Antioquia, Colombia in 1964. Realist painter.

Carmona R. Jaime. Nacido en Bello, Antioquia, Colombia en 1964. Pintor realista.

Carrasquilla, Jaime. Born in Cartagena, Colombia in 1945.

Carrasquilla, Jaime. Nacido en Cartagena, Colombia en 1945.

Carreño Mario. He was born in Havana, Cuba in 1913. He studied at the San Alejandro Fine Art School and the Applied Arts of Paris, France. He was a teacher at the New School of Social Research of New York. His works are of classical Surrealistic style.

Carreño Mario. Nació en La Habana, Cuba en 1913. Estudió en la Academia de San Alejandro y en la Escuela de Artes Aplicadas de Paris, Francia. Fue profesor de la New School of Social Research de New York. Sus trabajos son de corte surrealista clásico.

Carreño Sergio. Born in Bogotá, Colombia. The artist builds a language full of enigmas which disembowel a microcosm of dense colors where the spiritual charge of some- one full of mysticism is perceived in the balance of shapes, in the strength of color and in the abstraction of those hidden worlds created by hand and the brush and which in some manner, when making the cloth human, identifies us and makes us drunk.

Carreño Sergio. Nació en Bogotá, Colombia. El artista construye un lenguaje lleno de enigmas que desentrañan un microcosmo de colores densos donde se percibe la carga espiritual de alguien que vive en su interior el misticismo que se percibe en el equilibrio de las formas, en la fuerza del color y en la abstracción de esos mundos recónditos creados por la mano y el pincel y que de alguna

manera, al humanizar la tela, nos identifica y nos embriaga.

Carulla Ramón. Born in Havana, Cuba in 1940.  Carulla has had numerous solo Exhibitions in Florida, Germany, Mexico, Panama, Ohio, Michigan, Puerto Rico and Canada, just to name a few. "There is the search for my own identity, it is important for man to know himself first before knowing others. I try to find a rapprochement with my inner world. I allow myself to be taken by my emotions and feelings, and I express what I feel. In each series, find new emotions, everything becomes integrated to its interior world. I don't paint anything to satisfy anyone, rather to compensate myself. My themes are not studied, nor designed to please; they are the daily struggle, it is what it is. There is a magic realism; my characters live in a question mark, in mystery, in real life." Carulla has exhibit at the Bass Museum, Boca Raton Art Museum, Cincinatti Art Museum, Panama Contemporary Art Museum, Detroit Institute of Art, Florean Museum (Romania), Lowe Art Museum, Museo del Grabado de Buenos Aires, Museo Jose Luis Cuevas, Mexico; Museo Rufino Tamayo, Mexico, Fort Lauderdale Art Museum, and others museums and galleries.

Carulla Ramón. Nació en La Habana, Cuba en 1940. Carulla ha tenido numerosas Exhibiciones Individuales en La Florida, Alemania, México. Panamá, Ohio, Michigan Puerto Rico y Canadá, entre otras. Su obra figurativa-expresionista, gira en torno a la alienación del ser humano, atenuándola un través de la inclusión de elementos de humor en los que se manifiesta la crítica social. Pintor autodidacta, se inició como un expresionista informal abstracto, pero más tarde su obra adquiere una definición figurativa. Sus temas son la soledad, la confrontación y la agresividad de los seres humanos. Carulla ha exhibido en el Bass Museum, Boca Raton Art Museum, Cincinatti Art Museum, Panama Contemporary Art Museum, Detroit Institute of Art, Florean Museum (Romania), Lowe Art Museum, Museo del Grabado de Buenos Aires, Museo José Luis Cuevas, Mexico; Museo Rufino Tamayo, Mexico, Fort Lauderdale Art Museum, y otros museos y galerías. **Pag. 60**

Castilla Jorge. Born in Mexico City in 1963. Studied at La Esmeralda National School of Painting, sculpture, and printmaking. In his work stands out the low relief that evokes walls, textures, writings, facades, and sacred beings and animals, conveying the idea of the infinite within the finite.

Castilla Jorge. Nace en 1963 en la ciudad de México. Estudia escultura y grabado en la Escuela

Nacional de Pintura la Esmeralda. En su obra se destacan los bajorrelieves que evocan muros, texturas, textos, fachadas, animales y seres sagrados, expresión de lo infinito en lo finito.

Castillo Victor. Born in Huari-Ancash, Peru in 1961. Studied in Lima at the National School of Fine Art. In his Works the rigor of every stroke's execution, the color placed in its extreme possibilities and the expressive intensity of the images are the most notable characteristics. The autochthono features of pre-Columbian Inca cultures appear with all their natural wealth. This artist is spontaneous and offer an aesthetically renovating and prolific feeling. Each tone has its value, each contrast its luminous language which contributes to the solidness of his work. *Page 61*

Castillo Víctor. *Nació en Huari-Ancash, Perú, en 1961. Estudió en la Escuela de Artes Plásticas de Lima. Con el rigor de la ejecución de sus trazos, el color alcanza posibilidades extremas para expresar con intensidad las imágenes que en cierta forma hacen referencia a las culturas precolombinas con un total balance de armonía. Cada tono tiene su propio valor, su propio luminoso contraste que le imprime gran solidez a su obra.*

Cata Hector. Born in La Habana, Cuba in 1944. Have a strong influence of Rene Portocarrero.

Cata Hector. *Nacido en La Habana, Cuba en 1944. Refleja una gran influencia de Rene Portocarrero y Amelia Pelaez*

Celis Pérez. Born in Buenos Aires, Argentina, 1934. His works are included in the collections of Museo de Arte Moderna de Buenos Aires, Argentina; Museo de Arte Moderna de Bogota, Colombia; Museum of Modern Art, New York and the Philadelphia Museum of Art, USA

Celis Pérez. *Nació en Buenos Aires, Argentina, en 1934. Sus obras hacen parte de la colección del Museo de Arte Moderno de Buenos Aires, Argentina; Museo de Arte Moderno de Bogota, Colombia; Museo de Arte Moderno de Nueva York y del Museo de Filadelfia.*

Ciruelos Modesto. Born at Cuevas de San Clemente, Spain in 1908. Died in 2002. Considered as one of the Spanish's best abstract expressionist. He moved in the same circles as artists and writers like Rafael Alberti and Federico Garcia Lorca – from whom he painted a portrait and poets Antonio Machado, Gerardo Diego and

Vicente Aleixandre. His early works where mostly portraits, landscapes and pictorial compositions. He exhibits in Paris in1937 with Picasso, Miro and Juan Gris. In 1999 won the prestigious Castille and Leon Arts Prize. His works are in the Art Museums of Barcelona, Burgos, Cuenca and Bilbao, public spaces and public ad private's collections.

Ciruelos Modesto. *Nacido en Cuevas de San Clemente, España, en 1908. Murió en 2002. Considerado como uno de los pintores abstractos expresionistas más importantes de España. Se movió en los mismos círculos artísticos e intelectuales de Rafael Alberti y Federico García Lorca – para quien pintó un retrato; y poetas como Antonio Machado, Gerardo Diego y Vicente Aleixandre. Sus trabajos tempranos fueron más que todos retratos, paisajes y composiciones pictóricas. Exhibió en Paris en1937 con Picasso, Miro y Juan Gris. En 1999 ganó el prestigioso Premio a las Artes Castilla y León. Sus obras se encuentran en lo Museos de Barcelona, Burgos, Cuenca y Bilbao, espacios públicos y colecciones publicas y privadas.*

Citarella Maya. Painting is creating images dressed with dreams. The artist takes from the real world, form and colors, light and shadows, and ads to these realities motivations and suggestions that determine their own individualism. An expression of art needs direction and discipline. Maya Citarella's works are reflection of how her professor the eminent portraits Felix de Cossio, the internationally recognized Felix Ramos, and the not less admired Gustavo del Valle influenced in her spirit. Born in Havana, Cuba, she spent the first half of her life in her native country, and the second half in the United States of America. Her painting have been exhibited at Miami Art Museum, ACMU Club, Fine Art Institute of Miami, Big Five Club, DaVinci's Gallery, League Against Cancer at Coral Gables, International Arts Festival of the City of Hialeah, Women's Club at Ocean Bank, Atlanta as well as in international exhibitions in Buenos Aires and Santo Domingo. Recently she has completed several paintings in black and white, where she has demonstrated he mastery in the handling of lights and shadows. *Page 29*

Citarella Maya. *Pintar es plasmar las imagines vestidas de ensueños. El artista copia la realidad, formas y colores, luces y sombras, pero a esa*

realidad da motivaciones y sugerencias que acrecientan su individualidad. Todo arte necesita dirección y disciplina. Los trabajos de Maya Citarilla reflejan cuanto sus profesores, el eminente retratista Félix de Cossio, el mundialmente reconocido paisajista Félix Ramos y el no menos admirado Gustavo del Valle, hubieron de enseñarle. Nacida en La Habana, Cuba, ha vivido la primera mitad de su existencia en Cuba y la segunda en los Estados Unidos de América. Sus obras han sido expuestas en Miami Art Museum, ACMU Club, Fine Art Institute of Miami, Big Five Club, DaVinci's Gallery, League Against Cancer at Coral Gables, International Arts Festival of the City of Hialeah, Women's Club at Ocean Bank, Atlanta así como en exhibiciones internacionales en Buenos Aires y Santo Domingo. Recientemente ha realizado varios cuadros en blanco y negro donde se destaca su maestría en el juego de luces y sombras.

Cogollo Heriberto. Born at Cartagena, Colombia in 1943. Studied at School of Fine Arts. Realistic painter he currently lives Cartagena.
Cogollo Heriberto. *Nació en Cartagena en 1943. Estudio en la Escuela de Bellas Artes. Pintor realista. Radica en Cartagena.*

Colunga Alejandro. Was born in Jalisco, Mexico in 1948. Studied arquitecture but became painter. Also studied music, anthropology and languages. Self-taught painter belongs to the Neoexpressionistic School leading by Francis Bacon and Jacobo Borges. Is one of the contemporary Mexican outstanding painters.
Colunga Alejandro. *Nació en Jalisco, México en 1948. Estudió arquitectura pero se dedica a la pintura. Posteriormente estudia música, antropología y lenguas. Pintor autodidacta tiene afinidad con pintores neoexpresionistas contemporáneos como Francis Bacon y Jacobo Borges. Ha consolidado una sólida trayectoria, reconocida con amplitud en otras latitudes.*

Consuegra Rafael. Born in Havana, Cuba in 1941. He received a Master's in Art from the University of Miami. He teaches ceramics, sculpture and design at Miami Dade Community College and at Barry University in Miami.
Consuegra Rafael. *Nació en La Habana, Cuba en 1941. Estudió escultura y pintura en París, Nueva York y recibió una maestría de la Universidad de Miami. Enseña cerámica y escultura en el Miami Dade Community College y en Barry University.*

Conti Raul. Born in Cordoba, Argentina in 1932. In his works explore the symbolic subject matter of pre-Columbian America. Currently lives and exhibit in New York.

Conti Raúl. *Nació en Córdoba, Argentina en 1932. En sus trabajos explora el tema simbólico de la América precolombina. Actualmente reside y expone en Nueva York.*

Corrales Milena. Born in Barranquilla, Colombia, in 1964. Her paintings reveal the iconography of our cultural heritage in enlightening message, which identifies us with our forebears.
Corrales Milena. *Nació en Barranquilla, Colombia en 1964. Su obra revela la iconografía de nuestra herencia cultural con un mensaje revelador.*

Cortatazar Roberto. Born in Mexico in 1962. Studied at la Emerald National School of Painting. Expressionist painter.
Cortazar Roberto. *Nació en México en 1962. Estudio en la Escuela de Pintura la Esmeralda. Pintor expresionista.*

Cubas Santiago. Born in Great Canary Island, Spain, in 1954, Santiago is a self-taught artist whose every brush stroke is flooded with sensitivity.
Cubas Santiago. *Nació en Gran Canaria, España en 1954. Es un artista autodidacta que desborda sensibilidad en cada pincelada, amante del colorido, la libertad y la sensualidad.*

Celis Franco Henry. Born in Pereira, Colombia. Studied drawing at the National University and in Hana Bibliowiez's atelier. He has made numerous collective exhibitions, such as "Xilón" Triennial of Engraving in 1994 in Gewerbe Museum Winterthur, Switzerland, the Ibero-American Fair of Art of Oviedo, Spain, among others.
Celis Franco Henry. *Nació en Pereira, Colombia. Estudió en la Universidad Nacional y con Hana Bibliowiez. Ha hecho numerosas exposiciones colectivas, entre otras "Xilón" Trienal de Grabado 1994 en Gewerbemuseum Winterthur, Suiza y en la Feria Iberoamericana de Arte de Oviedo, España.*

LUIS CABALLERO

Chab Victor. Born in Buenos Aires, Argentina in 1930. His works are included at the Ponce Museum in Puerto Rico, the Caracas Museums, and Bibliotheca Luis Angel Arango of Bogotá, Colombia.
Chab Víctor. *Nació en Buenos Aires, Argentina en 1930. Sus obras hacen parte de los Museos de Arte de Ponce, Puerto Rico, Caracas y la Biblioteca Luis Ángel Arango de Bogota, Colombia.*

Chavez Gerardo. Born in Peru. Studied at the School of Fine Arts in Lima. He has defied the laws of nature, now relying on surreal visions to complete the story of childhood remembered.
Chávez Gerardo. *Nació en Perú. Estudió en la Escuela de Artes Plásticas de Lima. Desafía las leyes de la naturaleza para completar la historia de los recuerdos de su infancia en visiones de lo subreal.*

Chacón Armando I. Born in Guatemala City, Guatemala in 1975. At the young age of thirteen he discovered his natural talent for art when he won the first prize in a national art contest sponsored by Iberia Airlines. His interest grew over the years as he and his family migrated to the U. S. There he graduated from Hillsborough Community College with an Associate in Liberal Arts and an Associate in Science-Radiography. These years of sacrifice were reflected in the vast paradox images that he has portrayed over the years. In 1999, he relocated to South Florida to where his work has continually reflected the maturity that this young painter has achieved. Recent local exhibitions have included Alexander Patrick Gallery, Carone Gallery, and the Coral Springs Museum. He has also received international recognition as one of the featured artists in Casa & Estilo Arte Volume I and via local newspapers. Recently he was also awarded Best In Show in the Fifth Annual Tri-County Exhibition and was chosen as a finalist in the Hortt 42 Memorial Competition.

Chacón Armando I. *Nació en Cuidad de Guatemala, en 1975. A la edad de trece años descubrió su talento natural hacia el arte al ganar el primer premio en un concurso de arte nacional patrocinado por la Aerolínea Iberia. Su interés por el arte surgió al pasar los años en los cuales el y su familia migraron a los EE.UU. Se graduó en el Hillsborough Community College donde recibió el grado de Asociado de Artes Liberales y un Asociado de Ciencias en Radiografía. Estos años de sacrificio se han reflejado en sus obras por medio del uso de imágenes surrealistas que proyectan serenidad absoluta. En 1999, se radicó en el Sur de la Florida en donde sus obras continúan reflejando la madurez de este joven pintor. Recientemente exhibió en Alexander Patrick Gallery, Carone Gallery y el Coral Springs Museum. También ha recibido reconocimientos internacionales al aparecer en el primer volumen de Casa & Estilo Arte Contemporáneo y también al ser publicado en periódicos locales. Así mismo ha sido galardonado con el premio Best In Show en el "Tri-County Exhibition" y fue seleccionado como finalista en el Hortt 42 Memorial Competition.*

Chartuni Maria Helena. Born in Sao Paulo, Brazil in 1942.
Chartuni Maria Helena. *Nacida en Sao Paulo, Brasil en 1942.*

Chenco. Born in Caratagena, Colombia in 1942. Education: School of Fine Arts, Cartagena de Indias, Colombia. Studies o Law and Political Sciences, School of Law, Universidad de Cartagena de Indias, Colombia. Doctorate in Law and Political Sciences, summa cum laude, Universidad de Cartagena de Indias, Colombia. Special studies in psychology of art and psychology of mental illness, School of Medicine, Universidad de Cartagena de Indias, Colombia. Has participated in over 50 exhibitions around the world. His work are in private and public collections

in Argentina, Brazil, Colombia, England, France, Germany, Italy, Mexico, Lebanon, Paraguay, Peru, Spain, United States, Uruguay and Venezuela. Over the years, the vibrant paintings of Chenco have revealed a personal vision replete with worldly references and a baroque sensibility that reflects his experiences and viewpoints about life.

Chenco. *Nació en Cartagena, Colombia en 1942. . Educacion: Escuela de Bellas Artes, Cartagena de Indias, Colombia. Estudio Leyes y Ciencias Politicas en la Escuela de Leyes de la Universidad de Cartagena de Indias, Colombia. Doctorado en Leyes y Ciencias Politicas, summa cum laude, de la Universidad de Cartagena de Indias, Colombia. Estudios especiales d sicologia del arte y sicologia de enfermedades mentales en la Escuela de Medicina de la Universidad de Cartagena de Indias, Colombia. Ha participado en mas de 50 exhibiciones alrededor del mundo. Sus obras se encuentran en colecciones publicas y privadas de Argentina, Brasil, Colombia, Inglaterra, Francia, Alemania, Italia, Mexico, Libano, Paraguay, Peru, Espana, Estados Unidos, Uruguay y Venezuela. A lo largo de los años, las pinturas vibrantes de Chenco han demostrado una visión personal repleta de referencias mundanas y de una sensibilidad barroca que revelan sus experiencias y puntos de vista sobre la vida.* **Pag. 62**

Chiukov Semión. Born in Russia in 1902. Died in 1980.
Chiukov Semión. *Nacido en Rusia en 1902. Murió en 1980.*

Chiú José. Born in Guanabacoa, Cuba in 1943. Studied at San Alejandro Academy of Fine Arts. His work uses traditional customs and folklore as a resource for subject wherein he seeks to identify archetypes or actual picturesque characters.
Chiú José. *Nació en Guanabacoa, Cuba en 1943. Estudió en la Academia de Bellas Artes de San Alejandro Su obra capta las costumbres, tradiciones y el folclore como fuente para sus temas con los que busca la identificación de arquetipos de caracteres pintorescos.*

Chinchilla Marvin. Born in San Jose, Costa Rica in 1957. Studied in the National University's School of Fine Arts. The plastical expression of Chinchilla present aesthetic values as content and/or pretext so as to move onto a plane where phenomenology's join with semantics in frenzied encounters to others forces that appear in an interplay designed to decipher a labyrinth proposed not as a game, but as an induction to problematical that seem to have no solution..

Chinchilla Marvin. *Nació en San José de Costa Rica en 1957. Estudió en la Facultad de Arte de la Universidad Nacional de San José. Pintor abstraccionista, concentra en sus telas una amalgama de fuerzas energéticas que revelan sus múltiples emociones. Su propuesta del color está directamente relacionada con la tierra, la madre, el útero, utilizando íconos en forma de vértebras.*

Chirinos Ramon. Born in Churuguara, Venezuela, in 1950. Richness, variety and renovation are the constant qualities of its figurative proposal of anecdote topics.

Chirinos Ramón. *Nació en en Churuguara, Venezuela, en 1950. Su propuesta estética muestra figuras de tópicos anecdóticos.*

GERARDO CHÁVEZ
(DETALLE)

Dali Salvador. Born in Figueras, Spain, in 1904. He died in 1989. Is one of the most important interpreters of Surrealism, which he started to apply to his painting in 1927 The eccentricity of his personality and his excessive vocation for eshibitionism supported by great imagination and the multiples genres and techniques he experimented make him one of the most important artists of our times. **Page 63**
Dalí Salvador. *Nació en Figueras, España en 1904. Murió en 1989. Es uno de los más importantes intérpretes del Surrealismo, que comenzó a aplicar a su pintura en 1927. La excentricidad de su personalidad y su excesiva vocación por el exhibicionismo apoyada en su gran imaginación y los múltiples géneros y técnicas que experimentó, hicieron de él uno de los artistas más importantes de nuestros tiempos.*

Daza, Alvaro. Born in Bogota, Colombia in 1949.
Daza, Alvaro. *Nacido en Bogota, Colombia en 1949.*

Daza Fernando. Born in Santiago de Chile in 1930. Studied at the University of Bellas Artes of Chile.
Daza Fernando. *Nació en Santiago de Chile en 1930. Estudió en la Facultad de Bellas Artes de la Universidad de Chile.*

Delgado Guillermo. Born in Havana, Cuba in 1964. He begins his studies as a founder member of "El Taller de Eduardo Abela", under the supervision of the painter Heriberto Manero. He participated in different expositions in Cuba and in France, Spain and Check Republic. In 1983 he moves from Cuba to Madrid, Spain, where he studied ceramic and monotypes. As the owner of a precious instrument of expression, Delgado enriched his work minute by minute reaching a new level, resulting in a work of great beauty and exceptional quality. Actually he is exhibiting in important galleries of South Florida: La Boheme, DaVinci's and GDS. **Page 63**
Delgado Guillermo. *Nació en La Habana, Cuba en 1964. Comenzó sus estudios como miembro fundador del Taller Eduardo Abela, bajo la tutoría del pintor Heriberto Manero. Participó activamente en diferentes exposiciones tanto en Cuba como en Francia, España y la Republica Checa. Desde 1983 vivió en Madrid, España donde estudió cerámica y monotipia. Dueño de un valioso instrumento de expresión, Delgado enriquece su quehacer minuto a minuto logrando cada más un mayor nivel con su pintura. El resultado es una obra de gran belleza formal y alta calidad artística. Actualmente expone sus obras en importantes galerías del Sur de la Florida, tales como La Boheme, DaVinci's y GDS.*

Delacruz Silvio. Born in Medellin, Colombia in 1954. His works reflect the union of multiple cultures, interracial relations as well as strange dialogues.
Delacruz Silvio. *Nació en Medellín, Colombia en 1954. Sus trabajos reflejan la unión multicultural, relaciones interraciales y extraños diálogos.*

De'Prey Juan. Born in San Juan of Puerto Rico in 1906. Died in 1962. Resides in New York until his dead. Won the First Prize in the Washington Square Outdoors Art Show.
De'Prey Juan. *Nació en San Juan de Puerto Rico en 1906. Murio en 1962. Residió en Nueva York hasta su muerte. Ganó el Primer Premio Washington Square Outdoors Art Show.*

Despierre Jacques. Born in Saint-Etienne, Francia in 1912.
Despierre Jacques. *Nacido en Saint-Etienne, Francia en 1912.*

Díez-Oñate Carmen. Born in Santiago, Cuba. Driven by a fascination with the mysteries of ancient cultures, her painting is an exploration of universal symbols and timeless myths. Her rich pictorial vocabulary and her masterful use of symbolic and painterly elements reveal a mature personal aesthetic, which seeks to bring us into intimate contact with the beauty and mystery of universal myths.

Díez-Oñate Carmen. *Nació en Santiago, Cuba. Motivada por su fascinación por los misterios de las culturas antiguas, su pintura es una exploración de los símbolos universales y mitos inmortales. Su riquísimo vocabulario visual y su dominio de los elementos simbólicos y pictóricos muestran una estética personal muy madura, que nos permite un contacto íntimo con la belleza y el misterio de los mitos universales.*

Diaz Daniel. Born in Buenos Aires, Argentina in 1960. In the paintings of Diaz, the proximity between the conceptual discourse and the artistic structuring acquires a unique value in interpretative terms. With out becoming descriptive or anecdotal, his work reveals a metaphysical drama in which the light and the human body are the protagonists. The image of man in Diaz's work conjugates the mythical and the material in strategic symbols of different characters.

Díaz Daniel. *Nació en Buenos Aires, Argentina en 1960. En su pintura la aproximación entre el discurso conceptual y la estructuración artística adquiere un valor clave en términos interpretativos. Sin recurrir a lo descriptivo o a lo anecdótico su obra revela un drama metafísico en donde el cuerpo humano y la luz son los protagonistas.*

Donat Alberto. Born in Las Villas, Cuba in 1947. After many years of searching, Donat introduced us to a new concept with "Aerial Views", his last series.

Donat Alberto. *Nació en Las Villas, Cuba en 1947. Después de muchos años de investigación, este artista nos introduce hacia un nuevo concepto de la pintura contemporánea en su última serie "Visiones Aéreas.*

Dopico Lerner Vicente. Born in Havana, Cuba. In 1974 he received his Bachelor of Art degree from St.Thomas University' in Miami, Florida. In 1976, from the same University, Dopico Lerner obtained his Master of Science degree and studied visual arts, watercolors, drawing, painting and design at the Art Student League of New York, Florida Atlantic University, and Miami Dade Community College. He exhibited "Dreams of the Pictorial Reason" in the Modern Art Museum of Dominican Republic, and "Visions of Pictorial Dreams" in Viva Gallery, New York, and also "The Image and the Space", in RSVP Gallery, Miami design District, Miami FL. His work is an exercise of pictorial reason, which inquires into the symbolism of dreams. The first thing that impresses about the work of Dopico is his skills in the treatment of light: it creates appearances of volume, distributing itself in the painting, and inciting a dramatic effect on its own. This pictorial usage of light is linked to the construction of a multicentered space in which anthropomorphic figures; mechanical elements and invented zoological species are accumulated and combined, reminding us about the appearance of dreams.

Dopico Lerner Vicente. *Nació en La Habana, Cuba. Recibió su licenciatura en Artes en La Universidad de St. Thomas de Miami, Florida en 1974. En 1976, en la misma universidad, obtuvo un Master en Ciencias. Estudió artes visuales, acuarela, dibujo, pintura y diseño en el Art Student League of New York", Miami Dade Community College, Florida Atlantic University y Florida International University. Ha realizado varias exposiciones individuales, entre ellas, en el Museo de Arte Moderno de República Dominicana; "Dreams of the Pictorial Reason", en Santo Domingo, RD. ; en la Galería Viva, de Nueva York, "Visions of Pictorial Dreams" y también en la Galería de RSVP, de Miami Design Distric, Miami, FL. En la muestra "The Image and the Space". Su obra es un ejercicio de la razón pictórica que indaga en la simbología del sueño. Lo primero que impresiona en sus trabajos es su ingeniosidad en el tratamiento de la luz que a la vez que contribuye a crear apariencias de volumen se distribuye en el cuadro provocando por sí misma un efecto dramático. Su uso pictórico de la luz está ligado a la construcción de un espacio multicentrado en el que se acumulan y entrelazan figuras antropomórficas, elementos mecánicos e inventadas zoologías que recuerdan la apariencia de los sueños.* **Pag.30**

DANIEL DIAZ

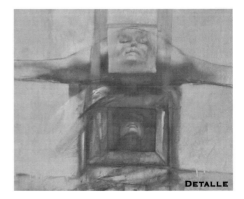

DETALLE

Echazarreta Marta. Born in Miami, Florida in 1971 with Nicaraguan parents and Basque ascendance. Her artistic education has been developed throughout Miami, New York and San Francisco. She studied at Miami Dade Community College, Graphic Design. She has had many exhibitions throughout Miami including a permanent exhibition displayed at El Novillo Restaurant and La Cabaña Bar & Grill Restaurant. Her paintings represent modern Central American landscapes with exotic flowers and large tropical plantains leaves. She also incorporates folkloric figures and exotic birds. Despierta America, program of Univision, label her as a miracle and survival artist, due to her struggling life story. Because of this, she had to go through many changes in her life including her paintings. One of the changes was the color tone of her work. They became brighter and more vivid. Her subject matters were more pleasing and peaceful to admire. Presently she opens her own gallery call, Work of Art Gallery.

Marta Echazarreta. *Nació en Miami, Florida en 1971, de padres nicaragüenses y ascendencia vasca. Su educación artística se ha desarrollado en Miami, Nueva York y San Francisco. Estudió diseño gráfico en el Miami Dade Community College. Ha realizado varias exposiciones en Miami incluyendo una exhibición permanente en el Restaurante El Novillo y en el Restaurante La Cabaña Bar & Grill. Su pintura representa los paisajes de Centro América con flores exóticas y plantaciones de frutas tropicales. También le incorporó a sus trabajos figuras del folclor y pájaros exóticos. Despierta América, programa de Univision, la nominó como un milagro vivo del arte debido a su dura lucha por sobrevivir de una penosa enfermedad. Debido a esta causa tuvo que hacer cambios radicales en su vida e incluso en su pintura. Uno de esos cambios fue los tonos del color de sus trabajos, los que se tornaron más vivos y brillantes. Sus temas ahora son placenteros y tranquilos. En la actualidad es propietaria de la galería Work of Art Gallery.*

Eckell Ana. Born in Buenos Aires, Argentina in 1947. Invited to participate at the Biennales of Paris, San Pablo and Venice. She exhibits at the National Museum of Fine Arts in Buenos Aires, in 1995. She also exhibits in different galleries around the word.

Eckell Ana. *Nació en Buenos Aires, Argentina en 1947. Fue invitada a participar en las Bienales de Paris, San Pablo y Venecia. En 1995 exhibió e el Museo Nacional de Bellas Artes de Buenos Aires. Durante su carrera ha realizados exposiciones en diferentes galerías del mundo.*

Elesgaray Juan. Born in Santa Clara, Las Villas, Cuba in 1935. In 1952 won the contest for the Leopoldo Romangch scholarship fund and begging studies at the San Alejandro Academy of Fine Arts in Havana. At the Academy he met important artist: Domingo Ramos, Augusto Menocal, Silvia Fernandez, Esteban Valderrama and others. "Before the Academy, he was painting portraits of Cuban patriots and with the time he became surrealistic. He is a master of the drawing and the color. His arts works has the woman as a main figure; some times they seem to dance mystically with fluid movements and contortions. And the colors just make hers look as goodness with the different shadows of his brush. They are constantly flying in the atmosphere of that erotic rainbow that they carry around, as a destiny. **Page 64**

Elesgaray Juan. *Nació en Santa Clara, Las Villas, Cuba en 1935. En 1952 ganó el concurso nacional con el que obtuvo la beca Leopoldo Romanagch que le facilitó estudiar en la Academia de Pintura de San Alejandro de La Habana. Allí conoció a importantes artistas, como Domingo Ramos, Augusto Menocal, Silvia Fernández, Esteban Valderrama y otros. "Al momento de entrar a la Academia, pintaba retratos de patriotas cubanos y con el transcurrir del tiempo se torno surrealista. Es un maestro del dibujo y el color. Sus obras tienen a la mujer como la figura principal, la que algunas veces pareciera ejecutar una danza* *mística, llena de movimientos y contorsiones, y la que, con el color de la paleta de este artista, luce como una diosa que deambula en la atmósfera del arco iris de veladuras que la circunda y donde pareciera que volara con ese atrevido erotismo en que aparece inmersa, como si ese fuera su destino.*

Enrique Carlos. Born in Santa Clara, Cuba in 1901.

Died in 1957. Studied at the Pennsylvania Academy of Fine Arts. When refused to accept the teaching of the professor was expelled from the Academy. Returned to Cuba and begin to exhibit at the Association of Painters and Sculptors. Travel to Europe and study in different places. Exhibit in Cuba in 1934 and provokes a violent storm of discussion and indignation and The Lyceum Gallery has to close the exhibit. His works are part of the Modern Art Museum of San Francisco, New York and Harlem.

Enrique Carlos. *Nació en Santa Clara, Cuba en 1901. Murió en 1957. Estudió en la Academia de Bellas Artes de Pensilvana. Cuado rehusó aceptar las enseñanzas de los profesores de la academia fue radicalmente expulsado. Regresó a Cuba y continuó pintando y exhibiendo en la Asociación de Pintores y Escultores. Viajó a Europa y estudió en varios lugares. Regresó a Cuba en 1934 y llevó a cabo una exposición en la Galería del Liceo que fue tan polémica y causó tanta indignación, que fue clausurada. Su obra hace parte de los Museos de Arte Moderno de San Francisco, Nueva y Harlem.*

Eichler Juan. Born in Poland in 1923. Studied at the Royal Academy of Fine Art in Roma Italy and at the London Art School. He moves to Argentina where he is actually living. Has the privilege of illustrate some books for Jorge Luis Borges. His works are part of important privates and public art collections.

Eichler Juan. *Nació en Polonia en 1923. Estudió en la Real Academia de Arte de Roma, Italia y en la Academia de Bellas Artes de Londres. Más tarde viajó a Argentina donde reside en la actualidad. Tuvo el privilegio de ilustrar algunos libros de Jorge Luis Borges. Su obra forma parte de importantes colecciones públicas y privadas.*

Espinoza Viredo. Born in Havana, Cuba in 1928. In an exhibition that took place in Havana in 1953, the art critic G Perez said: "Only the Works of Viredo and Portocarrero manage to produce a true message of Cuban art by means of the pictorial elements of form and luminosity evident in their paintings".

Espinoza Viredo. *Nació en La Habana, Cuba en 1928. Sus trabajos, junto con los de Portocarrero,*

exhibidos en el Salón de 1953, fueron los que transmitieron un verdadero mensaje del arte cubano en dicho evento.

Espinoza Manuel. Born in Havana, Cuba, in

1940. Studied at the San Alejandro Fine Art Academy. Resides in Miami, Florida since 1980. He has had numerous exhibitions in different cities such as Havana, Mexico, Madrid, New York and Miami. His painting is a direct expression of his interior world, which is, essentially, the world of a Caribbean poet. The main subjects of his work are faces, masks and vegetables. The vibrant and intense reds and the yellows are a song to the joy of live. He is a painter of solid knowledge and great creativity. The themes of his work are inspired by magic realism of the Caribbean, the Afro Cuban religious syncretism and the pain of exile. **Page 65**

Espinoza Manuel. *Nació en La Habana, Cuba, en 1940. Estudió en la Academia de San Alejandro. Está radicado en Miami, Florida desde 1980. Ha participado en numerosas exposiciones individuales y colectivas en La Habana, México, Madrid, Nueva York y Miami. Su pintura es expresión directa y sincera de su mundo interior, que es, esencialmente, el de un poeta Caribeño. En esta etapa creativa, sus lienzos se han ido llenando no sólo de rostros sino también de máscaras y vegetales: simbiosis luminosa de identidad y teatralidad, como en la vida misma. El colorido, los rojos intensos, los amarillos enamorados, es todo un canto a la alegría de ser y estar, a pesar de las asperezas de la realidad. Es un pintor de recia formación técnica y de una creatividad desbordada. Su versatilidad se manifiesta en sus variados temas, lo real maravilloso, el sincretismo religioso y cultural, el doloroso fenómeno del exilio.*

CARLOS ENRIQUE (DETALLE)

Felguerez Manuel. Born in Zacatecas, Mexico in 1928. Painter and sculptor. Studied at Academia San Carlos ad National School of Painting La Esmeralda. Friend of Braque and Picasso. Was a professor at Cornell University.

Felquerez Manuel. *Nació en Zacatecas, México en 1928. Pintor y escultor, estudio en la Academia San Carlos y en la Escuela de Pintura La Esmeralda. Amigo de Braque y Picasso. Fue profesor de la Universidad Cornell.*

Fernandez Agustin. Born in Havana, Cuba in 1928. The unusually colorful works of this controversial artist of the Cuban avant garde dates from the 1950's.

Fernández Agustín. *Nació en La Habana, Cuba en 1928. Los trabajos inusuales y llenos de colorido de este artista de la vanguardia cubana, datan de 1950.*

Fernandez Eugenio. Born in Havana, Cuba in 1945. Studied at the San Alejandro Fine Arts Academy. During many years was a professor at Havana University. Currently resides in Miami.

Fernández Eugenio. *Nació en La Habana, Cuba en 1945. Estudio en la Academia de San Alejandro. Fue profesor de la Universidad de La Habana. Reside en Miami.*

Fernandez Emilio. Born in Cuba, Fernandez is  an autodidactic artist who resides in Jersey City, NJ, since 1972. He received his formal education in psychology in Havana, Cuba, where he was awarded a doctorate degree in psychology. Fernandez has lived in Europe, San Francisco, and New York studying and visiting museums and galleries, enriching his experiences and fascination for Art. He has traveled extensively since the age of sixteen, visiting Hawaii, Japan, Spain, France, Austria, Germany, Hungary, the Soviet Union, Mexico, Canada and throughout the United States. He was intensely influenced by the experiences of several years spent in cultures and civilizations profoundly different from his own Cuban background, during a post World War II period of change and transformation. He has participated in several exhibitions: Jersey City Hall, NJ, in 1996; Hudson Artist Gallery, Jersey City, NJ, in 1995; Gala Gallery, Fort Lee, NJ, and Lucia Gallery, Soho, New York City. More recently he has exhibit at Forest Gallery, Withz Gallery and Alexander Patrick Gallery in Miami Florida. He has been awarded with the first prize in watercolor by Hudson Artist Gallery, Bayonne, NJ, and with the second prize in Sculpture by Bayonne Public Library, Bayonne, NJ. **Page 66**

Fernández Emilio. *Nació en Cuba. Es un artista autodidacta que residió en la ciudad de Jersey, NJ desde 1972. Estudió Psicología en la Universidad de La Habana, Cuba, donde recibió grado de doctor. Ha vivido en Europa, San Francisco y Nueva York y ha visitado los principales museos y las más importantes galerías, enriqueciendo así su experiencia y fascinación por el arte. Desde los dieciséis años ha viajado con frecuencia por Hawai, Japón, España, Francia, Austria, Alemania, Hungría, la Unión Soviética, México, Canadá y los Estados Unidos. Como artista fue influenciado intensamente por las culturas y civilizaciones diferentes a la suya durante el período posterior a la II Guerra Mundial en la que hubo profundos cambios y transformaciones sociales. Ha hecho varias exposiciones, entre ellas las del City Hall de Jersey City en NJ, en 1996; en la Hudson Artist Gallery también de Jersey City, NJ en 1995; en la Gala Gallery de Fort Lee, Más recientemente ha exhibido en Forest Gallery, Withz Gallery y Alexander Patrick Gallery, en Miami Florida. Ha sido reconocido con el Primer Premio de Acuarela por Hudson Artist Gallery Bayonne, NJ y con el Segundo Premio en Sculpture Bayonne Public Library, Bayonne, NJ.*

Ferrer Ivonne. Born in Havana, Cuba in 1968. She attends Academia de San Alejandro, where she graduates in 1987. Since 1988, she works in the

City of Havana Museum as a curator. Two years later, she joins the Art Workshop Rene Portocarrero of the Cuban fund of Cultural Property.

Ferrer Ivonne. *Nació en La Habana, Cuba, 1968. Estudió en la Academia de San Alejandro, donde se gradúa en l987. Desde 1988 trabaja como conservadora en el Museo de La Habana. Dos años más tarde trabaja en el Taller Artístico René Portocarrero del Fondo Cubano de Bienes Culturales.*

Ferrer Ileana. Born in Cuba in 1930. In her Works the figurative and the poetic dream are excellent intertwined.

Ferrer Ileana. *Nacida en Cuba en 1930. En sus trabajos se unen con excelencia lo figurativo con el sueño poético.*

Ferrer Joaquin. Born in Manzanillo, Cuba in 1929. Studied at the Fine Art School of Havana. Live and exhibit in Paris, France.

Ferrer Joaquín. *Nació en Manzanillo, Cuba en 1928. Estudió en la Escuela de Bellas Artes de La Habana, Cuba. Vive y exhibe en París, Francia.*

Feyerabend Hands. Born in 1965 in Kleinmachnow near Berlin, Germany. Studied visual arts at the Academy of Art Berlin and in 1992 obtained his Master Degree in Architecture at the Academy of Art Berli-Weibensee. After intensive traveling in Europe and North America, in 1998, moved to US to pursue his work as a full time artist.

Feyerabend Hands. *Nace en 1965 en Kleinmachnow cerca de Berlín, Alemania. Estudió arte en la Academia de Arte de Berlín y en 1992 se graduó como arquitecto en la Academia de Arte Berli-Weibensee. Después de viajar intensivamente por Europa y Norte América, en 1998 se trasladó a los Estados Unidos para continuar su trabajo como un artista a tiempo completo.*

Figari Pedro. Born in Montevideo, Uruguay in 1861. Died in 1929. Studied in Italy with Master Godofredo Somavilla.

Figari Pedro. *Nació en Montevideo, Uruguay en 1861. Murió en 1929. Estudió en Italia con el maestro Godofredo Somavilla.*

Fischer Paul. Born in Stuttgart, Germany in 1864. Died in 1931. His work as a painter was a hobby, being a self-taught artist. Become well known for his outstanding watercolors.

Fischer Paul. *Nació en Stuttgart, Alemania en 1864. Murió en 1931. Su trabajo en la pintura fue un hobby pues fue autodidacta. Se hizo famoso por sus acuarelas.*

Flora Fong. Was born in Camagüey, Cuba in 1949.

Studied at State Fine Art School, the Cubanacan School and teach at the San Alejandro Fine Arts Academy. Is a member of the Writer and painters National Union (UNEAC) and the International Association of Plastic Artist (AIAP). In her painting there are three main elements: the landscaping, the domestic life of Cuban and her Chinese ethnic component. Her Works arte part of the Cuban National Museum; the Camagüey Modern Art Museum; the Americas Museum of Managua, Nicaragua; the Beijing National Parliament, China; The Sonje Contemporary Art Museum, Kyongju, South Korea and the Royal Art Museum of Ontario, Toronto, Canada.

Flora Fong. *Nació en Camagüey, Cuba en1949. Estudio en la Escuela Provincial de Artes Plásticas, en la Escuela Nacional de Arte de Cubanacán, fue profesora de pintura en la Academia de Artes Plásticas San Alejandro. Es miembro de la Unión Nacional de Escritores y Artistas de Cuba (UNEAC), y de la Asociación Internacional de Artistas Plásticos (AIAP). En su pintura convergen tres elementos: el paisaje, la vida doméstica de las gentes y el componente étnico chino. Sus obras hacen parte de las colecciones del Museo Nacional de Bellas Artes, La Habana, Cuba; el Museo Provincial de Camagüey, Cuba; el Museo las Américas, Managua, Nicaragua; del Parlamento Nacional, Beijing, China; del Museo de Arte Contemporáneo Sonje, Kyongju, Corea del Sur y del Museo Real de Ontario, Toronto, Canadá.*

Forman Mark W. Born in New York and was raised

visiting the museums and galleries of America's art capital. After earning a BA in Art at Wagner College and a Masters in Art from Rutgers University, Mark began his career as an artist and teacher. Proficient in both painting and ceramic sculpture, Mark's work has been included in national competitions and exhibitions in all regions of the U.S. Corporations and individuals alike collect his work. Mark's present paintings and sculptures deal with life and the circumstances we all experience during our existence on earth. ***Page 67***

Forman Mark W. *Nació en New York y creció visitando los museos y galerías de arte de la capital. Tras obtener un BA en arte en el Wagner College y un Master en Arte en Rutgers University, comenzó su carrera como artista y profesor. Destacado en ambas, pintura y escultura en cerámica, los trabajos de Mark han sido incluidos* en competencias y exhibiciones nacionales en todas las regiones de los Estados Unidos de América. Su trabajo forma parte por igual de colecciones privadas y corporativas. Las pinturas y esculturas de Mark en el presente tienen que ver con la vida y con las circunstancias que todos experimentamos durante nuestra existencia en el mundo.

Fonseca Ever. Was born in Havana, Cuba. He belongs to the first generation of painters of the National School of Art, where he graduate in 1967. He works in painting, drawing, engraving, sculptures and ceramics. From his beginning as an artist, his Works captured the human nature y his relationship with the environments.

Fonseca Ever. Nació en La Habana, Cuba. Pertenece a la primera graduación de la Escuela Nacional de Arte (ENA) en 1967. Ha trabajado profusamente en pintura, dibujo, grabado, escultura, cerámica e instalaciones. Desde sus comienzos, pintala naturaleza humana y sus relaciones con el entorno.

Franco Nelson. Born in Cienfuegos, Cuba in 1948.

Studied in Havana's San Alejandro Academy of Fine Arts. In 1969 he worked on a mural with Rene Portocarrero. In 1973 he worked with Julio Le Parc. He went to Caracas, Venezuela and Brazil where he exhibited his drawings and art works on glass. In 1986 he settled in Miami where he stores most of his pictorial production. He has participated in numerous one-man show exhibitions and group shows, among them, O&Y Gallery, Coral Gables, Florida; "Beyond the Scene", Amalia Mahoney Gallery, Chicago, Illinois; Galería Espacio, San Salvador, El Salvador; "Rostros", Alfredo Martínes Gallery, Miami, Florida; Cubiami, Euroart Gallery, New York, New York. "Works by Nelson Franco have a fundamental character that solves pictorial resolution as an entity conceived within the rectangle. His knowledge of classical painting place him at the core of post-Modernism that links the discoveries of the 20th century with the archetypes of Antiquity", said Luis Lastra, art critic. ***Page 68***

Franco Nelson. Nació en Cienfuegos, Cuba en 1948. Estudió en la Academia de San Alejandro. En 1969 realizó un mural junto con René Portocarrero y en 1973 trabajó junto con Julio Le Parc. Desde 1986 se encuentra radicado en Miami, Florida y exhibe principalmente en Chicago, Nueva York, San Francisco y Madrid. Ha realizado varias exposiciones individuales y colectivas, entre ellas están O&Y Gallery, Coral Gables, Florida; "Beyond the Scene", Amalia Mahoney Gallery, Chicago Illinois; Galería

Espacio, San Salvador, El Salvador; "Rostros", Alfredo Martínez Gallery, Miami Florida; Cubiami, Euroart Gallery, New York. A propósito de su obra, el crítico de arte Luis Lastra dice: "Los trabajos de Nelson Franco se caracterizan por resolverse pictóricamente como una entidad que no recurre al rectángulo. Su aproximación humanística, su intensa introspección y su conocimiento de la pintura clásica, lo colocan en un post-modernismo que une los logros del siglo veinte con los arquetipos de la antigüedad.

Franco Siron. Born in Brazil in 1947. Resides and exhibit in Madrid, Paris, London, Roma and Stockholm. Was the subject of an important documentary.

Franco Siron. Nació en Brasil en 1947. Vivió en Madrid, Paris, Londres, Roma y Estocolmo. Fue el objeto de un importante documental.

Fracchia Luis. Born in Asuncion, Paraguay in 1959. He received the First Prize in the XXII Salon Nacional de Acuarela in Mexico City.

Fracchia Luis. Nació e Asunción, Paraguay en 1959. Ganó el Primer Premio de Acuarela del XXII Salón Nacional de Acuarela de la ciudad de México.

MANUEL FELGUEREZ

ESCULTURA (DETALLE)

Gainza Agustín. Born in Havana, Cuba in 1943. Studied at the San Alejandro School of Arts and at the University of Miami, Florida where he takes Raku Techniques. His works are primarily the product of imagination and fancy.
Gainza Agustín. *Nació en La Habana, Cuba en 1943. Estudió en la Escuela de San Alejandro y en la Universidad de Miami, Florida donde tomó un curso en Técnicas Raku. Su obra es el producto de la imaginación y el capricho.*

Galan Julio. Born in Brazil in 1947. He has had numerous exhibitions in various continents.
Galán Julio. *Nació en Brasil en 1947. Ha realizado numerosas exposiciones en varios continentes.*

Garcia Claudia. Born in Barranquilla, Col. (1964)

She graduate in Fine Arts from the National University of Colombia, from her beginnings as an artist, the quality of her paintings took her to various young artist showcases where she accomplished prices and mentions. She had her most important individual expositions in Buenos Aires, Boston, and Minneapolis and some collective ones in Zurich, Cuzco and Chicago, among others. The figures that in the beginning were the center of her work have given way for abstract language to emerge where some graphic elements exist only as a reference, as symbols to guide the watcher into the artist world. The color is the axis upon which her pictorial history turns which is the reason why the critics have valued her as one most vigorous García Colombian colorist. *Page 69*
Garcia Claudia. *Nació en Barranquilla, Colombia (1964) Graduada en Artes Plásticas de la Universidad Nacional de Colombia, desde sus inicios la calidad de su obra la llevó a recorrer diversos salones nacionales, obteniendo premios y menciones, hasta llegar a realizar sus principales exposiciones individuales en Buenos Aires, Boston y Miniápolis y colectivas en Zurich, Cuzco y Chicago, entre otras. Las figuras, que en un*

principio fueron protagonistas de su obra, han dado paso al lenguaje abstracto donde los elementos gráficos sirven solo de referencia, como símbolos que ayudan al espectador a introducirse en la propuesta del artista. El color es el eje alrededor del cual gira su historia pictórica, hecho que le ha valido el reconocimiento de la crítica como una de las primeras pintoras de Colombia.

Garcia Gay. Born Santiago, Cuba in 1928. Graduated at the San Alejandro Academy of Fine Arts. Received an Oscar Cintas Fellowship in Sculpture in 1983. One of the foremost sculptors and painters of Cuba's third generation of modernist.
García Gay. *Nació en Santiago de Cuba en 1928. Graduó en pintura y escultura en la Academia de San Alejandro. Recibió el Premio Oscar Cintas Fellowship en Escultura en 1983. Uno de los artistas más importantes de la tercera generación de escultores y pintores cubanos modernistas.*

Garcia Fernando. Born in Puerto Padre, Cuba in 1960. Studied at the San Alejandro Academy of Fine Arts. Currently lives and exhibit in Miami.
García Fernando. *Nació en Puerto Padre, Cuba en 1960. Estudió en la Academia de Bellas Artes de San Alejandro. Actualmente vive y exhibe en Miami.*

Garcia Raimundo. Cuban artist defined by intense

emotions introduces time and motion in his art avoiding static forms. His excitement en the act of painting can be seen in his work of art. He creates ambiguity with his firm, strong, vigorous brushstrokes that take his action of painting indistinctively, to delineation or to the impact of color by stains. In the process, he uses the construction of nonrepresentational forms or invalidates them as his criteria dictates. He loads surfaces with rich color, in contrast with the black or white brushstrokes defining the female figure as his preferred subject, always present in his work as the essence of his inspiration. The Artist portraits the woman with a powerful presence, looking at the spectator sometimes with sensuality, sometimes with mystery or with arrogance expressing strong emotions by distortion of the figure. Raimundo has a very high regard for the women's presence in the world and in his life".

García Raimundo *Artista cubano definido por intensas emociones, introduce tiempo y movimiento en su arte evitando las formas estáticas. Su apasionamiento y excitación en la acción de pintar se dejan ver en el resultado final de su obra. Trazos vigorosos, seguros y rápidos crean la ambigüedad o bien la delineación de la figura, o de la mancha bella y oportuna para definir su estado de ánimo. Así mismo, construye las formas no representativas o las elimina según su criterio. Raimundo carga la superficie con colores saturados, llenos de riqueza, en contraste con los trazos negros o blancos que definen la figura femenina, sujeto preferido del artista en su trabajo y objeto de su inspiración. Ella, la mujer, en la obra del artista, tiene un sitio privilegiado y la representa con una presencia poderosa, siempre viendo de frente, hacia el espectador, con mirada desenfadada. Algunas veces llena de sensualidad, otras de misterio o arrogancia, expresando fuertes emociones por la distorsión de su figura. Raimundo García tiene un alto concepto de la presencia femenina en el mundo y en su vida. **Pag.70***

Garcia Linares Rigoberto. Born in Cuba in 1947. Lived in Spain where he first started to explore his talent and sensitivity and later moved to Miami, Florida, where he resides. Is a self-taught sculptor and his works clearly reflects impetus of intense testimonial and recollection of memories. He has held exhibits in Miami, New York and Paris. A representation of this sensuous spirit was created during 1996 in his sculpture Al Sol, capturing the free spirit of a woman embraced and absorbed by Nature. His work has definitely evolved into a more abstract and rhythmic style, always with an urge to create with little time and against time. His most recent sculptures mark a shift from the realist to the sensual flowing shapes that reflect the artist and his emphasis of the interpretation of unity, strength and vitality. *Page 71*

García Linares Rigoberto. *Nació en Cuba en 1947. Es un artita autodidacta. Su obra refleja el ímpetu de intensos testimonios e innumerables memorias. Sus esculturas han sido exhibidas en Miami, Nueva York y París. Una representación de su espíritu cultivado se demuestra durante 1996 con su escultura Al Sol, en donde*

abiertamente capta la liberación de la mujer absorbida por la naturaleza. Definitivamente se ha convertido en un artista de expresión abstracta y rítmica, siempre con la necesidad de crear sin tiempo y contra el tiempo. Sus más recientes esculturas son una transición de lo realista a un flujo sensual de formas que reflejan al artista y su énfasis en plasmar la unidad, la fuerza y el vigor.

Garzón Correa Emiro. Born in Belén de los Andaquíes, Caquetá, Colombia in 1950. Studied at the Fine Art School of Neiva City, Colombia. He has exhibited in numerous occasions and his sculptures are public monuments of several Colombian cities. His works are plain of dramatism, pain, aguish and have deep social contents. **Page 71**

Garzón Correa Emiro. *Nació en Belén de los Andaquíes, Caquetá, Colombia en 1950. Estudió en la Escuela de Bellas Artes de Neiva, Colombia. Ha realizado numerosas muestras y su obra hace parte de monumentos públicos de varias ciudades colombianas. Sus esculturas están plenas de dramatismo, dolor, angustia y gran contenido social.*

Gayton Silvio. Born in Havana, Cuba. For seven years as a young man he attended the internationally renowned "San Alejandro National School of Fine Art" in Havana. In 1965 he left his homeland and has since worked in Venezuela, Spain, Chicago and Miami. His serious work has appeared in numerous shows and exhibits, where it has invariably been warmly received. He presently lives and works in Miami, Florida.

Gayton Silvio. *Nació en La Habana, Cuba. De joven asistió a la Escuela Nacional de Artes Plásticas San Alejandro. En 1965 abandona Cuba para continuar sus actividades profesionales en Venezuela, España, Chicago y Miami, donde actualmente reside y desempeña sus labores artísticas. Sus obras se han exhibido en numerosas galerías y exposiciones, habiendo merecido un magnífico recibimiento por parte del úblico y los críticos de arte. **Pag.72***

Godoy Joaquin E. Born in Cuba. "Classical style, discipline and technique". This best describes the art of Godoy. While he maintained a career as an Army Topographic Engineer, the primarily self-taught Cuban born painter has quietly developed a niche in art. Godoy throughout his career received numerous awards and won many coveted Army-wide competitions. He served as an illustrator for the famed 82nd Airborne Division and has exhibited paintings in North Carolina, Germany, Washington, DC, Texas and Coral Gables, FL. He has conducted various art workshops in figure drawing and oil painting. He paints portraits on commission but also landscapes and religious themes. Godoy states, "We cannot assume that all of life is by chance, that indeed an Almighty Creator is the ultimate artist and engineer".

Godoy Joaquin E. *Nació en cuba. "Estilo clásico con disciplina y técnica". Esta frase es la que mejor describe el arte de Joaquín Godoy. Mientras se desempeñó como ingeniero topográfico en el ejercito norteamericano, logró al mismo tiempo destacarse como artista. Durante su carrera como pintor recibió diversos premios y ha ganado varios concursos de arte convocados por el ejercito. Sirvió como ilustrador del legendario 82nd Airborne Division y realizó exposiciones en Carolina del Norte, Alemania, Washington, DC, Texas y Coral Gables, FL. Ha tenido bajo su responsabilidad talleres de dibujo de figura humana y en su especialidad, la pintura al óleo. Pinta retratos de personaje por comisión pero también paisajes y temas religiosos. Godoy afirma: "No podemos decir que todo en la vida se logra sin esfuerzo, pues en verdad el Creador Omnipotente es el más depurado arista".* **Pag 75**

Godoy Lidia. Born in Havana, Cuba. She is greatly influenced by her life in the tropics and the Caribbean waters. Godoy projects all of her spiritual strength bringing to her canvases her unique textures, the airborne torsos, her exceptional transparencies and her mastery of colors.

Godoy Lidia. *Nació en La Habana, Cuba. Colorista innata, influenciada por el trópico y sus aguas cristalinas, proyecta sus torsos con gran fuerza espiritual dando paso a sus texturas y transparencias inigualables.*

Gomez Barros Rafael. Born in 1972 in Santa Marta, Colombia, he completed early art courses at the Magdalena Cultural Institute, and later continued them in Bogotá's Jorge Tadeo Lozano University. In his latest painting, 'Urns', he structures its content by relating the form of the human head with aboriginal urns. All of these urn heads appear to guard secrets, but their frontal and immediate qualities kindle our hope that we may, somehow, sustain a dialogue with them in spite of their empty eyes and gagged mouths, or understand what lies outside of urns still to be discovered, perhaps the only way to understand our intimate links between images and spectators, or better still, to grasp our collective historical sense."

Gómez Barros Rafael. *Nació en Santa Marta, Colombia en 1972. Cursó sus primeros estudios de arte en el Instituto de Cultura del Magdalena. Posteriormente viajó a Bogotá a continuar estudios en la Universidad Jorge Tadeo Lozano. En su última obra "Urnas", la expresividad del trabajo se estructura a partir de la vinculación entre la forma de la cabeza humana y las urnas aborígenes. Todas éstas cabezas-urnas parecen guardar sus secretos, pero su frontalidad e inmediatez nos hace abrigar la esperanza de establecer con estos seres una forma de comunicación: como un diálogo que, sin embargo, se hace posible ante los ojos vacíos o las bocas amordazadas de los rostros, o como si fuera posible entender lo que hay fuera de esas vasijas aún no descubiertas; sería la única manera de comenzar a entender los lazos que unen la historia íntima de las figuras y de los espectadores o, mejor, el sentido de la historia de todos", afirma el crítico Jorge de la Fuente.*

Gómez C. Belisario. Born in Bogotá, Colombia in 1955. He studied at the Universidad Central. His themes are almost always still-lives in which he shows a control of color, composition and drawing.

Gómez C. Belisario. *Nació en Bogotá, Colombia en 1955. Estudió en la Universidad Central. Sus temas son casi siempre bodegones en los que demuestra un gran manejo del color, de la composición y el dibujo.*

Gómez Delgado Lucía. Is a Colombian artist that resides in Bogotá. Lucia usually works in situ, in touch with nature to grasp the specific atmosphere of a moment and a place in order to create small-format landscapes, which serve as guides and inspiration to develop larger compositions in her studio. Her paintings, landscapes of an impressionist tendency, occasionally merging with abstraction, reveal the influence and direct teachings of her farther, the Colombian landscape painter Ricardo Gómez Campuzano as well as contemporary tendencies.

Gómez Delgado Lucía. *Artista colombiana residente en Bogotá. Paisajista que trabaja directamente en el sitio para captar las atmósferas en pequeños formatos al óleo que le sirven de guía e inspiración para trabajar las composiciones de mayor formato en su estudio. Sus trabajos están compuestos por paisajes en su gran mayoría. De tendencia impresionista a veces incursiona en lo abstracto, dejando ver tanto la influencia directa de su padre, el paisajista colombiano Ricardo Gómez Campuzano, como la tendencia del medio contemporáneo en que se mueve.*

González Sánchez Félix. Born in Havana, Cuba. Reside in the United States since 1980. Is a graduate of the San Alejandro National Academy of Fine Arts (1971-1975), in Havana, Cuba. His works presents scenes of social commentary or Cuban customs, reflecting his serious intent as an artist.

González Sánchez Félix. Nació en La Habana, Cuba. Reside en los Estados Unidos desde 1980. Es graduado de la Academia Nacional de San Alejandro (1971-1975) en La Habana, Cuba. Su obra presenta en cada composición una estampa costumbrista o comentario social que indica el sentido serio de este joven artista.

Granja Alberto. Born in Colombia. Finished his studies at the Jorge Tadeo Lozano University of Bogotá, Colombia. In addition, he studied graphic design, sculpture and ceramics. Alberto Granja owns a purified plastic language, in his canvases he moves with ease, manages the movements of his characters with authority, and interprets his intentions with the spatula or the brush to give them life and personality, articulating to them the message they wish to communicate.

Granja Alberto. Nació en Colombia. Realizó sus estudios en la Universidad Jorge Tadeo Lozano de Bogotá, Colombia. Además estudió diseño gráfico, escultura y cerámica. Es poseedor de un lenguaje plástico depurado. Maneja con dominio los gestos de sus personajes e interpreta sus intenciones con la espátula o el pincel para darles vida y personalidad articulándoles el mensaje que quieren comunicar.

Grau Enrique. Born in Cartagena, Colombia in 1930. With Fernando Botero, Dario Morales and David Manzur, represent a group of the most important Colombian contem- porary painters. Has exhibited his works all over the world. Lives in New York, Bogotá and Cartagena. **Page 77**

Grau Enrique. Nació en Cartagena, Colombia en 1930. Con Fernando Botero, Darío Morales y David Manzur, representa un grupo de los más importantes pintores contemporáneos colombianos. Ha exhibido su obra alrededor del mundo. Vive en Nueva York, Bogotá y Cartagena

Grau Ewa. Born in Poland, she spent her childhood surrounded by the love of her parents and the devastation caused by the II Word War. Love prevailed and before long the postwar ruins were erased from her life. She took ballet lessons, discovering her great talent and love for the arts. In 1974 arrived to the USA. Years later she started her artistic career in Miami, where attended painting workshop with the well-known artist Isabel Estefa. Also studied at FIU, finished her Master in with ICS, Philadelphia. Ewa has had exhibitions in numerous countries. Her painting has been collected throughout the globe; from her native Poland through England, USA, Canada, the Philippines and the Middle East. Her talent and techniques are limitless. **Page 77**

Grau Ewa. Nacida en Polonia, su niñez transcurrió entre el amor de sus padres y la destrucción causada por la Segunda Guerra Mundial. El amor prevaleció, el tiempo se encargaría de borrar todo vestigio de infortunio. Desde temprana edad asistió a clases de ballet, adquiriendo un gran talento y amor por las artes. Llegó a Estados Unidos en 1974. Años más tarde su carrera artística acontecía en Miami donde participó en faenas artísticas con la conocida pintora Isabel Estefan. Estudió en FIU, terminando su maestría con ICS, Filadelfia. Ha exhibido en varios países. Sus obras han sido coleccionadas por todo el globo; desde su nativa Polonia, hasta Inglaterra, Estados Unidos, Canadá las Filipinas y el Medio Oriente. Su talento es ilimitado y su técnica muy variada pues pinta con lápices de colores, acuarela, acrílico y óleo.

Guayasamín Iván. Born in Pasto, Colombia. The enigmas of the past are revealed in the paintings of Guayasamin and his descendants. One of them, Ivan, found the route to art which steers along the paths of American Indian cultures from the hands of his cousin Osvaldo who interpreted, until it was possible, iconography that are only available to the lords of this wide and foreign world, the indigenous people of our America, in which today, as displaced people from our "civilization", they wonder without peace nor tranquility. The work of Ivan, full of dramatic expressions in some cases, makes us reflect on the delirious nightmare of destruction to which the primitive urban man has taken us in his erroneous dream of grandeur. RVJ.

Guayasamín Iván. Nació en Pasto, Colombia. Los enigmas del pasado quedaron revelados en la pintura de Guayasamín y sus descendientes, uno solo de ellos, Iván, quien encontró la ruta del arte que conduce por los caminos de las culturas amerindias de mano de su primo Oswaldo, que interpretó, hasta donde le fue posible, iconografías sólo accesibles a los dueños de este mundo ancho y ajeno, en el que, como desplazados por lo que hemos mal llamado "civilización", los indígenas de nuestra América deambulan sin paz ni sosiego. La obra de Iván Guayasamín, en algunos casos llena de expresiones dramáticas, nos hace reflexionar sobre la delirante pesadilla de destrucción a que nos ha conducido el hombre primitivo urbano en su equivocado sueño de grandeza. RVJ.

Guayasamin Osvaldo. Born in Quito, Ecuador in 1919. Is one of the Ecuadorian best-known artists. His depictions of political prisoners, executed dissidents and exploited workers are emblematic of the brutal world in which we live. His 1943 painting entitled Concentration Camps is a key work of his painting career.

Guayasamín Osvaldo. Nació en Quito, Ecuador en 1919. Representa un icono en la pintura latinoamericana. Sus trabajos sobre los prisioneros políticos, los disidentes ejecutados y los trabajadores explotados son emblemáticos del mundo brutal en que vivió. Su pintura de 1943 Campos de Concentración, es un trabajo clave en la obra de este artista.

Guillen Rodrigo R. Born in Havana, Cuba in 1968. Using human figures and different materials for his compositions, he has been able to create a surrealistic style of his own.

Guillén Rodrigo R. Nació en La Habana, Cuba en 1968. Trabaja diferentes materiales a los cuales es capaz de arrancar las más bellas y disímiles formas e imprimirles su inconfundible estilo.

Guillot Mildrey. A Cuban native who emigrated in  1962. Her inspiration to paint emerged as a consequence of a visit to the El Prado Museum in Madrid, Spain in 1970. Began her career as an artist by enrolling at Madrid's Arguello Classical Art Academy. She continued to study several others techniques as so as an understudy to portrait artist Francisco Coro Marrodan. From charcoal to watercolor, Women, dancers, children and musicians are the favorite subjects. Mildrey finally turned to oils where she captured the dramatic colors she loves. Her works is rich with emotions, subtle nuance and vibrant colors on which subjects come to life on canvas. She has exhibited at Switzerland, France, Hong Kong, New York, Puerto Rico, Art Miami, Cuba Nostalgia in Miami and different countries of Latin America. *Page 73*

Guillot Mildrey. Nació en La Habana, Cuba. Emigró a los Estados Unidos en 1962. Años más tarde se trasladó a Madrid, España. Su vocación por la pintura se despierta después de una visita al Museo de El Prado, en 1970. Comenzó su

carrera enrolándose en la Academia Arguello de Arte Clásico de Madrid. Desarrolló un estilo subliminal cargado de sentimientos, donde se conjuga la intensidad con la naturaleza, la sensualidad de sus mujeres con la dulzura de los niños. La singularidad de sus bailarinas es cautivadora, siempre listas para una maravillosa función. Su obra nos descubre un mundo mágico de colores, un contraste de sentimientos. Empezar una nueva pintura, significa mucho para ella, es el camino a lo auténtico, a lo importante en la vida. Usa básicamente tres tipos de técnica. carboncillos, oleos y pastel. La más importante es el óleo. Ha exhibido en Suiza, Francia, Hong Kong, Nueva York, Puerto Rico, Art Miami, Cuba Nostalgia in Miami y en diferentes ciudades de América Latina.

Guinart Octavio. Born in Matanzas City, Cuba, on May 31st, 1970. Studied at Matanzas School of Art, Cuba and National Art Academy, Havana, Cuba. Coming from a peasant family; he lived the first six years of his life in the country, this is the reason for his love of nature frequently expressed in his artworks. Since very young, graphic expressions caught the artist attention, using simple elements to create and enrich the base of his future works. Halfway through this year, started to work as a fine arts professor at Province of Matanzas. In the middle of this year, he works with Independent Artists Group called "Grupo Lam". The artist migrates to the United States in 1999. He has exhibit at the Ninth Life Fine Art Gallery, St. Thomas, U.S. Virgin Islands; Arte, Sol y Mar Art Gallery, Varadero, Cuba; Florida International University Miami, Florida, U.S.A and others. *Page 74*

Guinart Octavio. Nació en la Ciudad de Matanzas, Cuba, en 1970. Estudió en la Escuela de Arte de la Ciudad de Matanzas, Cuba y en la Escuela Nacional de Arte (ENA), Ciudad de La Habana, Cuba. Proveniente de una familia campesina, por lo cual los primeros seis años de su niñez transcurrieron en el campo, causa fundamental de su amor por la naturaleza y todo lo que en ella existe, representada con mucha frecuencia años más tarde en sus trabajos artísticos. Desde muy pequeño la expresión gráfica atrajo la atención del artista, usando simples elementos para sentar la base de lo que sería su trabajo futuro. A mediados del mismo año comienza a trabajar como profesor de pintura en la provincia de Matanzas. Ese mismo año, trabaja con otros artistas en el Grupo "Lam". Emigra a los Estados Unidos en 1999. Ha exhibido en la Galería de Arte The Ninth Life, St. Thomas, Islas

Vírgenes Americanas; en la Universidad Internacional de la Florida y en otras galerías.

Gutierrez Olivia. Born in Cali, Colombia. Olivia

works is symphony of mist extended mysteriously thought mountain ranges. Her collections of landscape pictures are a festival of multicolor brush strokes, a maximum expression of color constructing in it their own light. With more than fifty exhibits in Colombia, Europe and United States, this native from Cali brings wit herself all the sensitivity, movements and light of modern Impressionism. The themes of her works are inspired by the Andes, where each element is unavoidable touched by the green of the mountain and the blue of the sky, one is invited to enter and loose oneself in it. Each scene is a conjunction of feeling and expressions thought brush...in synthesis a renovation of life. *Page 76*

Gutiérrez Olivia. *Nacida en Cali, Colombia. La temática de la obra de ésta artista esta encerrada en la inmensa libertad de la Cordillera de los Andes, en donde cada elemento se funde en la mezcla de sus verdes montanas y las tonalidades grisáceos de sus cielos que invitan a penetrar y disfrutar la grandeza del universo. Cada escenario es una conjugación de sentimientos expuestos a través de un pincel...en síntesis es la renovación de la vida. Su obra es toda una galería de paisajes húmedos diluidos en temas multicolores, un festival de pinceladas que encierran la máxima expresión del color, movimiento y luminosidad en lo que podríamos considerar como un impresionismo moderno.*

Gutíerrez Edín. Born Santa Clara, Cuba in 1960.

Studied in the San Alejandro Academy of Fine Arts in Havana. He was a high school drawing professor in Havana. In his paintings, in which the relief of solid textures magnifies colors, the artist seeks to capture an intact city. .

Gutiérrez Edín. *Nació en Santa Clara, Cuba en 1960. Estudio en la Academia de San Alejandro. Fue profesor de dibujo en La Habana. Sus temas aluden a la arquitectura de las ciudades coloniales cubanas donde combina sólidas texturas, relieves y bordes dorados en busca de volúmenes.*

Gutíerrez Edgar. Born in Maracaibo, Venezuela n 1957. Studied of the Neptali Rincon School of Visual Arts from 1977 to 1982 and completed his art studies at the Cecilio Acosta University (Masters n Fine Arts) in Maracaibo in 1989. The paintings

of Edgar Gutierrez are rites of passage in a drama of color, shadow and light. It is difficult to identify this work with examples of styles from the past.

Gutiérrez Edgar. *Nació en Maracaibo. Venezuela en 1957. Estudió en la Escuela de Artes Visuales Neptalí Rincón entre 1977 y 1982 y completó sus estudios de arte en la Universidad Cecilio Acosta (Maestría en Bellas Artes) de Maracaibo, en 1989. Imprime a sus cuadros fuertes contrastes de color, sombra y luz. Es difícil identificar su obra con ejemplos de estilos del pasado.*

Gutiérrez Salvador. Born in Havana, Cuba, in

1961, Salvador studied Art History at the University of Havana and Music and Sound at the Cuban Institute for Radio and Television. Since 1995, he has been completely devoted to the art of sculpture. He exhibited his work in Uruguay, at the Galería Mansioni at Punta del Este, and received acclaim from critics in Montevideo. His work was also well received by critics in Havana, and the artist went on to become a permanent member of the Cultural Assets Fund there. In Miami, he was sculptural director of the project ALAS and exhibited his work with other artists in the gallery of the same name. In 2000, he exhibited his work at the Ziv Gallery in Coral Gables, and at artistic events held at Republic Security Bank. Most recently, in 2001, his work was exhibited at the Bronx Ville Art Center in New York. *Page 75*

Gutiérrez Salvador. *Nació en La Habana, Cuba, en 1961. Estudió Historia del Arte en la Universidad de La Habana y Musicalización y Sonido en el Instituto Cubano de Radio y Televisión. Desde 1995 se dedicó por completo a la escultura. En Uruguay expuso en la Galería Mansioni de Punta del Este y en Montevideo fue reconocido por la crítica. Posteriormente expuso en la recoleta de Buenos Aires. En La Habana su obra fue exaltada por la crítica y pasó a ser miembro permanente del Fondo de Bienes Culturales. En Miami fue director de escultura del proyecto ALAS y expuso con otros artistas en dicha galería. En el año 2000 expuso en Ziv Gallery, de Coral Gables, en las galas artísticas del Republic Security Bank y en el 2001 expuso en Nueva York en el Bronx Ville Art Center.*

Guzman H Carlos M. Born in Havana, Cuba in 1970. Graduate at San Alejandro Fine Arts Academy in 1985.Postgraduate at Postage Design COPREFIL and Studies in Meso-American Art, University of Havana, Cuba. The nostalgia is the point of departure of the masterpiece of this artist. Investigate in realm of dreams, memories and

fantasies. Without concealing its fundamental influences, recreates the "historical myths" of its aesthetic ancestors; be it Picasso, Chagall, Modigliani, the French and German expressionists of a likeness to a figurative deserved by the great masters of the rebirth. Artist eminently figurative, resume all their existing concern in the human figure, especially the feminine representations. Their woman-individuals that inhabit unusual space imprinted and colorful interiors, in the unreal space of the memory and in (marine landscape) quoted and suggested. Float over a flat depth, like those murals paleochristian or brilliant as the middle age icon.

Guzmán H Carlos M. *Nacido en La Habana, Cuba en 1970. Graduado en la Academia de Arte San Alejandro en 1985.Posgraduado en Postage Design COPREFIL y en la Escuela de Estudios de Arte Meso-Americanos de la Universidad de La Habana, Cuba. La nostalgia es el punto de partida de la obra de este artista. Su producción indaga en la zona de los sueños, los recuerdos y la fantasía. Sin ocultar sus influencias fundamentales, recrea los "mitos históricos", de sus antepasados estéticos; sean Picasso, Chagall, Modigliani, los expresionistas franceses y alemanes, la recurrencia a una figuración deudora de los grandes maestros del Renacimiento. Artista eminentemente figurativo, resume todas sus preocupaciones existenciales en la figura humana, especialmente las representaciones femeninas. Sus mujeres-seres, que habitan un espacio inusual- se ubican en interiores coloridos y empastados, en el espacio irreal de la memoria y en "paisajes marinos", citados o sugeridos. Flotan sobre fondos planos, como aquellos de los murales paleocristianos o brillantes como los de los iconos medievales.*

Guzmán Tafur Juan Diego. Born in Neiva, Huila, Colombia. Studied sculpture wth Master Emiro Garzon and drawing with Master Carlos Rodriguez Arango. Also studied with Master Francisco Perea at the National University School of Fine Arts of Bogota, Colombia. The movement, harmony, volume, expression and balance are a constant in the work of this young sculptor.

Guzmán Tafur Juan Diego. *Nació en Neiva, Huila, Colombia. Estudió fundición en bronce a la cera perdida en el taller escultórico de Emiro Garzón en 1992, dibujo artístico y anatómico con el maestro Carlos Rodríguez Arango, estructura y composición de la figura humana con el maestro Francisco Perea en la Universidad Nacional en 1994. De 1993 a 1996 estudió técnicas de fundición en bronce con el maestro Rafael Franco.*

OSVALDO GUAYASAMÍN

OCTAVIO GUINART

Heins Rosario. Born in Barranquilla, Colombia in 1954. She studied at the Escuela de Bellas Artes of the Atlantic University. She also studied Darwin, painting and engraving, at the University of Cartagena. The predominant themes of her painting are the Palenqueras (black women that sold fruits at the beaches and streets of Cartagena), works that she realized with professionalism.

Heins Rosario. *Nació en Barranquilla, Colombia en 1954. Egresada de la Escuela de Bellas Artes de la Universidad del Atlántico; estudió también dibujo, pintura y grabado en la Universidad de Cartagena. La fuente temática de sus pinturas son las estampas callejeras del caribe colombiano como las negras palenqueras que ofrecen su amplio repertorio de frutas a la vista, tema que esta artista ha llevado a niveles de admirable profesionalismo.*

Hernandez José. Born in Bogotá, Colombia in 1962. Studied at the Fine Arts Institute of Medellín, Colombia and the Pontificia Bolivariana University.
Hernández José. *Nacido en Bogotá Colombia en 1962. Estudió en el Instituto de Bellas Artes de Medellín, en la Universidad Pontificia Bolivariana y es Arquitecto y Urbanista.*

Hernandez Pedro. Born in Havana, Cuba in 1940. His work is a continuous search for representation of sensuous organic elements where movement is always present. He approaches the working material directly and that life latent whiting it, communicates possibilities and new directions where each cut until a dialogue takes place. The forms are pleasing to the eye but the full valve of his mystery is the continuity of sinuous lines through volumes and recesses.
Hernández Pedro. *Nació en La Habana, Cuba en 1940. Su obra es una incesante búsqueda de representaciones de elementos orgánicos sensuales donde el movimiento está siempre presente. Trabaja en forma directa la vida latente dentro de la materia y le comunica en cada corte una posibilidad, una nueva dirección hasta que se establece un díalogo. Las formas son agradables a la vista pero el valor de su maestría consiste en la continuidad de líneas sinuosas a través de prominencias y hendiduras.*

Hernandez Sergio. Born in Oaxaca, Mexico I 1957. Studied at the Fine Arts National School, the San Carlos Academy, UNAM, and INBA. He paints struggling for surviving animal and human figures, with three-dimensional textures.
Hernandez Sergio.
Hernández Sergio. *Nació en Oaxaca, México, en 1957. Estudió en la Escuela Nacional de Bellas Artes, La Academia de San Carlos, la, UNAM, y el INBA. Pinta en texturas tridimensionales seres humanos y animales que luchan por sobre vivir .*

Herrera Carmen. Born in Santiago, Dominican  Republic in 1963. Her work reflects the fact that she possesses a spiritual and sentimental vision that tears away at one's senses and endows the act of aesthetic contemplation with illusion. She is a natural intuitive that knows how to draw the landscapes that hide behind the faces and bodies of the beings that surround her; she gathers from them a rich bounty of experience that, once formed upon her canvas, casts it into a new, existential dimension. Her expressiveness combines an eternal flowing in an endless search for the corporal with a strange symphony drawn from the musicality of her lines and tonalities. She seeks that which is beautiful, high, and far beyond the simple vision of day. ***Pag. 78***
Herrera Carmen. *Nació en Santiago, República Dominicana, en 1963. Refleja en sus obras que es dueña de una visión sentimental y espiritual que arrebata los sentidos y colma de ilusión la contemplación estética. Es una intuitiva natural*

que sabe dibujar el paisaje que se oculta en los rostros y en los cuerpos de los seres que la rodean, de ellos saca una rica experiencia que al plasmarla en sus lienzos le da una nueva dimensión vivencial. Su plasticidad se conjuga con un eterno fluir en una búsqueda incesante de lo corpóreo en extraña sinfonía con la musicalidad de sus líneas y tonalidades. Busca lo bello, lo alto y lo de más allá a la simple visión del día.

Hidalgo Javier. Born in Venezuela, where he studied graphic design, sculpture, acrylic painting and metallic etching. He received the "Luis Alfredo Lopez Mendez" award in the IX Art Exhibition, Caracas, 1994; and the special award in the "Primer Salon de las Parroquias del Norte", Caracas, 1995. Javier Hidalgo, decisively interweaves line and color to create a symbolic portrayal of day-to-day life; a passage to a unique proposition full of lyricism and spontaneity.

Hidalgo Javier. *Nació en Venezuela en 1967. Realizó estudios de diseño gráfico, grabado, escultura y pintura en Caracas, Venezuela. Premios: En 1995, mención, Fundarte, Caracas, Venezuela. En 1994, mención especial, IX Salón de Pintura "Luis Alfredo López Méndez", Caracas. Su obra se afirma en el expresionismo neofigurativo. En su búsqueda personal, línea y color se entretejen en un juego simbólico donde lo lúdico y lo cotidiano abren paso a una nueva propuesta original cargada de lirismo y espontaneidad.*

Hilito Alfredo. Born in Argentina in 1923. Died in 1993. Was an active member of the Asociacion Arte Concreto de Buenos Aires.
Hilito Alfredo. Nació en Buenos Aires, Argentina en 1923. Murió en 1993. Fue un miembro activo de la Asociación de Arte Concreto de Buenos Aires.

Hoyos Ana Mercedes. Born in Bogotá, Colombia. Studied at the School of Fine Arts of the Los Andes University. Until 1961 the Argentinean art writer Marta Traba, was her teacher. She paints colorful and vibrant landscaping scenes with a Pop Art tendency.
Hoyos Ana Mercedes. *Nació en Bogotá, Colombia. Estudió en la Escuela de Arte de la Universidad de Los Andes. Hasta 1961 fue alumna en la Universidad de la crítica de arte argentina Marta Traba. Pinta paisajes de vibrantes colores con tendencia al Pop Art.*

Hurtado Hernan. Born in Bogotá, Colombia. Studied Art and Perception Psychology at Stanford University in Palo Alto, California, where he earned his Bachelor of Arts. He also has a Master in Education specializing in the visual arts from Florida

Atlantic University in Boca Raton, Florida. The artist could be described as a naturalist, a studious observer of wildlife in its natural setting. His artistic expression depicts the extraordinary and exotic beauty of life in the Amazon Wilderness. Presently he lives in Miami, Florida.
Hurtado Hernán. Nacido en Bogota, Colombia Estudio Arte y Psicología de la Percepción en la Universidad de Stanford, de Palo Alto, California donde obtuvo su titulo en Artes. También tiene un Master en Educación otorgado por Atlantic University de Boca Ratón, Florida. El artista puede ser considerado como un naturalista, un estudioso observador de la vida salvaje en sus condiciones naturales. Su expresión artística describe la extraordinaria belleza del Amazonas. Actualmente reside en la ciudad de Miami.

ROSARIO HEINS

DETALLE

134

Igeño Francisco. Born in Posadas, Córdoba, Spain, in 1951. Studied drawing and painting in privates academies in Madrid. Studied watercolor techniques at Agrupación de Acuarelistas de Madrid and received some honorific award in national Art Salon. Known as anti-academics, Igeño is an artist with a vivid imagination whose images gain every day importance for his discipline and every day work. **Page 79**

Igeño Francisco. *Nace en Posadas, Córdoba, España, en 1951. Cursa estudios de dibujo y pintura en academias particulares de Madrid. Realiza estudios de Acuarelas en la Agrupación de Acuarelistas de Madrid», recibiendo varios premios honoríficos por su participación en certámenes y exposiciones colectivas. Proclamado antiacademicista pero alejado de cualquier concesión anárquica, Igeño es un artista que se afianza cada vez más en la disciplina del trabajo diario y al mismo tiempo está convencido de la riqueza que entraña lo espontáneo.*

Infante Roberto. Born in Venezuela. Although he grew up mainly as a self-taught, he studied color and composition in the Museo del Prado, Madrid, in 1972. "Everything is an illusion in time and space. Everything stands in connection to mankind mortality and its eternally mutant universe cycles. Only the magnanimous creative power of this man design and transcend Para dimensional worlds, thus overcoming the limitations of his five mortal senses in order to testify the invisible here it comes the surreal creation. Here it comes the Mystic experience and its transcendence to immortality.", said the painter

Infante Roberto. *Nació en Venezuela. Su formación es básicamente autodidacta, aunque realizó estudios de composición y color en el Museo del Prado, Madrid, en 1972. "Todo es una alusión en el tiempo y el espacio. Todo se sostiene en conexión con la mortalidad de la humanidad y sus eternamente cambiantes ciclos universales.*

Solo el magnánimo y creativo poder del hombre diseña trascendentes mundos paradimensionales".

Indiana Robert. Born in United States in 1928).
Indiana Robert. *Nacido en Estados Unidos en 1928.*

Ivanov Viktor. Born in Russia in 1924.
Ivanov Viktor. *Nacido en Rusia en 1924.*

Ismail Marta G. Born in Camaguey, Cuba. She

focuses her first experiences on images from her beloved country and an era that brought out her desire to depict a landscape replete with green vast plains. Subsequently, after several years in Madrid, Paris, and intensive artistic work in the United States, she developed her own personal style. Her work generates elements that let us see life as a dram. She uses three types of media: oil, acrylic and charcoal, but her primary form of expression is based on oil. **Page 79**

Ismail Marta G. *Nació en Camaguey, Cuba. Orienta sus primeras experiencias en imágenes adquiridas en su añorada patria, época que marca su deseo de representar un paisaje cargado de verdes y extensas sabanas. Posteriormente, después de haber vivido en Madrid, París y realizar una intensa labor artística en los Estados Unidos, ha podido desarrollar un estilo propio, muy personal. Su obra genera elementos que logran entender la vida como un sueño.*

INDIANA ROBERT

Jacanamijoy Tisoy, Carlos. (1964). Born in Santiago, Putumayo, Colombia in 1964.
Jacanamijoy Tisoy, Carlos. *Nacido en Santiago, Putumayo, Colombia en 1964.*

Jaramillo Ana Maria. Born in Cali, Colombia,  where she obtained her arts degree from the Universidad del Valle, and from that moment on stood out for her creativity and use of color. For several years she continued her studies, seeking to perfect her pictorial technique and her plastic handling of feeling, form and light. During the last fifteen years, this Colombian artist has hosted 27 exhibitions in the most important venues in her country. Her vast work bears witness to her skill in different techniques that along with her constant investigation have allowed her to progress successfully through batik, wax mixtures, oils and gesso. Due to its quality and content6, Ana Maria's work has been well received by private collectors and galleries alike, both in her native country as well as abroad. Ana Maria present at Colombian Consulate in Miami, 15 of her most recent creation, convinced of being able to convey the tranquil message concealed in the millennial forest that is the chimerical world of her art. ***Page 80***
Jaramillo Ana Maria. *Nació en Cali, Colombia, donde realizó sus estudios de arte en la Universidad del Valle. Desde ese entonces se destacó por su creatividad y uso del color. Continuó sus estudios durante varios años buscando perfeccionar su técnica pictórica y el manejo plástico del sentimiento, la forma y la luz. En estos quince años, esta artista colombiana ha realizado 27 exposiciones en importantes salas de su país. Su vasta obra es fiel testigo de la destreza adquirida en las diferentes técnicas que aunada a su constante investigación, le ha permitido trasegar exitosamente por el batik, la mixta a la cera, el óleo y las mixturas al gesso. Su obra, consecuente con su calidad y contenido, ha tenido gran acogida por parte de coleccionistas*

privados y galerías, tanto de su tierra natal como del exterior. Ana María exhibió en en Consulado de Colombia en Miami 15 de sus más recientes creaciones, con la convicción de llevarle al público el plácido mensaje que encierra el bosque milenario en el mundo de la quimera.

Jaramillo Vasquez Luz. Born in Colombia. Studied interior design at the Universidad Bolivariana, Medellín, Colombia; painting and drawing at the Andes University, Bogotá, Colombia; and ceramic design at Det Danske Selkab High School of Art, Holbaek, Denmark. Her works bring us deep into her interior habitat, which is clearly shown in her pictorial works strongly influenced by the environment of the province where her childhood took place.
Jaramillo Vásquez Luz. *Nació en Colombia e hizo sus estudios en diseño de interiores en la Universidad Bolivariana de Medellín; de pintura y dibujo en la Universidad de Los Andes y de diseño de cerámica en Det Danske Selkab High School of Art de Holbaek, Dinamarca. En su trabajo nos acerca a su hábitat interior, manifiesto en su obra pictórica, fuertemente impregnado del ambiente de la provincia donde transcurrió su infancia.*

Josafa Jesus. Born in Hidrolandia, Brazil. His passion for art started when he was very young, the age of seven he began entering art contests and was very successful in winning first places. He studied law in his native country, but he quickly found out that his interest was still art. He resumed his Fine Arts studies and quickly began exhibiting his works locally.

Josafa Jesús. *Nació en Hidrolandia, Brasil. A la edad de siete años participó en un concurso de arte y obtuvo el primer lugar. De ahí en adelante se consagró por completo a la pintura y en 1986 se trasladó a los Estados Unidos y abrió su estudio en Miami Beach, Florida donde su estilo cubista de fuertes colores tropicales cautivó a estrellas del cine y coleccionistas.*

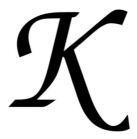

Kahlo Frida. Born (1907) and died (1954) in Coyoac, Mexico. Her real name was Magdalena Carmen Frida Kahlo Calderon. In 1925 she suffers an accident and begging painting during her convalescence doing self-portraits. In 1929 married Diego Rivera from whom she divorce one year before. In 1938 she has her first solo exhibition at the Julien Levy Gallery of New York. She exhibit also at Mexique 1939 at the Renou et Colle de París Gallery. She participates at the International Surrealistic Exhibition organized by the Mexican Modern Art Gallery in 1940. The New York Modern Art Museums and the George Pompidou Museum, have her works in its permanent collection.

Kahlo Frida. *Nació (1907) y murió (1954) en Coyoac, Distrito Federal, México. Su verdadero nombre era Magdalena Carmen Frida Kahlo Calderón. En 1925 tuvo un accidente y empezó a pintar durante su convalecencia copiando su rostro de un espejo. En 1929 contrajo nupcias con Diego Rivera de quien se divorció en 1940 para volverse a casar con él un año después. En 1938 montó su primera exposición individual en la Julien Levy Gallery de Nueva York. Trabajos de ella fueron incluidos en la Exposición "Mexique" de 1939, en la Galería Renou et Colle de París, así como en diversas colectivas a lo largo de su vida en México. Participó en la Exposición Internacional del Surrealismo organizada en 1940 en la Galería de Arte Moderno en la capital de México. Instituciones de la importancia del Museo de Arte Moderno de Nueva York y Georges Pompidou de París alojan obra de Frida. Page 81*

Kelly Ellsworth. Born in United State in 1923.
Kelly Ellsworth. *Nacio en Estados Unidos en 1923.*

Kerpel Anna. Born in Bogotá, she studied drawing and painting at David Manzur's Studio, metal etching at the Novo Workshop, acrylic etching with Mario Gordillo, cardboard etching with Norma Zárate and sculpture with Emiro Garzón, Vilma Villareal, Leo Tavela and Amado Rincón. In Miami she was awarded the Acca Prize, and in Bogotá the Manisol Acquisition Prize; in 1988 she won first prize for abstract art at the Salón Internacional de Pintura "Grand Prix D'Aquitaine" in Tonneins, France.

Kerpel Anna. *Nació en Bogotá, Colombia. Cursó estudios de dibujo y pintura en el taller de David Manzur; grabado sobre metal en el taller Novo; grabado sobre acrílico con Mario Gordillo; grabado sobre cartón con Norma Zárate y escultura con Emiro Garzón, Vilma Villarreal, Leo Tavela y Amado Rincón. Recibió el Premio Acca en Miami, Florida, USA; el Premio de Adquisición de Manisol, en Bogotá; el primer Premio de arte abstracto en el Salón Internationale de Peinture "Grand Prix D' Aquitaine de 1988 en Tonneins, Francia.*

Kooning Willem. Born in Holland in 1904.
Kooning Willem. *Nacido en Holanda en 1904.*

WILLEM KOONING

DETALLE

Lam Wilfredo. Was born in Sagua la Grande in 1902. Died in Paris in 1982. At the Jesuits school in his hometown, the images of religious paintings attract his attention. His family wants that the young Lam study law, but he insists on arts and devote his time to paint and joins the San Alejandro Academy. He study with professor Suiroca and at the Academy met Leopoldo Romañach and Victor Manuel. From 1924-1938 he lives in Spain. Then he moved to France and Picasso introduces him to Michel Leiris, Paul Eluard, Tristan Tzara, Fernand Léger, Georges Braque, Joan Miré, Christian Zervos, Henri Matisse, among others.

Lam Wilfredo. *Nació en Sagua la Grande en 1902. Murió en París en 1982. En la escuela jesuita de su tierra natal quedó fascinado con las obras de temas religiosos. Su familia quiso que estudiara leyes, pero el insistió en el arte e ingresó a la Academia de San Alejandro donde tuvo como profesor al maestro Suiroca. Allí conoció a Leopoldo Romañach y a Víctor Manuel. De 1924 a 1938 vivió en España y luego se trasladó a París donde Picasso lo introdujo a Michel Leiris, Paul Eluard, Tristan Tzara, Fernand Léger, Georges Braque, Joan Miré, Christian Zervos, Henri Matisse, y otros.*

Langer DC. Born in Brooklyn, New York, DC began painting as a child. DC's work has been shown around the country and has won international acclaim in various competitions. As a teenager in New York City, DC's first commissioned assignment was the design of a New York City billboard. Many jobs followed, propelling DC into a career as an illustrator and fine artist. She graduated from the School of the Museum of Fine Arts in Boston, after which she spent several years as a popular figure in the Boston arts scene. Although she has lived in many places, Miami has never been out of her artistic sightline, with palm trees and tropical accents often incorporated into her broad range of subjects. DC's artistry goes beyond the visual. An accomplished

musician, she has performed on keyboard, flute, and vocals for many blues bands. Additional works by DC Langer can be viewed on her website www.extracoolart.com, and she is available for commissioned assignments. **Page 82**

Langer DC. *Nació en Brooklyn, Nueva York, y comenzó a pintar siendo una niña. Las pinturas de DC han sido mostradas por todo el país y ha obtenido menciones en varias competiciones. Durante su juventud en Nueva York, su primer encargo fue el diseño de una valla en dicha ciudad. A este encargo le siguieron muchos más, lanzando a DC a una carrera como ilustradora y pintora. Se graduó en la Escuela del Museo de Bellas Artes en Boston, después de lo cual pasó varios años como una figura popular del medio artístico de Boston. Aunque DC vivió en diversos lugares, Miami nunca estuvo fuera de su línea artística, con palmeras y motivos tropicales a menudo incorporados en su amplio abanico de motivos. El arte de DC va más allá de lo visual. También una verdadera figura musical, ha ejecutado al teclado, flauta y vocalmente para muchas orquestas de blues. Más trabajos de DC Langer pueden ser vistos en su website www.extracoolart.com, y está disponible para ejecutar trabajos por encargo.*

Larraz Julio. Born in Cuba in 1944. "Still life's lay an important role in the work of Julio Larraz and his remarkable ability to capture the nuances and textures of a variety of surfaces and objects pays homage to their historical precedents. This large composition has all the drama and grandeur of the Age of the Baroque, now transformed by luminous colors, a stunning radiance and contemporary aesthetic concerns".

Larraz Julio. *Nacido en La Habana, Cuba en 1944. Con sobriedad y elegancia, Larraz insinúa lo imaginario, lo ficticio, en lo rigurosamente perceptible. En su obra Feeding the tarpoon, por ejemplo, el espectador contempla seres, animales y cosas que admite existentes en un orden cierto, pero alterados por luces y sombras que se encargan de introducir lo insólito.*

Liechtenstein Roy. Born in New York, United Status in 1923. American pop art painter, graphic artist, and sculptor. Best known for his large-scale renditions of comic strip art. He received a doctor degree by the Ohio University in 1949. At the beginning he was abstract and expressionist, but from 1957 he start using comic images uses to illustrate gums combined with images of the Far West of another North American artist, Frederick Remington. *Page* 86

Lichtenstein Roy. *Nacido en Nueva York, Estados Unidos en 1923. Pintor del Pop Art, artista gráfico y escultor, conocido por sus interpretaciones a gran escala del arte del cómic. Obtuvo un doctorado en Bellas Artes por la Universidad estatal de Ohio en 1949. Sus primeras obras eran de estilo expresionista abstracto, pero después de 1957 comenzó a experimentar con imágenes tomadas de los cómics que había en los papeles de envolver chicles, libremente interpretadas y mezcladas con imágenes sacadas de los cuadros del Viejo Oeste de otro artista estadounidense, Frederick Remington.*

Lobo-Guerrero Ivan. Born in Colombia. He studied in the Faculty of Arts of the National University. From 1987 to 1992, he studied for his master's degree in plastic arts, specializing in painting and sculpture. He has had several international, individual and group exhibitions. "The first impression we have of the work of Lobo Guerrero, is that they seem to be an abstract composition made of rhythmic spots all along the canvas' surface.

Lobo-Guerrero Iván. *Nació en Bogotá, Colombia. Realizó sus estudios en la Facultad de Artes de la Universidad Nacional. De 1987 a 1992 hizo su maestría en artes plásticas, especializándose en pintura y escultura. Ha realizado varias exposiciones internacionales, individuales y colectivas. "La primera impresión en la obra de Lobo-Guerrero es ver unas composiciones abstractas hechas de manchas rítmicas extendidas por las superficies de los lienzos."*

Lopez Michelle. Born in Brockton, Massachusetts, in 1973. She received a Bachelor of Fine Arts degree from Florida Atlantic University and then studied Illustration at the School of Visual Arts, in New York. Her artwork has been inspired from her memories and experiences gathered from the different places

that she has gotten to know. Living in Spain, Brazil, Colombia, and various places from the United States, has helped her create a body of work that tends to be rich in color, illustrative and surreal, with emphasis in organic forms, female figure, and the exploration of ones path through the external influences. At this moment she is experimenting with different subject matters and color atmospheres. **Page 84**

López Michelle. *Nacida en Brockton, Massachussets, en 1973. Recibió un Bachelor en Bellas Artes en la Florida Atlantic University y estudió ilustración en la Escuela de Artes Visuales de Nueva York. Sus trabajos artísticos tienen como fuente de inspiración sus memorias y experiencias en los diferentes lugares que ha conocido. Su permanencia en España, Brasil, Colombia, y varias ciudades de los Estados Unidos le ha ayudado a crear un cuerpo sólido sobre su obra que tiende a ser rica en colores, ilustrativa y subreal con énfasis en formas orgánicas, la figura femenina y la exploración de caminos a través de influencias externas. En este momento experimenta con diferentes temas, técnicas, colores y atmósferas.*

López Raida. Born in Havana, Cuba, currently living in Southwestern Florida, USA. She graduated with Bachelor in Fine Arts in 1992 from the Ringling School of Arts in Sarasota, Florida. Since 1992 she has had over sixty-one person and group shows with national and international and national art events. Her work can be descried as Abstract Expressionism. However the artist defines it by saying: "I always let my subconscious mind lead the way until the images talks to me and then I answer". The pieces tend to include body shapes sometimes interlaced with vegetation or unidentified object these forms are always in flowing motion. Raida works have received numerous awards and are included in many public and privates collections among them in the Tomas Lang (Germany), Full Sail Center for the Recording Arts (Orlando), Leineitz University (New Mexico), Port Charlotte, the Ringling School of Art (Sarasota) and the Florida Museum of Hispanic and Latin American Art. **Page 85**

López Raida. *Nació en La Habana, Cuba y actualmente reside en el sudeste de la Florida. Se graduó de Bellas Artes en 1992 en el Ringling School of Art de Sarasota, Florida. Desde su graduación ha realizado más de sesenta exposiciones individuales colectivas además de mantenerse participando en eventos nacionales e internacionales. Su obra puede ser definida como Expresionismo Abstracto. No obstante ella prefiere definirla explicando: "Me dejo llevar por lo que el subconsciente me dice." Sus temas incluyen rostros y figuras entrelazadas con vegetación u objetos abstractos cuyas formas están en constante movimiento. Su obra ha sido premiada en varias oportunidades y hace parte de selectas colecciones publicas y privadas como Gallery Tomas Lang (Alemania), Full Sail Center for the Recording Arts (Orlando), Leineitz University (Nuevo México), Port Charlote, the Ringling School of Art (Sarasota) y el Florida Museum of Hispanic and Latin American Art.*

Lopez Sergio. Born in 1960 at Sao Paolo, Brasil.

He works with the Oscar Wilde Architecture and Urban Design in Rio de Janeiro. Between 1980 and 1990 he confirmed his artistic destiny while working in the graphic field as an illustrator for the well-known daily Folha de Sao Paolo. 1986 he expanded into fashion design. Developed in the following years constantly new fashion concepts, which were picked up in fashion accessories by famous Brazilian couture houses. His individualistic and futuristic approach led to the concept for the fabric printing technique of "air brushing" which is still popularly used today. His works, in beautiful color combinations and elegant shapes, can be found with dealers and art galleries, both in Brazil and internationally. His art is increasingly being recognized worldwide, leading to frequent invitations to exhibits and conventions. Some shows include: XI Salao de Arte de Contemporanea of Sao Paulo, Omni Center Miami. Expo Las Vegas. Galeria Bonaire, Belo Horizonte/Bienal, Epa Sao Paulo, II Moad Guaruja Sao Paulo. Casa 2010 Sao Paolo/Art Expo New York/Murais da Fepasa. **Page 86**

Lopez Sergio. *Nació en Sao Pablo, Brasil, en 1960. Trabajó para la renombrada firma de arquitectura y diseño Oscar Wilde de Río de Janeiro. Entre 1980 y 1990 confirmó su destino como artista mientras trabajaba como diseñador gráfico del periódico Folha de Sao Pablo. En 1986 incursiona en el diseño de moda y desarrolla nuevos conceptos que se manifestaron en diseños para importantes firmas brasileñas y de otros países. Sus trabajos, de hermosos colores, combinaciones y elegantes tonalidades, se pueden obtener a través de corredores de arte y renombradas galerías. Debido a las constantes invitaciones a participar en exhibiciones y convenciones, sus obras alcanzan cada día más renombre. Algunas de sus muestras incluyen: XI Salao de Arte de Contemporanea of Sao Paulo, Omni Center Miami. Expo Las Vegas. Galería*

Bonaire, Belo Horizonte/Bienal and New York Murais da Fepasa..

Lugo Osvaldo. Born in Nuevitas, Cuba, in 1947. Graduated from San Alejandro National School of Fine Arts, Havana, Cuba, 1967. Lugo exercises his talents as an artist in a number of areas: recreating the evocative, transmitting sensuality, freeing a wealth of lyricism. All of these qualities are the essence of his art.

Lugo Osvaldo. *Nació en Nuevitas, Cuba en 1947. Se graduó de la Escuela Nacional de Bellas Artes de San Alejandro, La Habana, Cuba. Lugo ejerce sus talentos como un artista en un número de áreas: recreando lo evocativo, transmitiendo sensualidad, liberando un caudal de lirismo. Todas estas cualidades son la esencia de su arte.*

Luna Arnulfo. Born in Cartagena, Colombia

in 1945, she studied Painting and Printmaking at the School of Fine Arts in Cartagena. She received a degree in Architecture from La Universidad del Atlántico in Barranquilla, Colombia and traveled to Europe in 1975 on a National Scholarship to study Fine Arts. In 1976, she took a drawing course at the Dalí Museum in Figueroas, Spain and one in printmaking in Paris, France. Arnulfo's work has established itself in its journey within the aesthetic current known as hyperrealism.

Luna Arnulfo. *Nació en Cartagena, Colombia en 1945. Estudia Pintura y Grabado en la Escuela de Bellas Artes de Cartagena. Se graduó como Arquitecto en la Universidad del Atlántico, Barranquilla, Colombia. En 1975 viaja para Europa con una Beca Nacional para estudiar en Bellas Artes en París. En l976 hace un curso de Dibujo en el Museo Dalí de Figueras, España y Grabado, en París, Francia. La obra de Arnulfo Luna se afincó en su trayectoria dentro de la corriente denominada hiperrealista.*

ARNULFO
LUNA

PASTEL

Maciver Loren. Was born in United Status in 1909.
Maciver Loren. *Nació en Estados Unidos en 1909.*

Mainieri Nuncio. Born in Havana, Cuba. Self-taught painter and sculptor. His series of polychromes wood sculptures represent high level of artistic quality.
Mainieri Nuncio. *Nacido en La Habana, Cuba. Pintor y escultor autodidacta. Su serie de esculturas policromadas en Madera, representan un trabajo de alto nivel artístico.*

Manuel Victor. Born in Havana, Cuba. A strong proponent of the School of Paris. Is considered to be the first artist to introduce Paris modernism to Cuba in 1927.
Manuel Victor. *Nacido en La Habana, Cuba. Un fuerte proponente de la Escuela de París. Esta considerado como el primer artista en introducir el Modernismo de París en Cuba en 1927.*

Manzur David. Born in Neira, Caldas. Colombia in 1929. Studied at the School of Fine Arts of the Bogotá National University, the Art Students League of New York and the Pratt Institute of the same city. He has a fertile imagination and in his paintings deal with subjects of great diversity that range from traditional portraits and still life, to the naked and dressed human figure. Manzur's art may be invariable classified as realistic. However some elements of the indescribable, or the inexact and at some occasion dream-like seem to have affinities with surrealism.
Manzur David. *Nacido en Neira, Caldas. Colombia en 1929. Estudió en la Escuela de Bellas Artes de la Universidad Nacional de Bogotá, Colombia, en el Art Students League de Nueva York y en el Instituto de Arte Pratt de la misma ciudad. Tiene una imaginación fértil y en sus pinturas maneja temas de gran diversidad que van del tradicional retrato y el bodegón, hasta el desnudo y la figura humana con ropajes. Puede ser invariablemente clasificado como un pintor realista. Sin embargo, algunos elementos de su indescriptible obra, que ocasiones parecen extraídos de pasajes oníricos, parecen acercarlo a la escuela surrealista.*

Marais Tomas. Born in Amarillas, Matanzas, Cuba in 1940, the artist studied at the San Alejandro School of Art, as well as the University of Virginia & Ecole de Beaux Arts, Paris. He exhibited his work in Brussels at the Gallerie Maya as part of the "Seven Cuban Surrealists" catalogue created by José Pierre, a critic from the André Breton group. Matta sponsored his second exhibit, "One Sculptor & Nine Cuban Painters," at the Gallerie St. Germain in Paris.
Marais Tomás. *Nació en Amarillas, Matanzas, Cuba en 1940. Estudió en la Escuela de Arte de San Alejandro, en la Universidad de Virginia y en Ecole de Beaux Arts, Paris. Expuso en Bruselas en Gallerie Maya con "Siete surrealistas cubanos", catálogo creado por José Pierre, crítico del grupo André Bretón. Matta auspició la segunda exposición, "Un escultor y nueve pintores cubanos" en la Gallerie St. Germain en París.*

Marino Gilberto. Born in Havana, Cuba on March 3, 1947. He graduated in Painting from the Academy of Fine Art San Alejandro in 1967 and Sculpture in 1975. From 1976 to 1980 he studied at the Instituto Superior de Arte of Havana. His works has been shown in numerous individual and collective exhibits in Argentina, Canada, Chile, Cuba, Venezuela, Ecuador, Israel and United States. He has received diverse awards and recognitions. Lived in Miami since 1983. One of the main subjects of his painting is El Caballero de Paris (Knight of Paris), whose real name was Jose Maria Lopez Lledin, born in 1899 at Fonsagrada, Lugo, Galicia, Spain, move to Cuba when young and died on July 1985 in Havana Cuba. El Caballero de Paris became an icon of culture and poverty and convert in a mythic personage that was honored by Miami Mayor on December 2000 with an art exhibit of Marino in Calle Ocho Tower Theatre. ***Page 87***
Marino Gilberto. *Nació en la Habana, Cuba el 3*

de Marzo de 1947. Graduado en Pintura en la Academia de Bellas Artes de San Alejandro en 1967 y Escultura en 1975. De 1976 a 1980 estudio en el Instituto Superior de Arte de La Habana. Sus trabajos han sido exhibidos innumerosas oportunidades en Argentina, Canadá, Chile, Cuba, Venezuela, Ecuador, Israel y los Estados Unidos. Ha recibido diversos premios y reconocimientos. Vive en Miami desde 1983. Uno de los principales temas de su pintura es El Caballero de Paris, cuyo nombre real fue José Maria López Lledin, y quien nació en 1899 en Fonsagrada, Lugo, Galicia, España, se trasladó a Cuba en su juventud y murió en Julio de 1985 en La Habana. El Caballero de Paris se transformo en un icono que representaba la nobleza y la pobreza simultáneamente y en un mito que fue homenajeado en Diciembre del ano 2000 por el Alcalde de Miami en el Teatro Tower de la Calle Ocho con motivo de una exposición de Marino.

Marino L. Gustavo. Born in Bogota, Gustavo's primary interest was textile design. He cultivated the medium of tapestries and weaving using earth tones and various types of textures to created his individual design that influenced his current work. In the 80 s Gustavo received his

B.A. in Art and Communication from Jorge Tadeo Lozano University in Bogota. Gustavo moved to the United States in 1981, where he continued his education in art techniques and anatomical drawing. Recently he had been invited to participated to the Biennale Internazionale dell" Arte Comtemporanea-2001 in Firenze Italy. Art Critic Carol Damian said: "In the richly textured painted of L. Gustavo Marino the search for new heroic form based on skillful drawing and relevant content is concentrated on the figure, forms and textures. His works have the capacity to bring old images into a new definition of painterly bravura and dynamic brushwork that captures the essence of form in action. In his revitalization of figuration, he is able to explore both formal and emotional qualities, rather than mere representation". *Page 88*

Marino Gustavo. Nació en Bogotá. Estudió publicidad en la Universidad Jorge Tadeo Lozano de Bogotá. Inicialmente, su principal interés fue el diseño textil. Creó y produjo una rica línea de tapices tejidos en telares manuales. Las mezclas de colores en tonos tierra con diversos tipos de textura, le sirvieron de base para descubrir un estilo. Desde 1981 vive en los Estados Unidos. Estudió técnicas de arte y dibujo anatómico en Miami Dade Community College. Ha incursionado en el expresionismo, el minimalismo y la figura-

ción. Participó en la Biennale Internazionale Dell Arte Contemporanea -2001 de Florencia, Italia. La crítica de arte Carol Damian ha dicho sobre la obra de Marino: "En las ricas texturas pintadas por el artista, encontramos la búsqueda de nuevas y heroícas formas dibujadas diestramente con un contenido significativo en el cual se concentran la figura humana, formas y animales. Su pincelada dinámica captura la esencia de las formas en acción o movimiento."

Martinez Cardenas Javier. Was born in Havana, Cuba in 1963. Self-taught painter. He has exhibited at the Cinematographic Art Center of Havana; Africa House of Havana, Cuba; Gallery of Neptuno Hotel, Havana; Botanic Garden of Havana; Tobacco Cuban Museum; at the Canadian Embassy of Cuba. His Works reflect the live of the Cuban campesinos, the sugar cane fields, the beautiful Cuban mulatas, fruits and music instruments. There is a strong influence of the cubist school in his Works. Currently lives and exhibit in Miami, Florida.

Martínez Cárdenas Javier. Nació en La Habana, Cuba en 1963. Pintor autodidacta. Ha exhibido en el Centro Cultural Cinematográfico de La Habana; en la Casa de África de La Habana, Cuba; en la Galería del Hotel Neptuno de La Habana; en el Jardín Botánico de La Habana; en el Museo del Tabaco de La Habana; en la Embajada del Canadá, en La Habana, entre otras. Los temas más frecuentes en su pintura son aspectos de la vida de los campesinos cubanos, los campos de caña de azúcar, mulatas, frutas e instrumentos musicales. En su obra se aprecia una fuerte influencia de la corriente cubista. Vive en la actualidad en Miami, Florida.

Martinez Mariadilia. Born in Boaco, Nicaragua.

Is an artist with international reputation. She began painting when quite young. Her specialty is native country landscape of lakes and hills in full bloom with multi-colored flowers and planted fields and of the brightly colored tile of the small towns. She captures and enhance in oils and acrylics the pure beauty of a countryside-untouched y the ravages of industry, and with incredible attention to detail depicts the every day life of the people living and working this land. Every painting tells a story leading the imagination of the viewer to her country. Since 1986 resides in Miami with her husband the renowned artist Cesar Caracas In 1996, Mariadilia was selected as one of the Twelve Most Relevant Nicaraguan Women in the state of Florida, and also received a Certificate of Appreciation from Metropolitan Dade County, Florida. She as exhibited in Europe, Central and South America and the U.S.A. **Page 89**

Martínez Mariadilia. *Nacida en Boaco, Nicaragua. Es una artista con prestigio internacional. Comenzó a pintar desde muy temprana edad, especializándose en el paisaje de su tierra natal, colmada de lagos y colinas, en pleno esplendor con flores multicolores, campos cultivados y casitas con techos de tejas de las pequeñas ciudades. Mariadilia capta y embellece en óleos y acrílicos la belleza pura de los campos que no han sido contaminados por los destrozos industriales, y con increíble atención al detalle, representa la vida diaria de la gente que trabaja y vive de la tierra. Cada cuadro es una historia que transporta la imaginación de espectador a su país natal. Desde 1986 reside en Miami con su esposo el renombrado artista Cesar Caracas. En 1996, fue seleccionada como una de las Doce Mujeres Nicaragüenses de Mayor Relevancia en el estado de la Florida y también recibió un Certificado de Reconocimiento otorgado por el gobierno del Condado de Miami-Dade. Ha exhibido en Europa, Centro y Sud América y los Estados Unidos.*

Massó Carlos Alberto. Born in Union Valle, Colombia in 1963. Self taught painter who specializes in painting horses in different modalities; in current competitions, career, jump, training, pole, heavy shot, pasofino. His passion for this animal flows through the years and wants to be rooted in the plastic interpretation of the noble colossus. Masso is considered one of the painters who has best captured the expressiveness of the horse and with his magical brush does not omit one detail of its body, its movements, its noble friendship and respect for man.

Massó Carlos Alberto. *Nació en Unión Valle, Colombia en 1963. Pintor autodidacta que se ha especializado en el dibujo del caballo en diferentes modalidades: en competencias carrera, salto, adiestramiento, polo, tiro pesado, paso fino. La pasión por este animal fluye a través de los años vividos y va buscando su arraigo en la interpretación plástica del noble coloso. Massó está considerado como uno de los pintores que mejor logra captar la plasticidad del caballo y con su mágico pincel no deja escapar un solo detalle de su cuerpo, de sus gestos, de su noble amistad y respeto por el hombre.*

Medina Nubia. Born in Quipile, Colombia. She lives in New York City since 1989. She studied in Bogotá (Colombia) and Shanghai (China) where she won a scholarship to studied Chinese Traditional Painting. In 1998 she won a grant from the Wheeler Foundation of New York. Her paintings are associated with the social and historical circumstances, as well as the anthropological iconography found in our Native American civilizations. Without being literal or archeological, her most recent drawings and paintings are the product of an ongoing research documenting the magic pictographs, the ritual dances and religious symbolism of our ancestors.

Medina Nubia. *Nació en Quipile, Colombia, vive en Nueva York desde 1989. Cursó estudios en Bogotá (Colombia) y Shangai (China) donde obtuvo una beca para estudiar pintura tradicional china. En 1998 obtuvo una beca de la Wheeler Foundation en New York. Su pintura está asociada a circunstancias sociales e históricas como también a la iconografía antropológica de nuestras culturas nativas. Sin pretender ser literal o arqueológica sus más recientes dibujos y pinturas son producto de una búsqueda documentada en las pictografías mágicas, las danzas rituales y símbolos religiosos de nuestros ancestros.*

Mendez Ramon. Born in San Cristobal, Venezuela. He studied at the School of Fine Arts of his hometown. Surrealistic artist. Currently lives in North Carolina, USA.

Mendez Ramón. *Nació en San Cristóbal, Venezuela. Estudió en la Escuela de Bellas Artes de su tierra natal. Es un artista surrealista. Vive en Carolina del Norte, Estados Unidos.*

Menéndez Aldo. Born in Cienfuegos, Cuba in 1948. He took art lessons in Vienna in 1961. In 1967, he studied at the National School of Arts (ENA) in Havana. He lives in Madrid, Spain, since 1990.  Menéndez has been a great promoter of contemporary Cuban painting in and outside of his country. He was Art Director of the Cuban Cultural Ministry's magazine, assistant director of the Cuban Foundation of Cultural Reality and founder of the famous atelier of artistic serigraphy, Rene Portocarrero, in Havana. In his work, Aldo has developed figuration as his means of expression, but has impregnated it with a dynamism and plasticity to reach a greater breadth.

Menéndez Aldo. *Nacido en Cienfuegos, Cuba en 1948. Estudió en Viena y en la Escuela Nacional de Artes de La Habana. Se radicó en Madrid a partir de 1990 y vive actualmente en Miami, Florida. Además de ser un pintor consagrado de reconocimiento internacional, es además uno de los grandes promotores del arte cubano en el exterior. Fue Director de arte de la revista del Ministerio de Cultura y fundador del taller de serigrafía René Portocarrero de La Habana. En su pintura ha desarrollado la figuración como característica fundamental, pero impregnada con* *un dinamismo y una plasticidad que le permite alcanzar un alto nivel de expresión.*

Mendive Manuel. Was born in Havana, Cuba, in 1944. His main source of inspiration comes from the afro-Cuban mythology. Personally, he belongs to a religion known as Regla de Ocha or Santeria. He exhibit at the most important galleries of the world. In Miami he exhibit at Gary Nader Fine Arts.
Mendive Manuel. *Nació en La Habana, Cuba, en 1944. Su pintura tiene en la mitología de origen africano, en especial la yoruba. Es un practicante de la religión Regla de Ocha o Santería. Expone en las más importantes galerías del Mundo. En Miami ha expuesto en Gary Nader FineArts.*

Menocal Armando. Born in Cuba in 1861. Died in 1942. Very well known as a portraitist and painter of landscaping. His most popular work is "Dead of Antonio Maceo", one of the Cuban heroes. Also a poet was a teacher ay the San Alejandro School of Art for many years.
Menocal Armando. *Nació en Cuba en 1861. Murió en 1942. Muy conocido como retratista y pintor de paisajes. Su obra más popular es "Muerte de Antonio Maceo", uno de los héroes cubanos. También fue poeta y enseñó pintura durante muchos anos en San Alejandro.*

Menocal Augusto. Was born in Havana, Cuba in 1899. Studied Arquitecture at the National University and Fine Arts at the San Alejandro Academy. Well known international painter, descendent from Cuban heroes for both families. Professor of drawing and painting at the National School of Arts was awarded with the First Prize in 1920 for the National Academy of Arts and was the recipient of the Commemorative Medal for the Centenary of General Maceo, one of the Cuban heroes.
Menocal Augusto. *Nació en La Habana, Cuba 1899. Estudió Arquitectura en la Universidad Nacional y Bellas Artes en la Academia de San Alejandro. Pintor de renombre internacional fue descendiente de patriotas cubanos por ambas ramas de la familia. Fue profesor de la Escuela Nacional. Galardonado con el Primer Premio de la Academia de Artes y Letras en 1920; ganó la Medalla de Plata de la Roosvelt Memorial Association, y la Medalla Conmemorativa del Centenario del general Maceo.*

Mijares Jose Maria. Born in Havana, Cuba in 1922. Studied at San Alejandro Academy of Fine Arts. One of the most outstanding Cuban painters of Modern art. In 1944, when he was 29 years old, win the National Prize of Cuban Painting.

Mijares José Maria. *Nació en La Habana, Cuba en 1922. Estudió en la Academia de Bellas Artes de San Alejandro. Uno de los artistas más representativos de la pintura cubana. En 1944 ganó el Premio Nacional de Pintura en Cuba.*

Minor Flor. Born in Queretaro, Mexico, in 1961. Studied at Esmeralda National School of Painting, sculpture, and printmaking. Flor has paid close attention to the study and depiction of the human figure, which has become a recurrent topic in her works. She has won several awards, being the Goya Silver Medal in the "End of Century Lithography", XI inter American Art Biennial, the most relevant of them.
Minor Flor. *Nace en 1961 en la ciudad de Querétaro. Estudia escultura y grabado en la Escuela Nacional de Pintura, la Esmeralda. Su tema constante es la figura humana, de la que se ha ocupado con rigor en la observación y la representación. Ha ganado diversos premios y distinciones, entre los que se destaca: la Medalla de Plata Goya, por su participación en la XI Bienal Iberoamericana de Arte, Litografía Fin de Siglo.*

Molina Luis. Born in Cuba. Studied at San Alejandro National School of Art, and from the National Academy of Design in Havana, Cuba.
Molina Luis. *Nació en Cuba. Estudio en la Escuela Nacional de Arte de San Alejandro y de la Academia Nacional de Diseño en La Habana, Cuba.*

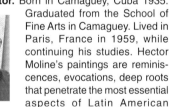

Molné Hector. Born in Camaguey, Cuba 1935. Graduated from the School of Fine Arts in Camaguey. Lived in Paris, France in 1959, while continuing his studies. Hector Moline's paintings are reminiscences, evocations, deep roots that penetrate the most essential aspects of Latin American Caribbean and specifically Cuban culture. In essence, Molne is for Cuban painting what Proust is for literature: nostalgia's threaded with the wonder of a technique without compare.
Molné Héctor. *Nacido en Camagüey,Cuba en 1935. Graduado en la Escuela de Arte de Camagüey. Vivió posteriormente en París, donde continuó sus estudios. Sus pinturas son reminiscencias evocaciones y pasajes de los aspectos más esenciales de la cultura latinoamericana, haciendo énfasis en el Caribe y en su tierra natal.*

Moncayo Emilio. Born in Quito, Ecuador in 1957. Between 19623 and 1970, he studied at his father's workshop, later at the Fine Arts Palace of Caracas, Venezuela, and in 1981, graduated from the

Faculty of Arts, Central University of Quito. He received several awards for his work like the Quito First Prize for Watercolors in 1975 and the Casa Santa Rosa Distinction, of Coro, Venezuela. Moncayo's work is sometimes carried out on a surface where depth and atmosphere are achieved with chromatic resources that define an authentic artist who knows how to interpret and define the message of man in his purist's phase.

Moncayo Emilio. *Nació en Quito, Ecuador en 1957. Estudió desde 1963 a 1970, en el Taller de su Padre, luego en el Palacio de Bellas Artes de Caracas, Venezuela y en 1981 terminó en la Facultad de Artes de la Universidad Central de Quito. Ha recibido varias distinciones por su trabajo como el Primer Premio Ciudad de Quito para Acuarela 1975 y la Distinción Casa Santa Rosa, ciudad Coro, Venezuela. La obra de Moncayo está ejecutada en planos donde la profundidad y la ambientación se logra con recursos cromáticos que definen a un artista auténtico que sabe interpretar y definir el mensaje del hombre en su etapa más pura.*

Montoto Arturo. Born in Pinar del Río, Cuba. Studied in the Pinar del Rio Art School and the National Art School of Cuba. Received a Master's Degree in Plastic Arts from the V.I. Surkov Art Institute of Moscow. Arturo Montoto's paintings are dreams, because the oniric character is precisely one of the facets that stand out in his work. It seems that the painter dreams and transports us to his imaginary Universe, to that type of Theater of Fruits, where a mamey, an anon and a pumpkin always appear as prima donnas, while as the architectural elements contribute a scenography whose depths trap us and induce to decipher slowly, the mystery which without a doubt is inside the artist.

Montoto Arturo. *Nació en Pinar del Rió, Cuba. Estudió en la Escuela de Pinar del Río y en la Escuela Nacional de Arte en Cuba. Recibió su maestría en artes plásticas en el Instituto de Arte V.I. Surkov de Moscú. Sus pinturas son sueños porque es precisamente el carácter onírico una de las facetas que resaltan en su obra. Tal parece que el pintor sueña y nos transporta a su universo imaginario, a ese especie de teatro de las frutas donde siempre aparece como primadonna un mamey, un anón, una calabaza; en tanto los elementos arquitectónicos aportan una escenografía cuyas profundidades nos atrapan y nos induce a descifrar lentamente el misterio que está sin duda en el mundo interior del artista.*

Montoya Fernando. Born in Colombia. He is a self-taught artist. He studied publicity as well as worked for many years. Fernando has participated in the international Joan Miro paint contest in Barcelona, Spain, in which he won an honor award. This recognition motivated Fernando to enter the job force as a plastic artist, and to participate in more than 30 individual expositions. The labor of Fernando Montoya is comprised with a sweet erotism, and a beautiful sensuality. The treated images acquire a surprising beauty, that no one comprehends. His pectoral imagination creates figures that pertain vivid surrealism. He shows life to his artistic work, which gives an image that mixes into perfectionism. Fernando's painting portrays symbolic elements of realism, that evokes sensuality of the human body through the execution of imagery. There is no existence of swaying under his painting: only assurance Some of his expositions were at: The International Joan Miro paint contest in Barcelona Spain; Galería Marcos Castillo in Caracas Venezuela; Coconut Gallery in San Jose, Costa Rica; Galeria Arquetipos in Monterey Mexico; Biennial Ibero Americana de Arte-Mexico D.F; Sol Gallery in Miami, Florida; and Foundation NAFA in Miami, Florida. **Page 90**

Montoya Fernando. *Pintor colombiano. Autodidacta. Estudió publicidad, trabajo que desempeñó por algunos años. Participó en el concurso internacional de dibujo "Joan Miro" en Barcelona, España, donde obtiene una mención de honor; Premio este que lo motivo a entrar de lleno en el campo de las artes plásticas, y participar en más de 30 exposiciones individuales. La obra de Montoya está tapizada esencialmente por un erotismo dulce, por una sensibilidad hermosa. Las imágenes tratadas adquieren una sorpresiva belleza. Su pictórica se traslada a una vanguardia que rima con formas pertenecientes al surrealismo. Sus figuras gozan de una fuerza arrebatadora, de una penetrante firmeza. Se impone la vida en su obra, mezclada a la imaginación mas perfecta. Sus cuadros golpean la retina humana con una realidad atractiva y diferente, ejercen hechizos que sugieren mas intensidad al mundo y su gente. No existen vacilaciones bajo su pincel. Solo seguridades.*

Morales Dario. Born in Cartagena, Colombia, in 1944. Died in Paris, France, in 1988. Studied at the Escuela de Bellas Artes of Cartagena, at the Escuela de Bellas Artes of the Universidad Nacional de Bogotá and the Atelier 17 of S.W. Hayter, Paris. His Works art part of the following public collections: Museo de Arte Moderno, Bogotá. Museo de Arte Moderno La Tertulia, Cali. Museo de Arte,

Universidad Nacional, Bogotá. Corcoran Gallery, Washington, D.C. Modern Art Museum, Munich. Metropolitan Museum and Art Center of Miami. He was the recipient of the followings awards: 1970 – First Prize in Drawing X Exposición Panamericana de Artes Gráficas, Cali. 1972 – First Prize, I Salón Nacional de Artes Plásticas Jorge Tadeo Lozano, Bogotá.

Morales Dario. *Nace en Cartagena, Colombia, en 1944. Muere en París, Francia, en 1988. Realizó estudios en la Escuela de Bellas Artes, Cartagena. En la Escuela de Bellas Artes de la Universidad Nacional de Bogotá y en el Atelier 17 de S.W. Hayter, París. Su obra hace parte de las siguientes colecciones publicas: Museo de Arte Moderno, Bogotá. Museo de Arte Moderno La Tertulia, Cali. Museo de Arte, Universidad Nacional, Bogotá. Galería Corcoran, Washington, D.C. Museo de Arte Moderno, Münich. Metropolitan Museum and Art Center of Miami. Recibió las siguientes distinciones: 1970 - Premio en dibujo, X Exposición Panamericana de Artes Gráficas, Cali. 1972 - Premio, I Salón Nacional de Artes Plásticas Jorge Tadeo Lozano, Bogotá.*

Mosquera Elena. Born in Caracas, Venezuela. Studied in the Institute of fine arts of Rome, Italy. In l961 in the Academy of San Fernando from Madrid, Spain and of 1966 at 1969 in the School of plastic arts "Red Cristobal" of Caracas, Venezuela.

Mosquera Elena. *Nació en Caracas, Venezuela. Estudió en el Instituto de Bellas Artes de Roma, Italia. En 1961 en la Academia de San Fernando de Madrid, España y de 1966 a 1969 en la Escuela de Artes Plásticas "Cristóbal Rojas" de Caracas, Venezuela.*

Moya Eivar. Born in Valledupar, Cesar, Colombia in 1970. Studied at the Fine School of the Atlantico, University, Barranquilla, Colombia. The human figures creates in Eivar a fascination that he cannot pull out of his soul. His line is a vibrant sketch that seems to leave a movement wake is still a witness of his passion.

Moya, Eivar. *Nació en Valledupar, Cesar, Colombia en 1970. La figura humana crea en Eivar una fascinación que no logra arrancar de su alma. Su línea, ese vibrante trazo que parece dejar una estela de movimiento, se sigue manteniendo como testigo de su pasion.*

Murillo Gerardo (Dr Atl. Was born in 1875 at Guadalajara, Jalisco, where studied with Master Felipe Castro. Died in 1964. Travel to Europe y Leopoldo Lugones baptized him as Dr. Atl (Water

in náhuatl language) He invented new techniques such Atl color, dry color to the resin. He painted with a fauvist-impressionist influence. Was the first one painting murals.

Murillo Gerardo (Dr Atl*) Nació en 1875 en Guadalajara, Jalisco, donde estudió con el maestro Felipe Castro. Murió en 1964. Viajó a Europa y Leopoldo Lugones lo bautizó con el seudónimo de Doctor Atl. Atl en náhuatl significa agua. El Dr. Atl enriquece su creación con invención de personajes y nuevas técnicas como el invento de los Atl-Colors, colores secos a la resina con los que pinta paisajes volcánicos dentro de una línea fauvista-impresionista. Fue el primero en querer pintar muros de edificios públicos.*

GERARDO MURILLO (DR ATL.)

DETALLE

Naranjo Orlando. Born in Calabazal de Sagua, Las Villas, Cuba, in 1937. Self-taught painter is an artist who represents the reality of our countryside's message with authenticity. Reds, yellows and blues, are a sweet surprise in his works to remind us the splendorous word in which we live and the passing substance we are. Flowers and fruits, forests and animals, women and streams, are surrounded by his poetic painting near to perfection. Always alert to the new figurative orientations, he fills the space with the color and lights of the tropics. *Page 91*

Naranjo Orlando. *Nació en Calabazal de Sagua, Las Villas, Cuba, en 1937. Pintor autodidacta, traslada a su paleta el enérgico colorido y la vertiginosa transparencia de la geografía cubana. Rojos y amarillos, ocres y azules, deslumbran en sus cuadros para recordarnos el mundo de esplendores que vivimos y la sustancia vibrátil que somos. Flores y frutos, bosques y animales, mujeres y ríos, animados por la poesía y el hechizo de lo prístino, de lo incontaminado, adquieren en los lienzos de Naranjo, una seguridad que gozan de una realidad atractiva y perfecta.*

Navarrete Juan Antonio. Born in 1952 in Havana,  Cuba; Navarrete arrived in the United States in 1986. He began painting in 1969 at the age of seventeen. In 1977 Navarrete graduated from San Alejandro Fine Arts School in Havana; in the same year he had his first individual show at the Galiano in Havana. He is currently working in Miami, Florida. A versatile artist, Navarrete is a talented painter, draftsman and ceramist. *Page 89*

Navarrete Juan Antonio. *Nacido en 1952 en La Habana, Cuba. Llegó a Estados Unidos en l986. Comenzó a pintar en 1969. Graduado de la Escuela de Arte San Alejandro en La Habana en 1977. En ese mismo año, tuvo su primera exposición en la Galería de Arte Galiano en La Habana. Actualmente tiene su estudio en Miami donde trabaja la pintura, el dibujo y la cerámica.*

Nava Willy. Born in Arequipa, Peru. Studied in Arequipa at Carlos Baca Flor School of Fine Arts. "His watercolors are remarkable for the delicacy of brush against paper, combining the artistic aesthetic portrayal of his subjects with an objective realism sparingly suggestive, yet amazing in detail.

Nava Willy. *Nacido en Arequipa, Perú. Estudió en la Escuela de Artes Plásticas Carlos Baca Flor de la ciudad de Arequipa. Es un artista cuyo trabajo destaca su devoción por la tierra. Sus acuarelas demuestran la delicadeza de su pincel, combinando la estética de las cosas con un realismo muy objetivo y extrañamente sugestivo, pero muy ameno en su detalle.*

Navia Tata. Born in Cali, Colombia. Obtained a degree in Fine Arts in Florida Atlantic University, Boca Raton. This full-time dedication to painting has become a rewarding experience that has allowed her to more truthfully express her personae, and her aesthetic values. Continues to produce figurative works through delicately modulated paintings of simple and naive character, which have a rigorous relationship to the shape and usually large size of her canvasses. She uses uncomplicated form, color, shape, and techniques, based on a daily observation of everyday life experiences and objects, which she examines from different visual contexts. The painter emphasizes the interaction between foregrounds and backgrounds, creating an active spatial relationship, which is a continuous concern in her work. The perception of the formal object and its relationship with the environment she creates for it, endows it with a new perspective and meaning key to composition. The physical textures she creates, which consist of thick layers of media and rich impastos, add visual and optical effects to the painting. *Page 93*

Navia Tata. *Nace en Cali, Colombia. Vive y trabaja en Miami, Florida. De 1991 a 1997 estudió Pintura en el taller de Amparo Sánchez, Colombia. En 2001 se licenció en Bellas Artes Magna Cum Laude en Florida Atlantic University, Boca Ratón, Florida. Concentración: Pintura. Su primera* *muestra fue en 1995 en Colombia, luego expuso en Venezuela, EUA y Guatemala. "Esta produciendo obras figurativas delicadamente moduladas y simples, que se relacionan armoniosamente con la forma y amplitud de sus lienzos. Su estética y figuras descomplicadas son el resultado de una observación de objetos cotidianos desde diferentes perspectivas visuales que cobran vida y que están finamente concebidos. Las texturas que crea consisten en gruesas y palpables capas de pintura, que otorgan un placentero efecto visual y óptico. La obra de la pintora se aprecia más quizás por su sensibilidad en la utilización del color y las respuestas que generan las texturas de sus cuadros.*

Naya C Fabiola. This Cuban artist has achieved the perfect balance between her roots and dreams. Since her graduation from San Alejandro Academy of Fine Arts, she was singled out for honors and awards. Her Mastery of color and the force she displays in her shadows and highlights has earned her the admiration and respect of neophytes and colleges. Her work can be found in private collections all over the world. **Page 92**

Naya C Fabiola. *Esta artista cubana ha logrado alcanzar un balance perfecto entre sus raíces y sus sueños. Desde su graduación en la Escuela de Artes Plásticas San Alejandro de La Habana, ha recibido numerosos reconocimientos. Su maestría en el uso del color y el trazo, la ha hecho acreedora de la admiración de la crítica. Sus obras hacen parte de numerosas colecciones privadas en los Estados Unidos, Europa y Latinoamérica.*

Negret Edgar. Born in Popayán, Colombia in 1920. He worked semi abstract sculptures in stones carved in biomorphic shapes. Later he started to scup in pieces of metal with he joined with bolts, painted with a uniform color.

Negret Edgar. *Nació en Popayán, Colombia en 1920. Al principio comenzó a esculpir figuras biomorfas en piedra. Más tarde trabajo esculturas en metal cuyas piezas juntaba con remaches y pinto con colores uniformes.*

Nel Gómez Pedro. Born in Medellín, Colombia in 1900.
Nel Gómez Pedro. *Nació en Medellín, Colombia en 1900.*

Newman Barnett. Was born in the United States in 1905. Died in 1970.
Newman Barnett. *Nació en los Estados Unidos en 1905. Murió en 1970.*

Nikonov Pável. Was born in Moscow, Russia in 1930.
Nikonov Pável. *Nació en Moscú, Rusia en 1930.*

Nolan Sidney. Born in Sydney, Australia in 1917.
Nolan Sidney. *Nació en Sydney, Australia en 1917.*

Noland Kenneth. Born in South Carolina, United States in 1924.
Noland, Kenneth. *Nació en Carolina del Sur, Estados Unidos en 1924.*

Núñez Dolores. Born in Paradas, Sevilla, España in 1958.
Núñez Dolores. *Nació en Paradas, Sevilla, España en 1958.*

Nuño Alberto. Born in Ambalema, Tolima, Colombia in 1949.
Nuño Alberto. *Nacio en Ambalema, Tolima, Colombia en 1949.*

EDGAR NEGRET

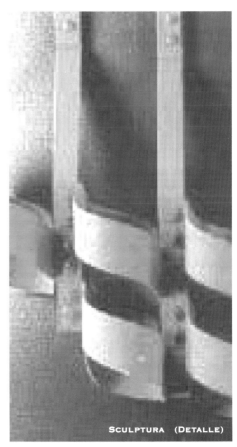

SCULPTURA (DETALLE)

Obregon Alejandro. Colombian painter born originally in Barcelona, Spain in 1920 but moved to Barranquilla, Colombia at early age. From 1937 to 1941 he studied in the Museum of Fine Arts, Boston, USA, Spain and France, where he lived from 1949- 1954. Was director of the Movimiento Nacional de Artes in Bogotá, Colombia in 1955 after he returned to Colombia. His one of the most outstanding Latin American abstract expressionist painter. He painted the flora and fauna of Colombia but also capture the drama of the violence that for centuries has suffer Colombia. *Page 94*

Obregón Alejandro. *Pintor colombiano nacido originalmente en Barcelona, España en 1920 pero quien residió en Barranquilla desde edad temprana. De 1937 a 1941 estudia en el Museo de Bellas Artes de Boston, USA y en España y Francia. Vivió en Francia de 1949- 1954 y en 1955 regresó a Colombia donde fue director del Movimiento Nacional de Artes de Bogotá. Sus trabajos de inspiración Abstracta Expresionista lo colocan como uno de los pintores más sobresalientes de América Latina. Sus temas captan fundamentalmente la naturaleza: la fauna y la flora, pero también profundiza el tema de la violencia.*

Obregon Marcolfo. Born in Bogotá, Colombia in 1932. Studied Arquitectural Design and Visual Arts at Universidad Nacional de Bogotá. Awarded at the First Arts Festival of Cali, Colombia and Francisco Cano Salon. Specialized at La Manzana School in Barcelona and at the School of Decorative Arts in Paris, France. About his works, the Art Critic Juan A Jaramillo said: "His works, without having to be annoyingly controversial, includes direct messages, as the art rendered supposed to do, but with subdue images in a Cubist and Expressionistic argumentative cleavages and cuts, he do it succinctly and fragile, yet strongly in context; his vivid and spontaneous strokes conveyed equally impacting effects I every art work he intervenes. His idea get visualized, trough color, composition,

planes, dimensions, background and wholeness of artistic job well executed. His art works are a compendium of acute experiences, that will compress a manual for consulting and a legacy to debate, but what is notorious is the ability to inspire sensibility trough his rendition, embellishing any place where his works could be hung.

Obregón Marcolfo. *Nació en Bogota en 1932. Estudio diseño Arquitectónico y Artes Visuales en la Universidad Nacional de Bogota, Colombia. Obtuvo premios en e Primer Festival de Artes de Cali y en el Salón Francisco Cano de la capital. Se especializa en La Manzana de Barcelona, España y en la Escuela de Artes Decorativas de Paris, Francia. El critico de Arte Juan A Jaramillo, refiriéndose a este artista afirma: "Su obra incluye argumentos cubistas y expresionistas de cuidadosas imágenes, unas sucintas, otras espontáneas pero con iguales efectos impactantes. La idea se visualiza traduciendo color, composición, planos, dimensiones, fondo y generalidad como obra artística. Su obra es un compendio de vivencias que se convierten en el legado estético y enciclopédico de consulta académica, pero ante todo en la fuente de inspiración y del debate que enluce el lugar donde se cuelga la obra. Sus trazos registran sus impulsos y devociones, dejando ver el trayecto de una evolución fresca y natural, de talento inmaculado."* **Pag. 95**

Oramas Alirio. Was born in Caracas, Venezuela in 1924.

Oramas Alirio. *Nació en Caracas, Venezuela, en 1924.*

Ordoqui Miguel. Born in Cuba. His work is marked in the postmodern school nourished by images of well-known artists, especially from the classics, removing the characters out of the original context and placing them in compositions that distort their reality. In acrylic of grandiose color he conveys these messages that focus on angels with different ethnic features, perhaps answering to the old song that questioned the lack of black angels in the church, these angels reminiscing the numerous young men who died from AIDS

Ordoqui Miguel. *Nació en Cuba. Su trabajo se identifica con la escuela postmoderna, alimentada por imágenes de artistas muy conocidos, especialmente de los clásicos, retirando los personajes fuera del contexto original y poniéndolos en composiciones que distorsionan la realidad. En acrílico de color grandioso, el artista transmite estos mensajes que se enfocan sobre ángeles con diferentes rasgos étnicos, tal vez respondiendo a la antigua canción que cuestionó la falta de ángeles negros en la iglesia. Estos ángeles recuerdan a la cantidad de hombres jóvenes que murieron de SIDA*

Orozco Andrea. Born in Las Villas, Cuba, Andrea was educated in Havana, where she resided until 1960. She received a degree in Commercial Art from the America Academy in Havana. Completed two years of studies at the San Alejandro National School of Fine Arts in Havana, studying with instructors Varea and Fausto Ramos. In Switzerland, she took individual painting classes with Maurice Gaulaz in the city of Lausanne. During her residency in Malaysia, she participated in exhibits at the Selangor Country Club and at the Women's Club in Kuala Lumpur. While residing in Japan, she studied painting with Takahashi Senda, en Yokohama, where she also painted a number of works and participated in exhibitions sponsored by the Yokohama Yacht Club and the Women's Club. Upon her return to the United States. She took painting classes at the University of Miami and at the Miami Art Center and exhibited in shows at the Lowe Art Museum and other exhibits sponsored by la Cepa and presided over by the late Dr. Boabdil Ross. For several years, Andrea has also participated in the Cuban Municipalities Fair in Miami. In 1999, she exhibited her work under the sponsorship of Power International Gallery at the Martin Luther King, Jr. Memorial Library in Washington, D.C. She also participated in Artefiera Bologna 99', in Italy, in Artexpo 2000, at the Jacob Javits Convention Center in New York City and in Barcelona and Roma organized by Latin American Art Museum. *Page 96*

Orozco Andrea. *Nació en la Villas, Cuba y se educó en La Habana, donde residió hasta 1960. Se graduó en Dibujo Comercial en la América Academia en la Habana. Cursó dos años de estudios en la Escuela de San Alejandro en La Habana, bajo los profesores Varea y Fausto Ramos. Posteriormente, en Suiza, tomó clases particulares de pintura con el profesor Maurice*

Gaulaz, en la ciudad de Lausanne. Durante su residencia en Malasia, participó en exposiciones en el Selangor Country Club y en el Women's Club en Kuala Lumpur. Residiendo en Japón, cursó estudios de pintura con el Profesor Takahashi Senda, en Yokohama. Allí pintó numerosos cuadros y participó en exposiciones auspiciadas por el Yokohama Yacht Club y el Womens' Club. A su regreso a los Estados Unidos tomó cursos de pintura en la Universidad de Miami y el Miami Art Center y participó en exposiciones en el Lowe Art Museum y en otras exposiciones promovidas por la Cepa, presidida por el ya fallecido Dr. Boabdil Ross. Durante años ha participado en la Feria de Los Municipios cubanos. En 1999 exhibió bajo los auspicios de Power Internacional Gallery en Martin Luther King Memorial Library en Washington, D.C. Participó en Artefiera Bologna 99', Italia, en Artexpo 2000, en el Centro de Convenciones de Jacob Javits de New York y en Barcelona y Roma organizada por the Latin American Art Museum.

Orozco Jose Clemente. Was born at Ciudad Guzmán (Zapotlán el Grande), Jal. in 1883; died in Mexico City in 1949. Is one of the greatest master of the Mexican Avangarde. Studied at the Academia de San Carlos and since young became a Mexican revolutionary and devoted his talent to the revolution painting murals and large format painting.

Orozco Jose Clemente. *Nació en Ciudad Guzmán (Zapotlán el Grande), Jal. en 1883; murió en la Ciudad de México en 1949. Es uno de los grandes pintores de la vanguardia mexicana. Estudió en la Academia de San Carlos de México y desde muy joven fue intérprete plástico de la revolución, requerido por temas políticos y sociales que ha desarrollado en grandes composiciones murales.*

Orrea Carlos. Was born in Buenos Aires, Argentina in 1948.

Orrea Carlos. *Nació en Buenos Aires, Argentina en 1948.*

Orozco Trino. Born in Humocaro Alto, El Tocuyo, Venezuela in 1915.

Orozco Trino. *Nació en Humocaro Alto, El Tocuyo, Venezuela en 1948.*

Ortega Muñoz Godofredo. Born in San Vicente de Alcántara, Cáceres, España in 1905.

Ortega Muñoz Godofredo. *Nació en San Vicente de Alcántara, Cáceres, España en 1905.*

Ortiz Darío. Born in Ibague, Colombia in 1968. From 1989 he devotes himself fully to painting. In Paris he obtains an award in the II Artistic World Art Vie. Between 1990 and 1991 he studies History and Art Appreciation in the Jorge Tadeo Lozano University; Contemporary Art with the Art Critic Juan Carlos Conto and attends International Art classes at the Luis Angel Arango Library. "The extraordinary technical domain of this painter leaves the viewer hypnotized with his grandiose realism and expert stroke. Combining figurative and narrative composition, he seeks inspiration from past traditions, especially in the works with Biblical themes, where historical events are introduced to the modern world. Figures immediately identified as protagonists of the religious drama, take on modern identities with their costumes and other contemporary objects", said art critic Carol Damian. *Pages 1/33/35/97*

Ortiz Darío. *Nació en Ibagué, Colombia en 1968. Desde 1989 se dedica por completo a la pintura. Obtiene en París el primer premio en el II Mundial Artistique Art Vie. Entre 1990 y 1991 estudia Historia y Apreciación del Arte en la Universidad Jorge Tadeo Lozano de Bogotá, y asiste a las cátedras internacionales de arte en la biblioteca Luis Angel Arango. "El extraordinario dominio técnico de este pintor deja hipnotizado al espectador con su soberbio realismo y experto trazo. En combinaciones de composición figurativas y narrativas busca inspiración en las tradiciones del pasado, especialmente en las obras de tema bíblico, donde los sucesos de la historia son introducidos al mundo contemporáneo. Figuras inmediatamente identificables como los protagonistas del drama religioso, asumen identidades modernas con sus trajes y otros objetos del presente", afirma Carol Damián.*

Oshka Tarazona. Was born in Ancash, Peru, in 1968. Graduated at the National School of Fine Arts of Lima, Peru. Also studied philosophy at the San Marcos University of Lima and in considered an important folkloric composer of music from Los Andes. He has exhibited at the Peruvian-American Cultural Institute of Lima; at the Gallery of the National Fine Arts School of Huaraz, Peru; at the La Paz National Institute of Fine Arts, Bolivia; at the National Writers Association of Arica, Chile; at he Italian Art Museum of Lima. In the United States at Ventana Art Gallery, Los Angeles and also in Europe. He currently lives in Miami. *Page 96*

Oshka Tarazona. *Nació en Ancash, Perú, en 1968. Estudio pintura y grabado en la Escuela Nacional de Bellas Artes de Lima, Perú. Posteriormente estudio filosofía en la Universidad de San Marcos. Es también un reconocido músico con importantes grabaciones de música andina. Ha expuesto en la galería del Peruvian-American Cultural Institute de Lima, en la galería de la Escuela Nacional de Bellas Artes de Huaraz, Perú; en el Instituto nacional de Arte de La Paz, Bolivia; en la Asociación Nacional de Escritores de Arica, Chile; en el Museo de Arte Italiano de Lima. En los Estados Unidos ha expuesto en Ventana Art Gallery de Los Ángeles y también en Europa. En sus trabajos recoge las costumbres y tradiciones de las culturas indo americanas. En la actualidad vive en Miami.*

CLEMENTE OROZCO

DETALLE

Pacheco Ferdie is a native-born American of

Hispanic origin, whose art reflects his roots in Ybor City and Miami. He is a pharmacist, doctor of medicine, sportsman, TV analyst for ShowTime, historian, novelist, screenwriter, cartoonist, and worldwide distributed fine arts painter. His style defined as an eclectic one with a range from primitive realism, to impressionist to cubist, with emphasis on color and design. The painting in this book shows female cigar-makers bending to their task as a reader (Lector) reads the morning news. The painting captures all of the paraphernalia used in making a cigar by hand. The owner is shown trying to convince a friend to stay and listen to the lector read from the works of Cervantes or Zola. **(P.98)**
Pacheco Ferdie. *Norteamericano de origen hispano, cuyo arte refleja las tradiciones culturales de Ybor City, Tampa, su ciudad natal y también de Miami. De profesión médico y farmaceuta, es también analista deportivo en los Estados Unidos para ShowTime TV. Igualmente es historiador, novelista, guionista y un connotado caricaturista. Su obra pictórica es conocida mundialmente. La crítica ha definido su estilo como ecléctico, con una tendencia que se ubica entre el realismo primitivista, el impresionismo y el cubismo con un fuerte acento en el color y el diseño. La pintura que publicamos en este libro Lector (reader) Reading the Morning News, muestra a las obreras tabacaleras hispanas de Tampa realizando su oficio mientras el lector lee las noticias de la mañana. El cuadro capta toda la parafernalia utilizada en la fabricación a mano de los cigarros, mientras el propietario de la fábrica trata de convencer a un amigo a que permanezca en la estancia para que después de las noticias escuche la lectura de obras de Cervantes y Zola.*

Padura Miguel. Born in Havana, Cuba in 1957. Took drawing classes with Master Roberto Martinez. Innovative realistic painter his work already belong to the New York Metropolitan Art Museum.
Padura Miguel. *Nacio en La Habana, Cuba en 1957. Fue alumno del Maestro Roberto Martínez.*

Pintor realista innovador, su obra hace parte del Museo Metropolitano de Nueva York.

Palencia Benjamín. Was born in Barrax, Albacete, Spain in 1902.
Palencia Benjamín. *Nació en Barrax, Albacete, España en 1902.*

Pancorbo Alberto. Was born in Soria, Spain in 1956. Hyperrealist painter.
Pancorbo Alberto. *Nació en Soria, España en 1956. Pintor hiperrealista.*

Pardini Luis. Born in Havana, Cuba in 1945. He

studied painting at the San Alejandro Academy of Fine Arts in Havana, Cuba. He also studied commercial drawing at the Diego Rivera School, ceramics at the Casa de la Cultura del Vedado, and museum studies at the Havana Museum of Fine Arts. He received Honorary Mention from the EAA Aviation Foundation Museum in Wisconsin, U.S. in 1993. His colloquial, vital painting carries the prerequisite of being explanatory of its specific evanescence, like the flight of birds, embodying all the possible poetry of a reverie-aimed yearning for humanity. He recently expose in MAC 21 (International Art Fair of Malaga, Spain). *Page 195*
Pardini Luis. *Nacido en La Habana, Cuba en 1945. Estudió pintura en la Escuela de San Alejandro de La Habana, Cuba. También estudió dibujo comercial en la Escuela Diego Rivera y cerámica en la Casa de Cultura del Vedado. Recibió una mención honorífica de la EAA Aviation Foundation Museum de Wisconsin, U.S.A. en 1993. Su excelente trabajo pictórico se destaca no sólo por la singularidad de la técnica sino por el tratamiento del tema que se ubica dentro de la realidad y la fantasía. Recientemente expuso en MAC 21 (Feria Internacional de Málaga, España. Ha realizado más de cien exposiciones, entre colectivas e individuales, en los Estados Unidos y más de cincuenta en su país natal. En Octubre del 2001 expuso en el Union Planter Bank de Miami Florida, en una colectiva de artistas Latinoamericanos, entre otras.*

Pasmore, Victor. Was born in London, England in 1908.

Pasmore, Victor. Nació en Londres, Inglaterra en 1908.

Paéz Pate Gertie. Born in Lima, Peru. She did her university studies at the Catholic University in Lima and at Georgetown University in Washington D.C. She served as the Director of Special Activities at the Instituto Cultural Peruano Norteamericano in Miraflores. There, she also joined the painting studio directed by the artist Augusto Diaz Mori. Her paintings demonstrate strong and aggressive colors with often-violent combinations.

Paéz Pate Gertie. *Nació en Lima, Perú. Realizó sus estudios en la Universidad Católica de Lima y en la Universidad de Georgetown en Washington, D.C. Se desempeñó como Directora de Actividades Especiales del Instituto Cultural Peruano-Norteamericano en Miraflores, Perú. Hizo sus estudios de arte con el artista Augusto Díaz Morí. Participó en la Escuela Nacional de Bellas Artes y exhibió sus obras en varias exposiciones. Sus pinturas están llenas de fuertes y agresivos colores, a menudo en combinaciones violentas.*

Pardiñas Hilda. Born in Santiago de Cuba and graduated from San Alejandro National School of Fine Arts. She completed the course- work for the equivalent of a Master degree en Education at the University of Havana. Ms. Pardiñas has been living in the US since 1960. She specializes in oil, pastel, and crayon "portraits from life", but also paints landscapes in oil, and pen and ink. Her style realistic impressionist. Hilda's work has received many awards. Some of these are: "Circulo de Bellas Artes", Havana, Cuba-Honorable Mention for Crayon Portrait; Bronze Medal for Oil Portrait; and Silver Medal for Oil Portrait. The Romanach Award at the Bicentennial Exposition, Miami, Florida for Oil Portrait. The Asociación de Críticos y Comentaristas de Arte (ACCA), Miami Florida- "Emilio Esteves Award" for Oil Painting and Honorable Mention for Pen and Ink. Hilda has done portraits in Havana (Cuba), New York, City, Miami, FL. Atlanta, GA, San Juan (PR), and Santo Domingo (DR). The artist has also taught painting and worked as an illustrator for nineteen years.

Page 196

Pardiñas Hilda. *Nació en Santiago de Cuba. Se graduó de la Escuela Nacional de Bellas Artes*

"San Alejandro" en 1944. Hizo estudios en la Universidad de La Habana equivalentes a una Maestría en Arte. Llegó a Miami en 1960. Su especialidad es el retrato al natural, a crayón, pastel y óleo. Su estilo es realista impresionista. Ha realizado paisajes con figuras al óleo y plumilla. Su obra ha recibido premios en Cuba, en Estados Unidos entre ellas: Mención Honorífica retrato al Crayón Medalla de Bronce; retrato al óleo, Medalla de Plata; retrato al óleo premiada por el Circulo de Bellas Artes, de la Habana, Cuba. Premio Romanach; retrato al óleo, Bicentenario Miami Florida. Premio Emilio Estevez, óleo pescadores de Ferrol, ACCA, galería Bacardi, Miami FL.

Pascual Gustavo. Born in Cardenas, Cuba, Pascual is an artist that reflects in his works outstanding ability in the application of light and shadows, and a refined taste for the selection of color harmonies. He studied many years under the guidance of the acclaimed "magical realist" Francisco Caro-Marodan, who influenced Pascual's painting. Gustavo Pascual is currently living in Miami.

Pascual Gustavo. *Nació en Cárdenas, Cuba. Es un artista que refleja en sus obras gran dominio en el manejo del claroscuro, así como buen gusto al seleccionar la armonía de los colores. Pascual recibió por varios años educación formal bajo la tutela de Francisco Caro-Marodan gran exponente del "Realismo Mágico", esto hizo que Pascual fuese galardonado con importantes premios en competencias de pintura internacional.*

Payares Sergio. Born in Cuba. His works is part of an analytical variation that fruitfully exploits the symbolic capacity of representation. At the same time, it allows the creation of a visual atmosphere where color and the voluptuosity of lines incite our senses. Payares' art, built with the softness of pastel colors and the delicate articulation of lines, shows a metaphysical vision where the human being is rather more than an affirmation, an incognito.

Payares Sergio. *Nació en La Habana, Cuba. Su trabajo es parte de una variación analítica que explota fructíferamente la capacidad simbólica de la representación. Al mismo tiempo crea una atmósfera visual donde el color y la voluptuosidad de las líneas muestran una visión metafísica donde lo humano, antes que una afirmación, es una incógnita.*

Paz Francisco. Born in 1970 in Mexico City. Graduated with a Bachelor degree in painting, sculpture, and printmaking from Esmeralda of the IMBA. His interest in the classical artist aroused from the study of history, art theory, and classical drawing, that was at the time a subject studied in the academy. It is not the mannerist concept what takes up the care and attention of this artist, but the geometric teachings that derives from the problems of composition.

Paz Francisco. *Nace en 1970 en la ciudad de México. Licenciado en pintura, escultura y grabado, en la Escuela de Pintura La Esmeralda del IMBA. Su interés por los clásicos surge de la historia, de la teoría, de la práctica dibujística clásica que aún se practica en la academia. Podemos ver que no es la concepción manierista lo que importa al artista, sino la lección geometrista que se desprende del problema de la composición.*

Perdomo José. Born in Santo Domingo, Dominican Republic. Studied at the National School of Fine Arts.
Perdomo José. *Nació en Santo Domingo, R.D. Estudio en la Escuela Nacional de Bellas Artes.*

Pelaez Amelia. Born in Yaguajay, las Villas, Cuba, in 1896. In 1915 she begging studying at San Alejandro Fine Arts Academy. Her first exhibition was in 1924. Travel to Europe in 1927 and resides in Paris for long time. There she studied at la Grande Chaumiére, the Ecole Nationale Superieure de Beaux Arts and the Ecole du Louvre. In 1934 return to Cuba. In her still-lifes, with flowers and Cuban fruits, she introduces elements of colonial Cuban arquitecture. Was awarded at the Cuban National Exposition of Painting and Sculpture in 1938. Died in 1968.
Peláez Amelia. *Nace en Yaguajay, provincia de Las Villas, Cuba, en 1896. En 1915 ingresa a la Academia San Alejandro. Su primera exposición fue en 1924. Viaja a Europa en 1927 y se radica en París. Allí estudia en la Grande Chaumiére y asiste a la Ecole Nationale Superieure de Beaux Arts y a la Ecole du Louvre. En 1934 regresa a Cuba. En sus bodegones, con flores y frutas cubanas, introduce elementos de la arquitectura colonial cubana. Fue premiada en la Exposición Nacional de Pintura y Escultura de 1938 realizada en Cuba. Muere en La Habana en 1968.*

Penagos Carlos Eduardo. Born in Ibagué, Tolima, Colombia in 1957.
Penagos Carlos Eduardo. *Nació en Ibagué, Tolima, Colombia en 1957.*

Peraza Valentina. Born in Venezuela in 1960. Studied at the Eloy Palacios Art School.
Peraza Valentina. *Nació en Venezuela en 1960. Estudio en la Escuela de Artes Eloy Palacios.*

Perez Ballesteros Efrain. Born in Sogamoso, Colombia, Perez Ballesteros's paintings are halfway between figurative and impressionism. He paints landscapes and human figures using oil, acrylic, watercolor techniques as well as mixed media. He studied five years at the Schools of Plastic Arts of J. Munar and Pascual de Cabo in Mallorca (Spain), and Art History at Madrid University (Spain). Bibliography: Encyclopedic Dictionary of Mallorca; National Art Catalogue of Spain (1999-2000).
Pérez Ballesteros Efraín. *Nació en Sogamoso Colombia en 1935. Pintor figurativo, impresionista. Trabaja paisaje y figura en óleo, acrílico, acuarela y técnicas mixtas. Estudió en Mallorca, España, en la Escuela de Artes Plásticas de J. Munar y Pascual de Cabo; e historia del arte en la Universidad de Madrid, España, con el profesor Azcarate. Sus obras se encuentran en diversas colecciones privadas de Colombia, Europa y Estados Unidos.*

Perez Vasquez Ignacio. Born in Matanzas, Cuba. Studied privately with Cuban Master Rene Portocarrero. He exhibits his works for the first time in 1962 at the Colon Cultural House of Matanzas. He works in series simultaneously repeating one of his icons, the "Tired Guajiro", which always appear in different positions. This eclectic artist some times shows a strong influence of Afro Cuban religions. His main objects are faces; the "Guajiro" (peasant) and tropical landscapes plenty of vibrant and hallucinating colors. He arrived to Miami from Guantanamo, Cuba, where he was a political refugee, in 1995. There, in that north American position, he started an art movement with other Cuban painters and sculptors. Now, permanently lives in Miami, and he frequently exhibit in different galleries of South Florida and other cities of the United States.
Pérez Vásquez Ignacio. *Nació en Matanzas, Cuba. Hizo estudios en privado con el Maestro cubano Rene Portocarrero. Exhibió por primera vez sus trabajos en 1962 en la Casa de la Cultura de Matanzas, Cuba. Trabaja simultáneamente en series repitiendo uno de sus iconos, el "Guajiro Cansado", que siempre aparece en sus obras en diferentes posiciones. Este artista ecléctico cubano, algunas veces muestra una fuerte influencia de las religiones Afro Cubanas. Sus temas principales son rostros; el "Guajiro" (campesino), paisajes tropicales plenos de vibrantes y alucinantes colores. Llegó a Miami procedente de Guantánamo, Cuba, donde fue refugiado político en 1995. Allá, en el enclave norteamericano, comenzó un movimiento de arte*

con otros pintores y escultores. Actualmente reside permanentemente en Miami, y frecuentemente exhibe en el Sur de la Florida y otras ciudades de los Estados Unidos.

Perdices Emily. Born in Havana, Cuba, she came

to the United States in 1961. She graduated in Havana from the San Alejandro National School of Fine Arts and received a Master Degree of Arts in 1950 from Havana University. Emily enjoys working with a variety of media's and follows the school of Old Masters, painting landscapes, seascapes, and still life. Her specialty is portraits. Her artwork can be found in numerous private collections throughout the USA and Germany. **Page 197**

Perdices Emily. *Nacida en La Habana, Cuba, se radicó en los Estados Unidos en 1961. Es egresada de la Academia de San Alejandro y de la Universidad de La Habana. Siguiendo la escuela de los viejos maestros, domina todas las técnicas de la pintura. Sus temas son el paisaje, paisajes marinos, bodegones y retratos. Sus pinturas se encuentran en colecciones privadas de diferentes países.*

Picasso Pablo. Born in Malaga, Spain, in 1881. He

studied at the La Coruna School of Fine Arts. In 1907 he started his anti-academic revolution and laid the foundation of Cubism, which he interpreted wit great passion. His work was a constant succession of new artistic expressions. Died in 1973.

Picasso Pablo. *Nació en Málaga, España en 1881. Estudió en la Escuela de Artes Plásticas de La Coruna En 1907 comenzó su revolución anti académica y lidero el movimiento Cubista, el que interpretó con gran pasión. Su trabajo fue una constante sucesión de nuevas expresiones artísticas. Murió en 1973 .* **Pag 198**

Pollock Jackson. Was born in United Status in 1912. Died in 1956.

Pollock Jackson. *Nació en Estados Unidos en 1912. Murió en 1956.*

Pombo Diego. Was born in Manizales, Colombia in 1954.

Pombo Diego. *Nacio en Manizales, Colombia en 1954.*

Portocarrero René. Born in Havana, Cuba in 1912. Studied at the San Alejandro Fine Arts Academy. Is recognized as one of the most outstanding Cuban painter.

Portocarrero René. *Nació en La Habana, Cuba in 1912. Estudió en la Academia de Bellas Artes de San Alejandro. Es reconocido como uno de los pintores más sobresalientes de Cuba.*

Portieles Guillermo R. Born in Marianao, a

section of Havana, Guillermo is a graduate of the San Alejandro Academy of Art. He also studied at the Instituto Superior de Arte (ISA), from which he never graduated due to his sudden and forced departure from Cuba in 1990. He has participated in numerous exhibitions, both personal and collective. His work puts forth a conceptual aesthetic balance between the descriptive and the informal, representing a universe within the principal essence of his works.

Portieles Guillermo R. *Nació en Marianao, La Habana. Es graduado de la Academia de Arte de San Alejandro. Estudió en el Instituto Superior de Arte (ISA) del cual no se gradúo debido a su súbita y forzada salida de Cuba en 1990. Ha participado en numerosas exposiciones tanto colectivas como personales. Su obra representa un equilibrio estético conceptual entre lo descriptivo y lo informal representando un universo en la esencia principal de sus obras.*

Potestad Arturo. Born in Havana, Cuba.

Studied in Havana at the San Alejandro Academy of Fine Arts, Muralist, Engraver, Lithographic, and ceramist. Some illustrates book and Magazine. While studying classical and modern art. Potestad developed solidity in his works. His present works are a summary of all past studies.

Potestad Arturo. *Nació en cuba. Pintor, litógrafo, muralista, ceramista, ilustrador de libros, revistas, etc. Algunos poemas grabados en maderas. Sus presentes creaciones son "una suma total de todos sus estudios": Fantasías afro-cubanas, neo-constructivismo espacial, horizontes cósmicos, tintas y plumillas iluminadas, nos muestran su personalidad y sus creaciones estéticas.*

Potestad Isaura. Born in Havana Cuba. She arrived to Miami in 1962. She studied Art with the professor painter Baruj Salinas, in Miami Dade Community College. Her first steps were the

collection of "Guitarras" mentioned by critics as "abstract expressionism". After that creating her "Decorative Fantasies" that meaned beautiful themes with brilliants color pieces, said critics. Among more important exhibitions individuals and collectives are: Latin American Art Museum, Power International Art, located at Ponce de Leon, Coral Gables and Paradise Gallery where she exhibited permanently. Isaura has received many awards and recognition for her paintings in galleries and museums. Her works can also be found on the "Internet". **Page 31**

Potestad Isaura. *Nació en La Habana Cuba. Se radica en Miami desde 1962. Recibió clases de artes plásticas del profesor Baruj Salinas, en Miami Dade Commnity College. En sus nuevos estudios, solidifica sus creaciones al lograr " Sus Guitarras" catalogadas por la crítica como "un expresionismo abstracto". En sus incesantes inquietudes crea "Fantasías Decorativas", obras de singular belleza, de brillantes colores. Entre sus más importantes exhibiciones realizadas - individuales y colectivas-, se destacan: el Museo de Arte Latinoamericano, Galería Power Internacional Art, de Ponce de León, Coral Gables, y Paradise Gallery, donde expone en forma permanente. Sus obras han sido merecedoras de premios y distinciones en galerías y museos. Sus pinturas pueden ser vistas en "Internet".*

Porrata Lourdes. Born in Camaguey, Cuba in 1952. Studied at the National Institute of Arts of Havana.
Porrata Lourdes. *Nació en Camaguey, Cuba en 1952. Estudio en el Instituto Nacional de Arte de La Habana.*

Prosperi Jeffrey. Born in San Juan de Puerto Rico, on January 26, 1968. Self taught painter who's special deep, rich and vibrant colors captures a scene right out of a fable book. Crystal clear bubbles and multi color ribbons dance around his beautifull island women. Some people see the world in black and white; Jeffrey see's a Carnival. At age 15 his work was displayed at the Centre D'Art Port Au Prince, Haiti. Later at 16 years old, one of his paintings was picked for Auction in New York City for Harvoteh edical Center. In Zerefin, Israel his painting was presented by the Honorable Fenelon Ambassdor of Haiti, to the University of Hebrea, Jerusalem and to the Honorable Shlomo Hilel, president of the House

of Representative of Israel. Several of his works has been displayed at the West Hempstead Public Library, West Hempstead, N.Y., Carlos Galleries in Coconut Grove, Florid, and recently at the DaVinc'sis Art Gallery in Coral Gables, Florida, and recently at La Bohemia Fine Art in Coral Gables. **Page 198**

Prosperi Jeffrey. *Nació en San Juan de Puerto Rico, en Enero 26, de 1968. Pintor autodidacta cuyos colores profundos, ricos y vibrantes, nos muestran escenas sacadas de las fábulas. Burbujas transparentes y tonos multicolores danzan alrededor de una bella mujer- isla. Algunas personas ven el mundo en blanco y negro, Jeffrey lo mira como un carnaval. A la edad de 15 años sus trabajos fueron exhibidos en el Centro de Arte de Puerto Príncipe, Haití. A los 16 años una de sus pinturas fue puesta en subasta en el Harvoteh Medical Center de la ciudad de Nueva York. En Zerefin, Israel, su pintura fue presentada por el Honorable Embajador de Haiti en la Universidad Hebrea de Jerusalén y también al Honorable Sholmo Hilel, Presidente de la Cámara de Representantes de Israel. Algunos de sus trabajos han sido exhibidos en West Hempstead Public Library, West Hempstead, N.Y; Carlos Gallery en Coconut Grove, Florida y más reciente en D'Vincis Art Gallery in Coral Gables, Florida. Recientemente expuso en la Galería La Bohemía en Coral Gables.*

Puig Andres. Born in Victoria de las Tunas, Cuba, in 1948. Studied at the Cubanacan National School of Art in Havana. In 1976 he won the First National Prize of Art Professor. His art is highly familiar with Afro-Cuban mythology. Currently lives in Spain and exhibit in Europe.

Puig Andres. *Nació en Victoria de las Tunas, Cuba, en 1948. Estudió en la Escuela de Arte Cubanacan de La Habana.. En 1976 ganó el Primer Premio Nacional de Pintura otorgado en Cuba a los profesores de arte. Su arte hace referencias a la mitología Afro-Cubana. Vive en España y exhibe en Europa.*

ALBERTO PANCORBO

Quintela N. Cesar. Born in Vigo, Spain. Quintela

began his art studies in Madrid
and captured the techniques of
the great modern and classical
masters of painting. He later
obtained a double degree in Law
and International Studies, but his
interest in art and all its
expressions and philosophies
continued playing a primary role
throughout his life. Today he is the creator and
leading representative of "Inner Realism," which
represents the form in which an artwork is created
by the artist. He paints primarily by commission in
any material, even though oil is his favorite media.
His paintings can be found worldwide among
many collectors.**Pages 212-222-223**

Quintela N. César. *Nació en Vigo, España.
Quintela comenzó sus estudios de arte en Madrid
y aprendió las técnicas de los grandes maestros
de la pintura antigua y moderna. Más tarde obtuvo
dos grados universitarios en Leyes y Estudios
Internacionales aunque su gran interés fue por el
arte, en todas sus expresiones, y la filosofía
continuó jugando un papel primordial en su vida.
Actualmente es el creador y principal
representante del "Inner Realism" (Realismo
Interior) el cual pretende mostrar la forma como
la obra de arte es producida por el artista. Pinta
casi exclusivamente por encargo con cualquier
material aunque prefiere el óleo como medio para
sus trabajos. Coleccionistas de diversos países
poseen sus pinturas.*

Quintero Patricia. Painter, sculptor and muralist

Patricia Quintero was born in
Bucaramanga, Colombia in 1954.
Born into a family of artists, Patricia
received her first art lessons from
her mother, Nelly Arenas, who was
a famed portrait artist. Throughout
her career, she has taken courses
in New York and Bogotá, with many renowned
instructors, such as Paul Gervis, John Mateus,
Alicia Taffur and Dolores Nuñez. Her work is based
in magical realism with a certain touch of spirituality.

Quintero Patricia. *Pintora, escultora y muralista,
nacida en Bucaramanga, Colombia en 1954.
Proveniente de familia de artistas, sus primeras*

*lecciones las recibió de su madre Nelly Arenas,
afamada artista retratista. A lo largo de su carrera
ha tomado cursos en Nueva York y Bogotá con
reconocidos maestros entre los cuales destacan
Paul Gervis, John Mateus, Alicia Taffur y Dolores
Nuñez. Su obra se basa en el realismo mágico
con un cierto toque de espiritualidad.*

Quaini Alicia. Born in Buenos Aires, Argentina.

Her work is expressionist with a
direct message, deep and
mysterious. Her painting has been
collected for important public and
privates art lovers. Since 1999
she live in Miami, Florida and she
currently exhibit in different
galleries.

Quaini Alicia. *Nació en Buenos Aires, Argentina.
Sus trabajos pueden ser clasificados como
expresionistas con un mensaje, profundo y
misterioso. Sus obras han sido coleccionistas por
importantes personalidades e instituciones. Desde
1999 vive en Miami, Florida y frecuentemente
exhibe en diferentes galerías.*

ALICIA QUAINI

DETALLE

Ramos Domingo. Born in Guines, Cuba in 1894.

Studied at the Escuela Nacional de Bellas Artes *San Alejandro*. In 1918 the Congress of Cuba sends him to study at la Escuela Nacional de Bellas Artes *San Fernando* de Madrid. Artist of international reputation, his Works art part of important collection of European Museums. Was member of the Academia Nacional de Artes and professor and ex Director of the Escuela Nacional de Bellas Artes *San Alejandro*. He was awarded by *Bohemia Magazine*, en 1911, with the Gold Medal and at the Exposition of the National Academy of Arts in 1916, where he received the First Prize.

Ramos Domingo. *Nació el 6 de noviembre de 1894 en Guines, Cuba. Estudio en la Escuela Nacional de Bellas Artes San Alejandro. En 1918 fue becado por Ley del Congreso de la República para estudiar en la Escuela Nacional de Bellas Artes San Fernando de Madrid. Artista de renombre internacional. Sus obras figuran en colecciones públicas de museos de Europa. Miembro de la Academia Nacional de Artes y profesor y ex Director de la Escuela Nacional de Bellas Artes San Alejandro. Fue galardonado en el Concurso de la revista Bohemia, en 1911, con la Medalla de Oro. En la Exposición Nacional de la Academia Nacional de Artes y Letras de 1916 recibió el Primer Premio.*

Ramirez Angel. Born in Havana, Cuba, in

December 1970. Studied at "La Academia de San Alejandro in Havana, Cuba, and graduated from "La Escuela Nacional de Artes Plásticas" ENAP in 1990. He exhibits at the "Museo de Bellas Artes", Cuba, in 1977; "Museo de Arte Colonial" of Mexico City in 1978. Resided in Spain from 1992 to 1998. His works are part of private collections.

Ramírez Angel. *Escultor nacido en La Habana, Cuba. Estudió en la Academia de San Alejandro. Graduado de la Escuela Nacional de Artes Plásticas ENAP, 1990. Exhibe en el Museo de Bellas Artes (1977) Cuba. Museo de Arte Colonial (1978) Ciudad de México en 1982. Expone en*

España de 1994 a 1996. Residió en España de 1992 a 1998. Sus últimas obras se exhiben actualmente en Miami.

Rios Jesse. Born in Tampa, Florida, in 1948.

Studied in Art Instructors School, Havana, Cuba, and National School of Cubanacan, Cuba. One of the most characteristic Cuban painters seems to bid farewell to the interior scream and the aggressive gesture to enter a world populated by phantasmagoric dreams whose internal mechanism is disemboweled at the start of a lucid action which discovers figures in stains, which tries to pinpoint with a certain realism, what is suggested by a texture and that can be condemned in fabulous beings and objects, starting from the accident of floods and the wash. A.M. **Page 199**

Ríos Jesse. *Nació en Tampa, FL. en 1948. Estudió en la Escuela de Instrucción de Arte de La Habana, Cuba y en la Escuela Nacional de Cubanacan, Cuba. Un expresionista que se adentra en un mundo de fantasmagorías oníricas, cuya mecánica interna se desenvuelve a partir de una acción lúdica que adivina figuras en manchas; que intenta concretar con cierto naturalismo lo que sugiere una textura y que puede condensarse en seres y objetos fabulosos.*

Rivers Marcos. Born in Managua, Nicaragua in

1954, Marcos received his education at the National School of Fine Art in Managua, Nicaragua. He has had several individual as well as collective exhibitions, both in Managua and in the United States and Puerto Rico. They include the Building One Datran Center, One Brickell Square de Miami Florida, and Miami Dade Community College Wolfson Campus, The Florida Museum y Allison Gallery "Marcos Rivers is an artist who seems to be in control of his own identity. He demonstrates a profound insight into the genres of his country and approaches them through what is designated in art as primitivism. His paintings maintain a precise proportion between saturated color and lines, hence offering us, by way of his original paintings, a surprising effect of gigantic fruits or figures representing a personal characteristic of the artist's work. *Page* 200

Rivers Marcos. *Nació en Managua, Nicaragua en 1954. Estudió en la Escuela Nacional de Bellas Artes en Managua, Nicaragua. Ha hecho varias exposiciones individuales y colectivas, tanto en Managua como en Estados Unidos y Puerto Rico. Incluyen el Building One Datran Center; One Brickell Square de Miami Florida; Miami Dade Community College Wolfson Campus; The Florida Museum y Allison Gallery, entre otras. "Marcos Rivers es un artista que aparenta estar en control de su propio destino. Demuestra una comprensión intuitiva hacia los géneros y las materias de su país y los aborda por medio de lo que en el arte se designa como primitivismo. Sus pinturas contienen una proporción precisa entre el color saturado y las líneas, ofreciéndonos, en sus cuadros originales, un efecto inesperado de frutas o figuras gigantescas que representan alguna característica personal de su trabajo".*

una realidad sublime, crea un arco iris increíble, revelador, tanto de las necesidades como de las inquietudes, a través de sus colores, con sus excitantes y vigorosos golpes. Cada una de sus creaciones contiene un pedazo de historia en forma de relato, o invita al díalogo entre la mente y la realidad, con un enorme despliegue de necesidades espirituales, aún pendientes, de una previa obra de arte. Desde 1999 reside en la ciudad de Miami.

Romanganc Leopoldo. Born at Sierra Morena, Las Villas, Cuba, in 1862. Self-taught painter. He visited the Art Museum of Barcelona, Spain and the New York Metropolitan Art Museums, where he gets his devotion for painting.

Romanganc Leopoldo. *Nació en Sierra Morena, Las Villas, Cuba, en 1862. Pintor autodidacta. Visitó museos de arte de Barcelona, España y Nueva York. Al visitarel Museo de Arte Metropolitano tomó su devoción por el arte.*

Rodriguez Luis Miguel. Born in 1959 at the picturesque and old borough of Regla, on the Northern side of Havana, Cuba. Deeply influenced by the special attraction of he surrounding world, this autodidact artist, begin to develop his works in such a way that the lighted and obscure sides of nature and fantasy became surrealistically, combined in a harmonious and sui generis style. Ranging from forces, expressing all kinds of feeling to mythological figures, perfectly united by the magic of his brush, in a sublime reality, creating and incredible rainbow, which reveals booths, necessities and unrest, trough his colors, in an exciting and vigorous stroke. Each of his creations contains a piece of history in the form of tale, or, as an invitation to a dialogue, between the mind and reality, with an enormous array of spiritual needs, pending yet from a previous work of art. Since 1999, Luis Miguel is residing in Miami Florida.

Pages 83/201

Rodríguez Luis Miguel. *Nació en 1959 en la pintoresca y antigua barriada de Regla, al norte de La Habana, Cuba, frente a su hermosa bahía. Profundamente influenciado por la especial atracción del mundo que le rodeaba, este artista autodidacta comenzó a desarrollar sus obras en forma tal que la luz y la oscuridad de la naturaleza se combinan surrealisticamente con la fantasía en un estilo armonioso y sui generis. Partiendo de rostros que expresan toda clase de sentimientos hasta figuras mitológicas, perfectamente unidas por la magia del pincel en*

Ruiz Jazmin. Born in Barranquilla, Colombia, in 1960. Attends College Interior Design and Drawing at the Corporation Universitaria de la Costa, Barranquilla, Colombia. Move to Belgium, where attends Art School at the De Oude Pastori in Braschaat. Attends College Graphics Design at Miami Dade Community College. Participated workshop at Meza Studio of Coral Gables with Professor Karina Chechik and Alicia Candiani. She has exhibit in several occasions in Europe and United States. The main subjects of her paintings are still life's, realistic human figures and figurative painting with vigorous strokes and vibrant colors. She resides and exhibits in Miami Florida where she is an active member of the Colombian Art Foundation.

Ruiz Jazmín. *Nació en Barranquilla, Colombia, en 1960. Estudió en la Facultad de Dibujo y Diseño Interior en la Corporation Universitaria de la Costa de Barranquilla, Colombia. Se estableció en Bélgica, donde etudió en la Escuela de Arte De Oude Pastori en Braschaat. Estudió igualmente Diseño Gráfico en el Miami Dade Community College. Participó en talleres de arte en Meza Studio de Coral Gables, con las profesoras Karina Chechik y Alicia Candiani. Ha exhibido en varias oportunidades en Europa y los Estados Unidos. Los temas principales de sus trabajos son bodegones, figuras humanas de corte realista y obras figurativas de vigorosos trazos y vibrantes colores. Reside en la ciudad de Miami donde se mantiene muy activa en la Fundación Colombiana de Arte.* **Pag 202**

Sacasas Gilda. Born in Cuba and raised in the

United Status, is a Cuban contemporary artist, who focuses on figures and color. I taught myself to see, how to perceive through my own eyes. Art means being able to bring to the surface my deepest feelings, one's way of knowing and seeing the word, the way one want to be seen. Works by Sacasas are included in numerous institutions and private collections through the word. She is getting ready for a major exhibition t International Art Expo New York that takes place at the Javitz Convention Center in New York City on February 2003. Permanently exhibits her works at GDS Fine Art Studios in Coral Gables. **Page 203**

Sacasas Gilda. *Nacida en Cuba y educada en los Estados Unidos, es una artista cubana contemporánea, cuyos trabajos se enfocan en la figura y el color. "Aprendí a mirar, a percibir a través de mis propios ojos. Para mí el arte es la capacidad de traer a una superficie nuestros más hondos sentimientos, una manera de conocer y ver al mundo y la forma en que uno quiere ser visto", afirma. Sus trabajos están incluidos en numerosas instituciones y en colecciones privadas del mundo entero. En la actualidad se prepara para una gran exhibición que tendrá lugar durante la Feria Internacional de Arte de Nueva York en el Javitz Convention Center en Febrero del 2003. Exhibe permanentemente sus obras en GDS Fine Art Studios de Coral Gables.*

Salazar Ignacio. Born in Mexico in 1947. Studied at the San Carlos National School of Fine Arts.

Salazar Ignacio. *Nació en México en 1947. Estudio en la Escuela de Pintura San Carlos de la ciudad de México.*

Sanchez Emilio. Born in Cuba in 1921. His paint captures scenes of New York City, where he lives since 1952. His exhibition includes the Metropolitan Art Museum of New York.

Sánchez Emilio. *Nacido en Cuba en 1921. Su pintura capta escenas de Nueva York, ciudad en la que vive desde 1952. Sus exposiciones incluyen el Museo Metropolitano de New York.*

Sanchez Cuervo Rosa Helena. Born in Antioquia,

Colombia. Studied at the Fine Art Institute and the National University School of Fine Arts. This talented artist sculptor went to Europe and had the opportunity of studying with recognized masters; she also took part in Marble Workshop in Pietra Santa, Italy with Master Claudio Pala. Through her sculptures she demonstrate the revelation of the artist's Inner thoughts. They express deep sensitivity and their subtle contours lead to the filled voids, bringing thorough reflection of the human feelings. Her sculptures express intuitive signals; they are a spectacle pleasing our eyes. Since 2001, Rosanchez with her family moved to the U.S., where she has had several exhibitions. More at www.rosanchez.com.

Sánchez Cuervo Rosa Helena. *Nació en Antioquia, Colombia. Realizó estudios en el Instituto de Bellas Artes y la Universidad Nacional en Colombia. Esta talentosa artista y escultora viajó a Europa para realizar investigaciones y perfeccionarse. Tuvo la oportunidad de estudiar con grandes maestros del arte. También asistió al Taller de Escultura en Mármol con el Maestro Claudio Pala en Pietra Santa, Italia. En sus esculturas expresa sus pensamientos y nos permite apreciar su profunda sensibilidad a través de los suaves contornos y líneas curvas que nos transportan a sus vacíos llenos de luz. Sus obras reflejan una profunda reflexión de los sentimientos humanos y están ejecutados con maestría y perfección. Desde el 2001 Rosanchez vive en su familia en los EE.UU., donde ya ha presentado varias exhibiciones. Más información en www.rosanchez.com.* **Pag. 204**

Sánchez Tomás. Born in Aguada de Pasajeros,

Las Villas, Cuba. Studied in Havana at the San Alejandro Academy of Fine Arts. In his early days as a painter, in the early 70s, we see Tomas as an expressionist with an impressive variety of themes. A pictorial universe where the characters, from childhood memories and adult fantasy, meet in imaginary parks, public plazas, and circuses in magic of color and form where everything is possible. Nowadays, he is an exquisite landscape artist, who does not copy from nature, but who recreates a world where the main ingredients are his lived experiences and memories.

Sánchez Tomás. *Nació en Aguada de Pasajeros, Las Villas, Cuba. Estudió en la Academia de San Alejandro de La Habana. En sus primeros trabajos de comienzos de la década del setenta ejecutó una diversidad de obras de corte expresionista. Un universo pictórico donde las memorias de la infancia y las fantasías del adulto se dan cita en parques imaginarios, plazas públicas y mágicos circos donde todo es posible. Hoy día es un exquisito paisajista, que no copia de la naturaleza pero si recrea un mundo donde los principales ingredientes son sus vivencias y memorias.*

Sanchez Trino. Born in Ciudad Bolivar, Venezuela, in 1968. Studied at the Maria Machado de Guevara School of Caracas. Awarded several prizes.

Sanchez Trino. *Nació en Ciudad Bolívar, Venezuela, en 1968. Estudio en la Escuela de Arte Maria Machado de Guevara School de Caracas. Ha Ganado varios premios.*

Sánchez José (Felox). Born in Medellín,

Colombia, Sanchez finished his studies at the Medellín School of Fine Arts, and subsequently studied advertising and photography. His works are based in the careful plan of each component, each character, each section in order to find a balance and harmony among his characters and the environment in which they are, making it even more credible, more real. He thus seeks a perfection that he will never find, but a maturity that will arrive.

Sánchez José (Felox*). Nació en Medellín, Colombia. Realizó sus estudios en la Escuela de Bellas Artes de su ciudad natal. Con el tiempo su obra sufrió una transformación hacia lo hiperealista, cuidando y elaborando cada uno de los componentes con lujo de detalle para así imprimirle la personalidad y características que distinguen a cada uno de los personajes u objetos que plasma en sus trabajos; planea y cuida cada componente, cada personaje, cada parte, para así encontrar un equilibrio y una armonía entre sus protagonistas y su entorno, haciéndolo aún todo más creíble, más real.*

Sánchez Mariano. Born in Santo Domingo R.D. Began his art studies in the school of Fine Arts of San Juan de Maguana, his home town. Later, he

studied in the School of Design of Altos de Chavon where he was awarded academic honors in illustration and Fine Arts. In 1987 he won a scholarship to study in the Parsons School of Design in New York. His work may be found in important private collections in Spain, United States, India, Great Britain, Italy, Peru and The Dominican Republic, and is permanently hung in the Museo de Arte de Ponce.

Sánchez Mariano. *Nacido en Santo Domingo, República Dominicana en 1958. Su pintura simila un cromatismo de ricas tonalidades, enfatizando la transparencia, el frotado y la textura con pinceles y espátulas que dan una sensación de profundidad atmosférica. En ella se percibe un manejo singular del claroscuro conjugado con los colores minerales de la tierra: ocres, verdes y amarillos en una sinfonía cromática de tonos que alternan la rigurosa severidad con una festiva interpretación de la existencia humana.* **Pag.202**

Santa Maria Marcela. This accomplished

Argentinean artist was born in Buenos Aires in 1967. She received her formal education at Prilidiano Pueyrredon Fine Arts School in Argentina. She has her first group exhibition at the age of 13. Her work has been shown in international exhibitions in the United States, Canada, Mexico, Uruguay and Argentina. Exhibitions 2002: Art Miami, Miami, Fenix Fine Arts; Museo Royal, Ontario, Canada; Guayasamin, Collection, Latin-American Artist Show, Ecuador. Art Exhibitions 2000: Cornell, Museum-Palm Beach; FL., USA Sloans Auction Galleries-Miami, FL., USA; The Celebrity Art Auction-Miami, Fl, USA; Tribute to The Americas-Miami, Fl, USA; Miami Film Festival-Miami, FL. USA. Her paintings are part of permanent exhibits in many museums, consulates and at the United Nations Headquarters in New York. There, she received extensive professional recognition on her approach to the experience of displacement and uprooting. The play of light interacting with the human body is one of the most important elements in her paintings. **Page 205**

Santa María Marcela. *Nació en Buenos Aires en 1967. Estudió en la Escuela de Bellas Artes Prilidiano Pueyrredon de Argentina. Sus obras se exhiben en galerías de América Latina, Europa, Estados Unidos y Canadá. Exposiciones en el 2002: Art Miami, Miami, Fenix Fine Arts; Museo Royal,Ontario, Canada; Guayasamin, Collection, Latin-American Artist Show, Ecuador. Art Exhibitions 2000: Cornell, Museum-Palm Beach;*

FL., USA' Sloans Auction Galleries-Miami, FL., USA; The Celebrity Art Auction-Miami, Fl, USA; Tribute to The Americas-Miami, Fl, USA; Miami Film Festival-Miami Fl, USA. En un escenario de profuso y elegante colorido se mueven las imágenes que surgen del surrealismo con extraño dramatismo. La fuerza estética de los óleos de Marcela Santa María sugiere un expresionismo de gran profundidad en el que late la sutil inspiración de la artista plástica creadora de un estilo propio que no está exento de cierto principio filosófico por cuanto es el ser humano, con su infinita gama de complejidades, el motivo central de su obra pictórica.

Santos Ivan. Born in Bogotá, Colombia 1955. Studied at the School of Fine Arts of the National University. Outstanding artist currently lives and exhibit in New York.
Santos Iván. Born in Bogotá, Colombia in 1955. Estudió en la Escuela de Bellas Artes de la Universidad Nacional. Pintor acogido por la crítica norte- americana, vive y exhibe en Nueva York.

Segui Antonio. Born in Cordoba, Argentina, 1934. Studied art in France and Spain in 1951-52. His style is related to Pop Art.
Segui Antonio. Nació en Córdoba, Argentina, en 1934. Estudió en Francia y España. Sus obras están notablemente influenciadas por Pop Art.

Siqueiros David Alfaro. Was born in Camargo, Chihuahua, Mexico in 1896. Died in 1974. Studied at the San Carlos Academy. Was an active revolutionary. Travel to Europe where he gets in contact with the Avangarde Movement. His political life was intense and run parallel with his artwork. Basically he was a muralist.
Siqueiros David Alfaro. Nació en Camargo, Chihuahua, México en 1896. Murió en 1974. Estudió en la Academia de San Carlos. Participó en la Revolución y viajó a Europa donde tomó contactos con los movimientos de vanguardia. Su vida política fue intensa y corrió paralela a su producción pictórica orientada básicamente al muralismo, para el cual desarrolló sus teorías a propósito del espectador en movimiento, el dinamismo óptimo de los planos y espacios, así como otros aspectos novedosos aún no bien estudiados.

Sofiame, Jitoma. Arawah Indian born in La Sierra Nevada of Santa Marta, Colombia in 1935. Studied at the School of Fine Arts of the Bogotá National University. One of the most outstanding American Indian painters. Has exhibit in Colombia, Europe and United States.
Sofiame, Jitoma. Indio Arahuaco nacido en la Sierra Nevada de Santa Marta, Colombia en 1935.

Estudio en la Escuela de Bellas Artes de la Universidad Nacional de Bogota. Uno de los más representativos pintores indígenas americanos. Ha exhibido sus obras en Colombia, Europa y los Estados Unidos.

Soriano Juan. Born in Guadalajara, Jalisco, Mexico, in 1920. He taught drawing and participates in numerous exhibitions in Mexico, Europe and United States. Is considering as an outstanding Mexican painter.
Soriano Juan. Nació en Guadalajara, Jalisco, México, en 192. Pintor autodidacta, ha participado en numerosas exposiciones en México, Europa y los Estados Unidos. Esta considerado como uno de los más representativos pintores mejicanos.

Soriano Rafael. Born in Havana, Cuba in 1930. Studied at the San Alejandro Academy of Fine Arts. Abstract painter. Currently lives in Miami.
Soriano Rafael. Nacido en La Habana, Cuba en 1930. Estudio en la Academia de Arte San Alejandro. Pintor abstracto. Vive en la actualidad en Miami.

Sosabravo Alfredo. Was born in Sagua la Grande, Las Villas, Cuba in 1930. Painter, ceramist and engraver, is considered as one of the most outstanding contemporary Cuban artist of international reputation. Actually lives in Cuba and exhibit in Miami at Cernuda Fine Art.
Sosabravo Alfredo. Nació en 1930 en Sagua la Grande, Las Villas, Cuba. Pintor, dibujante, ceramista y grabador, es una de los artistas cubanos contemporáneos de gran reconocimiento internacional. Vive en la actualidad en Cuba y expone ocasionalmente en Cernuda Fine Art.

Soto Jesus. Born in Ciudad Bolivar, Venezuela, in 1923. Studied at the School of Fine and Applied Arts of Caracas. Lives and exhibit in Paris during long time. He experiments with vibratory and optical phenomena. As honored with a retrospective exhibition at the Salomon H Guggenheim Museum in New York.
Soto Jesús. Nació en Ciudad Bolívar, Venezuela, en 1923. Estudio en la Escuela de Arte y Artes Aplicadas de Caracas. Vivió en Paris durante largo tiempo. Experimenta con elementos vibratorios y ópticos. Fue homenajeado con una exposición retrospectiva en el Museo Salomón H Guggenheim de Nueva York.

Szyslo Fernando De. Born in Lima, Peru in 1925. He studied art at Lima's Escuela de Artes Plasticas, Universidad Catolica.
Szyslo Fernando De. Nació en Perú en 1925. Estudió en la Escuela de Artes Plásticas de la Universidad Católica.

Tanguy Ives. Was born in Paris, France in 1900. Died in 1955.
Tanguy Ives. *Nació en Paris, Francia, en 1900. Nació en 1955.*

Tafur Alicia. Born in Cali, Colombia. Studied Ceramics and Clay Sculpture at Mayor de Cundinamarca, College in Bogotá. Awards: Second National Prize in the XII Hall of Colombian Artist, Bogotá, 1959; Second National Prize in the XVI Hall of Colombian Artists, Bogotá, 1964. Her sculptural pieces can be found in museums and private collections in the United States, Europe, and Latin America. Among her personal exhibitions, we can refer: International Art Fair in Bogotá; Pan-American Union in Washington D.C.; and Museum of Modern Art in Bogotá.
Tafur Alicia. *Nació en Cali, Colombia. Estudió cerámica y escultura en barro en el Colegio Mayor de Cundinamarca, Bogotá. Recibió en 1964 Segundo premio nacional en XVI Salón de Artistas Colombianos de Bogotá. Sus obras escultóricas se encuentran en museos y colecciones privadas de Estados Unidos, Europa y América Latina. Exposiciones individuales: Entre otras: Feria internacional de arte de Bogotá. Unión Panamericana, Washington, D.C. Museo de Arte Moderno de Bogotá. Exposiciones colectivas: Houston Museum of Fine Arts. II Feria Internacional de Arte de Bogotá. II Bienal de México. Galería Balzac. Museo de Arte Moderno de Bogotá, entre otras.*

Talero Silvia. Born in Bogotá, Colombia. Estudió Studied art at the Opus Dei Institute of Art of Bogotá, Alter she studied with maser Luis Angel Rengifo. In Cartagena, her city of residence, became parto f an atelier with others artist Ander the direction of master Humberto Tarriba, professor of the Escuela de Bellas Artes. Alter that she begin painting the countryside and the cities of Colombia in differents techniques with a notorious impressionist influence.
Talero Silvia. *Nació en Bogotá, Colomia. Estudió en el Instituto de Arte del Opus Dei en Bogotá. Después ingresó al taller del Maestro Luis Angel*

Rengifo. En Cartagena, su lugar de residencia actual, conformó un taller con otros artistas bajo la dirección del Maestro Humberto Tarriba, profesor de la Escuela de Bellas Artes. Empezó a pintar los campos y ciudades de Colombia y plasmarlos a su antojo, variando temática, técnica y estilo aunque conservando la influencia impresionista.

Tamayo Rufino. Was born in Oaxaca, Mexico in 1899. Since 1907 lives in Mexico City. Die in 1992. Studied at National School of Fine Arts. During 29 years resides in New York and Paris. The lines, the lights and the vibrant colors, revel him with a very strong personality. He is one of the Mexican Master that most influence young's artists.
Tamayo Rufino. *Nació en Oaxaca en 1899 y vivió desde 1907 en la Ciudad de México. Murió en 1992. Estudió en la Escuela Nacional de Bellas Artes. Residió 29 años entre Nueva York y París. El manejo del color, las líneas y las luces en vibraciones revelan una fuerte y original personalidad. Es uno de los maestros de la pintura nacional que ha dejado honda huella en muchos otros artistas.*

Tápies Antoni. Was born in Barcelona, Cataluña, Span in 1923.
Tápies Antoni. *Nació en Barcelona, Cataluña, España en 1923.*

Tavio Marta. She is a native of Sancti Spiritus, Las Villas, Cuba, ancient city with relics and small town feeling. A self-taught painter, Tavio reflects a popular sentiment akin to her roots that she transports to the canvas. Frequently she shapes it into 2x3 inches miniature, with impressive colors sowing colonial structures, interior patios, urban landscapes and still life's, themes which deeply stir Tavio. She resides and work in Miami, Florida and has exhibit her paintings in Miami, New York, San Juan, Puerto Rico and California. **Page 206**

Tavio Marta. *Nativa de Sancti Spiritus, Las Villas, Cuba. La mayor parte de sus obras se enmarcan dentro del paisaje urbano, con énfasis en la arquitectura colonial cubana: patios interiores, mansiones solariegas, iglesias y conventos. Igualmente es una bien conocida retratista, temas que alterna con los bodegones. Actualmente trabaja y reside e Miami y ha expuesto sus obras en Miami, Nueva York, San Juan de Puerto Rico y California.*

Tere *Pastoriza*. Born in Havana, Cuba. At a young age, she moved to the United States, along with her family. This event allowed the artist a Caribbean American conjunction, which profoundly influences her work. Her compositions posses inherited warmth and sensuality, yet encompass all that is striking in what is rational and modern. Fiery reds, aggressive greens, fascinating purples emerge from her painting, flirting, with the fragile line which divides realty from fantasy. Virtuosity talent and something of the magical emanate from Tere's work. Her delicate drawing and enchanting use of color captive us. She is the recipient of numerous awards. Her works are in private collections in Europe and America. **Page 206**

Tere *Pastoriza. Nació en La Habana, Cuba. De pequeña viaja a los Estados Unidos en compañía de sus padres, circunstancia que le permite una conjunción Caribena/Americana, mezcla y herencia de lo cálido, sensorial, contundente, racional y moderno. De sus cuadros emergen el rojo, agresivos verdes y fascinantes púrpuras que coquetean con la frágil línea de lo que es real y lo que es fantasía. De sus obras emana virtuosismo, talento y magia que cautivan con la delicadeza del dibujo y el encanto de sus colores. Ha recibido numerosos premios y sus obras se encuentran en importantes colecciones de Europa y América. En la actualidad vive en Miami Florida.*

Tessarolo Germán. Born in Italy. "Tessarolo is an artist who came to us and fell in love with Colombia. However not of that fake Colombian in the cities, which are the same everywhere, but with that authentic homeland sung in our native music, that which vibrates both in the fury and the quiescence of our landscapes, that nobly throbbing in the soul of our peasants…Tessarolo has had the ability to capture this, and because he is an artist, he has expressed it

with increasing depuration in his works using impressive force and color enriched by the bohemian flight of his fantasy".

Tessarolo Germán. *Nació en Italia se nacionalizó en Colombia. En su obra vemos a un artista que desde su texto pictórico toma el riesgo de hacer camino al andar, desplegarse donde otros se repliegan. Tessarolo ha tomado el riesgo de ser moderno. Moderno en esta circunstancia significa tener bagaje suficiente para poder anudar lo particular con el universo. En "el Color del Jazz" el artista nos habla de esa modernidad que tarda en insertarse en los valores de quienes en América Latina se resisten a ser tercermundistas.*

Tooker George. Was born in United Status, in 1920.

Tooker George. *Nació en Estados Unidos en 1920.*

Torner Francina. Was born in Barcelona, Span in 1950.

Torner Francina. *Nació en Barcelona, Span en 1950.*

Torres Verdecia Rosario. Born in Lima, Peru. These paintings break through boundaries with irreverent expression and extraordinary lyricism, exalting the near-photographic poses of the artist's icons, symbols of introspection and the defense of our heritage as human beings. Her characters are guardians, guides, mediators between the viewer and their meditations. Her palette is endowed with a special charm bearing the stamp of a natural setting.

Torres Verdecia Rosario. *Nació en Lima Perú. Su pintura transgrede las fronteras de los cánones, su manera de decir es irreverente, dotada de un extraordinario lirismo que enaltece las poses casi fotográficas de sus iconos, símbolos de la introspección psicológica y de la defensa de una herencia como ser humano; sus personajes son guardianes, guías, puntos de contacto entre el espectador y la reflexión. Su paleta está dotada de peculiar encanto donde prevalece la influencia de su escenario natural.*

Tito. (Juan Antonio Gomez Gutierrez). Born in Havana, Cuba in 1953, he started journalism studies, then painting before joining the oldest and most famous art school in the Caribbean: the Academy San Alejandro in Havana, then the Instituto de Diseno de la Havana where he won the graphic arts top prize. This allowed him to work for the state: in a country where propaganda replaces advertising, he created, for example, the

logo of La Cubana de Aviacion and posters for hospitals and cigars. On the side, he continued to create the paintings that he is so well known for. In 1997, he became an independent artist, not only having been exhibited in Havana and selling to tourists, but making himself known throughout Europe, North and South America, and Africa. Having recently immigrated to America, Tito now lives in Miami, Florida, where he is able to devote all of his time to painting.

Tito. (Juan Antonio Gómez Gutiérrez). *Nacido en La Habana, Cuba en 1953. Estudió periodismo y más tarde pintura en la más famosa y antigua Academia de Arte del Caribe, la de San Alejandro. También realizó estudios en el Instituto de Diseño de La Habana donde obtuvo el Primer Premio en Artes Graficas. Esto le permitió trabajar para el estado, en un país donde la propaganda reemplaza la publicidad, él creo el logotipo de la empresa Cubana de Aviación y afiches para hospitales y cigarros. Paralelamente continuó trabajando sobre su obra que lo ha hecho un pintor importante. A partir de 1997 se convirtió en un artista independiente, no sólo exhibiendo en La Habana y vendiendo obras a los turistas, sino también en Europa, Norte, Sur América y África. Recientemente emigró a Miami donde se dedica por completo a la pintura. Pag.207*

Tozzi Gino. Born in Caracas, Venezuela. He completed his studies in Rome, Italy. His innate talent, allows him perfection in his works. "Only once one has achieved realism in ones portrayed of the arts, then and only then has the right been earned to dwell in the realm of the abstract and explore the plains of Dimensional manipulation".

Tozzi Gino. *Nació en Caracas, Venezuela. Completó sus estudios en Italia. Su talento innato, que permite reproducir con gran esplendor formas reales de la vida, es lo que refuerza su creencia que "solo después de haber tocado el realismo uno llega a merecer el derecho de explorar el mundo de lo abstracto.*

Triana Jorge Elias. Was born in Cali, Colombia in 1938.
Triana Jorge Elias. *Nació en Cali, Colombia, en 1938.*

Turriago Posada Camilo. Born in Bogotá, Colombia. Studied at the Jorge Tadeo Lozano University. He finished his studies in Art in Paris, France, and in Ceramics, Sculpture and Engraving at the Calvia School in Palma de Mallorca, Spain. In his paintings, light and color have a dazzling intensity, which is perhaps the reason he has

chosen a naif key to carry out his themes. The spontaneous baroque style of this type of art is used intelligently.

Turriago Posada. *Nació en Bogotá, Colombia. Estudió en la Universidad Jorge Tadeo Lozano. Realizó sus estudios de Arte en París, Francia, y de cerámica, escultura y grabado en la Escuela de Calvia en Palma de Mallorca (España). En su pintura la luz y el color son de una intensidad deslumbrante, quizás por esto haya elegido una clave naif para la realización de sus temas. El barroquismo espontáneo de este tipo de arte es utilizado con inteligencia.*

RUFINO TAMAYO

"HOMENAJE A JUAREZ"

U

Ugarte Eléspuru Juan Manuel. Was born in Lima, Perú in 1911.
Ugarte Eléspuru Juan Manuel. *Nació en Lima, Perú, en 1911.*

Uribe Mejía Rodrigo A. Was born in Zaragoza, Antioquia, Colombia in 1959.
Uribe Mejía Rodrigo A.. *Nació en Zaragoza, Antioquia, Colombia en 1959.*

Urruchúa Demetrio. Was born in Buenos Aires, Argentina in 1902.
Urruchúa Demetrio. *Nació en Buenos Aires, Argentina en 1902.*

Valdirio Evelyn. Born in Caracas, Venezuela in  1964. Graduated in Sociology at the Universidad Central de Venezuela and in Fine Arts at the Catholic University of America, in Washington. "Enhanced by the lush layers of pigments and carefully applied strokes of color – said Art Historian Carol Damian – objects emerge from the paint like mementos of long forgotten past. Fragments of reality captured in old photos are transformed by paint and crystallized in translucent layers of varnish.

Valdirio Evelyn. *Nacida Caracas, Venezuela en 1964. Graduada de Sociología en la Universidad Central de Venezuela y en Bellas Artes en la Universidad Católica de América en Washington. Desarrolla una pintura de fuertes repercusiones emotivas con una compleja simbología relacionada con lo social. Su obra, de sólidas texturas y múltiples calidades tonales, muestra escenas y figuras con diferentes conceptos donde dominan la memoria, la nostalgia, las remembranzas.*

Valero Armando. Born in Bogotá, Colombia in 1950. Studied with Master David Manzur. There is aura of nostalgia and sentiments that accompanies his images of youths with their Renaissance temperaments and increases our sense of awareness as they communicate on both the conscious and the unconscious levels of reference.

Valero Armando. *Nació en Bogotá, Colombia en 1950. Estudió con el Maestro David Manzur. Sus temas se ubican en un mundo de trabajadores y guerreros elegantes, poetas y artistas idealistas, así como de encantadoras mujeres de proporciones sensuales y ropajes exóticos. Sus personajes parecen extraídos de las novelas del Siglo XIIIIV.*

Valerio Andres. Born in Cuba in 1943. Is a recognized artist who created master pieces with his series Painting over Painting, recreating works of great Master like Velasquez, Goya, Titian and Rembrandt. Then he executed the theme of the Generals in Flowers of the America's and in the most recent series Circus Motif.

Valerio Andrés. *Nacido en Cuba en 1943. Es un artista reconocido por su serie sobre Pintura, que son recreaciones de los grandes maestros del arte como Velásquez, Titian, Goya y Rembrandt. Más tarde dió a conocer la serie Flores de nuestra América, que son piezas que satirizan a los generales latinoamericanos. Más recientemente ejecutó la serie Motivos de Circo.*

Van Vorgue Vannessa . Born in Havana, Cuba,  moved to Miami Beach since 1968. She paints with feelings that transmit latent and deep emotions, the ones that remain and accompany us the rest of our lives. Her paintings convey a sublime, philosophical, spiritual message that elicits and manifest the purest expression of her spirit. There is passion, strength, reality, and rare drama in each of her compositions. She places a seal of integrity and a poetic elixir that reveals her great sensibility in all her works. Her paintings can be found in collections in the United States, Canada, Europe and Cuba.

Page 208
Van Vorgue Vannessa. *Nacida en La Habana, Cuba, radicada en Miami Beach desde 1968. Pinta con el sentimiento que transmiten las emociones profundas y latentes, las que quedan y nos acompañan toda la vida. Sus trabajos divulgan un mensaje sublime, filosófico, espiritual, que desencadenan y manifiestan la más pura expresión de su espíritu. Hay pasión, fuerza, realidad y un raro dramatismo en cada una de sus obras. Le pone a sus trabajos el sello de la integridad y un elixir poético que la revela como una creadora de una gran sensibilidad. Sus obras se encuentran en colecciones de los Estados Unidos, Canadá, Europa y Cuba.*

Vargas Ismael. Born in Guadalajara, Mexico in 1945. Using in his painting, Pre-Columbian, Mexican Baroque and Flemish, depicted daily Mexican life. Well known for his images of mask and textiles.

Vargas Ismael. *Nació en Guadalajara, México en 1945. Utilizando en sus trabajos temas precolombinos, barroco mexicano y Flemish,* *describe en ellos la vida diaria de su país. Cocido por sus textiles y mascaras.*

Vasquez Raul. Born in Panama in 1954. Self-taught painter was honored at the Modern Art Museum of the Dominican Republic in 1994 with a retrospective of his works. Currently lives in Panama.

Vásquez Raúl. *Nació en Panamá en 1954. Pintor autodidacta fue homenajeado en 1994 en el Museo de Arte Moderno de Republica Dominicana con una retrospectiva de sus trabajos. Vive actualmente en Panamá.*

Vega Manuel. Was born in Havana, Cuba, in 1892.

Studied at the San Alejandro Fine Arts Academy and in Italy. He resides in Paris for many years. Well-known painter was also a professor at the National School of Fine Arts San Alejandro. In 1925, exhibit at the Pan American Art Exposition in Los Angeles, California.

Vega Manuel. *Nació en 1892 en la ciudad de La Habana. Estudió en la Escuela de Pintura y Escultura de La Habana, hoy Escuela Nacional y en la Academia de San Alejandro y en Italia. Vivió largos años en París, Francia. Artista prestigioso de temas costumbristas, fue también profesor y ex Director de la Escuela Nacional de Bellas Artes San Alejandro. En 1925, fue invitado a exhibir en la Exposición de Arte Pan-Americano en el Museo de Los Ángeles, California.*

Vega Luis. Born in Havana, Cuba in 1944. Studied at the San Alejandro Academy of Fine Arts. Has also a degree in History from the University of Havana. Confers to his painting a peculiar magic because his ensembles as well as the details, seem to be copied from reality or produce an effect of reality.

Vega Luis. *Nació en La Habana, Cuba en 1944. Estudió en la Academia de San Alejandro. Tiene tambien un grado en Historia del Arte de la Universidad de La Habana. Pintor hiperrealista que, según Jorge de la Fuente, "es una instancia paradigmatica del paisaje construido".*

Vega Sinohe. Born in Havana, Cuba in 1970. Hip realistic painting that captures in his works the sensuality of nature: nude's women, still-life with tropical fruits, and landscaping of vibrant colors.

Vega Sinohe. *Nació en La Habana, Cuba en 1970. Pintor hiperrealista que recoge en sus lienzos la sensualidad de la naturaleza: encantadoras mujeres desnudas, bodegones repletos de seductoras frutas tropicales y paisajes de vibrantes colores.*

Vergara Fernando. Born in Oxapampa, Peru.

Self-taught artist who he has been painting for many years. Fernando's vibrant colors offset his special impressionistic style, which uses brush and palette. His medium is acrylic and canvas and he has sold his painting successfully at galleries in the southeastern United States. His love of painting, combined with his different perspective of the world, make him a truly wonderful artist. **Page 209**

Vergara Fernando. *Nacido en Oxapampa, Perú, es un pintor autodidacta que ha estado pintando por muchos años. Sus vibrantes colores de estilo impresionista son logrados a través de un excelente manejo del pincel y la paleta. La técnica donde se siente más cómodo es el acrílico sobre el lienzo. Inicio su mercado en el sudeste de los Estados Unidos, pero en la actualidad ha extendido sus actividades hacia otras regiones de los Estados Unidos. Su amor por el arte, combinado con una personalísima perspectiva del mundo, lo ha convertido en un artista promisorio.*

Villate Elio. Born in Pinar Del Rio, Cuba, in 1957,

Elio studied art in his native province and graduated from his local art school. He spent many years of his life as a graphic designer and then immersed himself totally as a fine artist. Today, he stands out in his field as a sculptor, craftsman, visual designer and painter, with numerous exhibitions in the company of other artists and exhibits both in Cuba and overseas. His paintings move within a figurative, surreal world in which literature, drama and ingenuity flow into one another in a bizarre reflection on human beings in this particular region of the Planet. **Page 209**

Villate Elio. *Nació en Pinar Del Río, Cuba, en 1957. Cursó estudios en la Escuela de Artes de su provincia natal. Trabajó como diseñador gráfico durante varios años para después dedicarse por entero al "oficio" de artista donde se destaca en la escultura, la artesanía, el instalacionismo y la pintura, avalada por innumerables exposiciones colectivas y varias personales dentro y fuera de Cuba. Su obra se mueve por un mundo surreal-figurativo donde las lecturas escondidas, el drama y la ingenuidad confluyen, para en una suerte de extraña convivencia reflexionar sobre el ser humano de esta zona del planeta.*

Villegas Armando. Born in Peru but nationalized in Colombia longtime ago. Well known for his Warriors and knights. Studied arts in Lima and then at the Universidad Nacional of Bogotá, Colombia. After that he has been teaching during more that 2o years. Lover of religious art and pre-Columbian art he own a large collection of these objects. He belongs to a family of "campesinos" that work the land. **Page 210**

Villegas Armando. *Artista colombo- peruano conocido por sus famosos guerreros y caballeros de armadura. Estudió artes en Lima e hizo un posgrado en la Universidad Nacional de Bogotá, Colombia. La docencia luego vendría a acompañarlo durante 20 años. Siente gran pasión por el arte religioso y precolombino. Proviene de una casta de agricultores y vive en una casa que también recuerda el campo: escaleras de piedra, techos en madera, un jardín con árboles y flores.*

Villegas Ricardo. Born in Bogotá, Colombia. Studied Design at Universitas, Bogotá, Colombia; Jorge Tadeo Lozano University, Bogotá; Fademasa, Bronze Foundation, Madrid, Spain; Taller Francisco Teno, Madrid, Spain; Taller Francisco Baron, Madrid, Spain and Manufacturas Lama, Madrid, Spain. About his work, Master Francisco Gil Tovar, one of the most prestigious Colombian art critic, says: "There is something unnerving about Rigas' (Ricardo Villegas) current works in brass: faces with features that evoke portraits but are impaled on pieces of Nature ravished in a strange commingling of esthetics with realisms and texturalisms. In this series Rigas is closer to expressivistic (not expressionist) facets than to formalistic and conceptual problems of contemporary art, and the former are resolved with flawless technique." The individual shows of this great sculptor include, among others: M&S Gallery, Quito, Ecuador; Carmel Club, Bogotá, Colombia; Fabula Gallery, Bogotá, Colombia; Mini Formats Gallery, Bogotá, Colombia; Goyas Gallery, Bogotá, Colombia; Tafur Gallery, Bogotá, Colombia. **Page 211**

Villegas Ricardo. *Nació en Bogota, Colombia. Estudió Diseño en Universitas, Bogotá, Colombia; Universidad Jorge Tadeo Lozano, Bogotá; Fademasa, Bronce Fundición, Madrid, España; Taller Francisco Teno, Madrid, España; Taller Francisco Baron, Madrid, España y Manufacturas Lama, Madrid, España. Según el maestro*

Francisco Gil Tovar, reputado critico de arte colombiano: "Hay algo de inquietante en los bronces de la actual etapa del trabajo de Rigas (Ricardo Villegas). Rostros con personalidad que nos pueden hacer pensar en la existencia de un retrato, se incrustan en trozos de naturaleza violentada, en una extraña relación en la que en lo estético, juegan realismos y texturalismos. Hay en todo ello, en cuanto a lo temático, una especie de clamor de la vida natural, y si se quiere, un potencial mensaje a favor de ella que es la que –en forma de gesticulantes troncos de árbol o de rocas- parece gritar su dolor en contraste con lo impasible presencia del hombre en su seno. En esta serie, Rigas se nos presenta situado más cerca de los aspectos expresivistas (ojo: no expresionistas) que de los problemas formales y conceptuales del arte contemporáneo, resueltos aquellos con una técnica impecable". Estas son algunas de sus últimas exposiciones individuales: Galería M&S, Quito, Ecuador; Carmel Club, Bogotá, Colombia; Galería Fábula, Bogotá, Colombia; Galería Mini Formatos, Bogotá, Colombia; Galería Goyas, Bogotá, Colombia; Galería Tafur, Bogotá, Colombia.

RICARDO VILLEGAS

Wesselmann T. Was born in the United States in 1931.
Wesselmann T. Nació en los Estados Unidos en 1931.

Wirsum Karl. Was born in the United States in 1939.
Wirsum Karl. *Nació en los Estados Unidos en 1939.*

Woods H. Ian. Born in San Paulo, Brazil. Began informal training in drawing and painting at the age of fourteen. Received a Bachelor degree in Graphic Design and Psychology at Sacred Heart University in Fairfield, Connecticut. His works can be found in several private collections throughout Europe, South America and the United States. His style is generally semi figurative, abstract and expressionist based on a subject that reflects time, present and past.
Woods H. Ian. *Nació en Sao Paulo, Brasil. Comenzó entrenamiento informal a los catorce años en dibujo y pintura. Recibió su B.S. en diseño gráfico y psicología en la Universidad del Sagrado Corazón en Fairfield, Connecticut. Sus trabajos se encuentran en varias colecciones privadas en Europa, Sur América y los Estados Unidos. Su estilo es semifigurativo, abstracto y expresionista basado en un tema que refleja el tiempo, presente y pasado.*

Wols Wolfgang Schulze. (1913-1951) n. Berlin. Alemania.
Wols Wolfgang Schulze. (1913-1951) n. Berlin. Alemania.

Wong Lucille. Born in Mexico City in 1949. Her work makes no pretense of newness. She works in an awareness of timelessness of all genuine Art and, most especially, the Art of ancient China, seeking participation now in this vital present. Her originality exists in the nuances she gives to the everlasting principles of the ancient. Tao as a way of life on distorted by-notions of progress in art.
Wong Lucille. *Nace en la ciudad de México en 1949. Su obra no hace alardes de novedad. Ella trabaja en la conciencia de ese sentido de intemporalidad propio de todo arte verdaderamente genuino y muy especialmente, del arte de*

la antigua China, pero buscando siempre participar aquí y ahora en este vital presente. Su originalidad se manifiesta al aplicar los matices de aquellos principios sempitemos del antiguo Tao como un modo de vida, modificando conceptos distorsionados de un falso progreso en el arte.

Wyeth, Andrew. . Was born in the United States in 1917.
Wyeth, Andrew. *Nació en los Estados Unidos en 1917.*

LUCILLE WONG

TINTA, PAPEL

Yaya Moreno Alexander. Was born in Bogota, Colombia in 1971.
Yaya Moreno Alexander. *Nació en Bogotá, Colombia en 1971.*
Yaya Moreno Wilmar. Was born in Bogota, Colombia in 1969.
Yaya Moreno Wilmar. . *Nació en Bogotá, Colombia en 1969.*
Youngerman Jack. Was born in the United Status in 1926.
Youngerman Jack. *Nació en los Estados Unidos en 1926.*

Zabaleta Rafael. Was born in Quesada, Jaén, Span in 1907. Dead in 1960.
Zabaleta Rafael. *Nació en Quesada, Jaén, España en 1907. Murió en 1960.*

Zambrano Hurtado Elsa. Born in Bogota, Colombia. She finished her Art Studies from the Art District School of Bogota in 1989. She received a Master's in Fine Arts with a specialty in painting from the National University of Colombia in 1992. "To find the charm in a rusted metallic sheet, of a rickety wooden frame, of a chipped off wall or of the photographic image of an abandoned building, is the initial undertaking of Elsa Zambrano for her work, but what follows is a costly process of recycling, of selection, of cleanliness and subsequently, not less easy, of association and intervention for which taste, imagination and naturally knowledge of the work related to plastic arts is essential."
Zambrano Hurtado Elsa. *Nació en Bogotá, Colombia. Realizó sus estudios de Arte en La Escuela Distrital de Artes de Bogotá en 1989. Recibió su Maestría en Bellas Artes con especialización en pintura en la Universidad Nacional de Colombia en 1992. "Encontrar el encanto de una lámina metálica oxidada, de un marco de madera desvencijado, de un muro desconchado o de la imagen fotográfica de un edificio abandonado es la empresa inicial de Elsa Zambrano H. para sus trabajos, pero luego viene un proceso bien dispencioso de reciclaje, de selección de limpieza y posteriormente no menos fácil de asociación y de intervención para los que se necesita gusto, imaginación y por supuesto conocimiento de los oficios relacionados con las artes plásticas.*

Zeno Jorge. Born in Mexico. Jorge Zeno's paintings could be described as expressionist because during the process of creating a motif with thematic effect on the cloth, he subjects it to successive transformations. He paints in availability, rooted in technical skill which shapes the effect toward everything. The linking of effects becomes thus a generator of images which hasten toward their own enigma and clarification. He seeks to exploit creativity which must find its essence in its own challenges and contradictions.

Zeno Jorge. *Nació en Mexico. Su pintura pudiera designarse como expresionista porque durante el proceso de plasmar en la tela un motivo con vigencia temática, lo somete a sucesivas transformaciones. El encadenamiento de efectos se convierte en un generador de imágenes que se precipitan hacia su propio enigma y clarificación. Busca explotar una creatividad que debe encontrar su esencia en sus propios desafíos y contradicciones.*

Zambrano Elsa. Born in Bogotá, Colombia, in  1951. Studied Fine Arts at Universidad Jorge Tadeo Lozano. Take course on lithography and engraving at Universidad Nacional de Bogotá; engraving at Conservatorio de Artes del Libro de Barcelona, Spain and the American Center of Paris. She has exhibit at Galería Garcés Velasquez, Bogotá; Culturas, Artes y Sociedades de America de Latina, Paris; Galería Garcés Velasquez, Bogotá; Galería Sextante, Bogotá; Galería Diners, Bogotá; Sazingg Fine Art Gallery, Miami.
Zambrano Elsa. *Nace en Bogotá, Colombia, en 1951. Licenciada en Bellas de Artes de la Universidad Jorge Tadeo Lozano. Realizó cursos de litografía y grabado en la Universidad Nacional de Bogotá; grabado en el Conservatorio de Artes del Libro de Barcelona, España y participo en talleres de dibujo y pintura en el American Center de París. Ha realizado exposiciones individuales en la Galería Garcés Velásquez, Bogotá; Culturas, Artes y Sociedades de América de Latina, París; Galería Garcés Velásquez, Bogotá; Galería Sextante, Bogotá; Galería Diners, Bogotá; Sazingg Fine Art Gallery, Miami.*

Zenil Nahum. Was born in in Chicontepec, Mexico, in 1947. He studied at the Mexico National Fine Arts School La Esmeralda, at the INBA
Zenil Nahum. *Nació en Chicontepec, México. en 1947. Estudió Arte en la Escuela Nacional de México La Esmeralda.*

Zhilinski Dimitri. Was born in Russia, in 1927.
Zhilinski Dimitri. *Nació en Rusia, in 1927.*

CLASSIC PAINTERS

Classic painters born before the XX Century

Pintores clasicos nacidos antes del Siglo XX

NOTE: *This listing includes all prominent painters born before the XX Century. Only names, birth and decease dates, and place or country of origin of artists are mentioned. To add more data of each artist would be out of the scope of this publication by the extent. Any additional information about an specific painter will be provided by the Editors according to their possibilities.*

NOTA: *Se ha tratado de incluir todos los pintores de relevancia de cualquier pais nacidos antes del siglo XX, de los cuales se menciona unicamente el nombre, sus fechas de nacimiento, defunción y el lugar o pais de nacimiento. Agregar más información sobre cada pintor se saldria del propósito de esta publicación por lo extenso. Quien desee más información de los pintores en particular, puede dirigirse a esta Editorial.*

A

ANGELICO FRAY

Aertsen Pieter. 1508-1575. n. Holanda.
Aivazovski Iván. 1817-1900. n. Rusia.
Albani Francesco. 1578-1660. n. Bolonia. Italia.
Alberegno Jacobello. 1397 ? n. Italia ?
Albers Josef. 1888-1976. n. Alemania.
Albright Ivan. 1897. n. Estados Unidos.
Alcántara Antonio L.1898.n. Caracas. Venezuela.
Alekseiev Fedor. 1753-1824. n. Rusia.
Alix Yves. 1890. n.Fontainebleau. Francia.
Almeida José Ferraz de hijo. 1851-1899. n. Brasil
Altdorfer Albrecht. 1480-1538. n. Ratisbona?
Altman Natán. 1889-1970. n. Rusia.
Amberger Christoph. 1500-1561. n. Alemania.
Amigoni Jacopo. 1682-1752. n. Nápoles. Italia.
Ando Kaigetsu-do. Siglo XVII. n. Japón.
Angelico Fray. Guido di Pietro. 1400-1455. n. en Vicchio nel Mugello Florencia Italia.
Anglada Camarasa Hermenegildo. 1872-1959. N. en Barcelona. Cataluña. España.
Angrand Charles. 1854. Criquetot-sur-Ouville Seine-maritime. Francia.
Antonakos Stephen. 1926. n. Grecia.
Antonello da Messina. 1430-1479. n. Messina. Italia.
Antropov Aleksei. 1716-1795. n. Rusia.
Arato José. 1893-1929. Nació en Argentina.
Arcimboldo Giuseppe. 1527-1593. n. Milan. Italia.
Aretino Spinello. 1350-1410. n. Arezzo. Italia
Arguís. Maestro del Siglo XV. n. Aragon. España.
Argunov Iván. 1729-1803. n. Rusia.
Arosenius Ivar. 1878-1919. n. Suecia.
Arp Hans. 1887-1966. n. Estrasburgo.
Artes. Maestro de las. n. Siglo XV. Escuela Valenciana. España.
Arteta Aurelio 1879-1940. Nació en Bilbao Vizcaya. España.
Asai Chu. 1856-1907. n. Japón.

"SAN MIGUEL"

172

Astorga. Maestro del Siglo XVI. n. Escuela Leonesa. España.
Atlan Jean Michel. 1913-1960. Constantina. Francia.
Avercamp Hendrick. 1585-1634. n. Holanda.

ℬ

Badi Aquiles. 1894. n. Argentina
Bakst León. 1866-1924. n. Rusia.
Baldovinetti Alesso. 1426-1499. n. Italia.
Baldung Hans. 1484-1545. n. Gmund Alemania.
Barbari Jacopo de. 1440-1516. n. Venecia. Italia.
Barluenga. Maestro de. Siglo XIII. n. España.
Barocci Federico Fiori. 1528-1612. n. Urbino. Italia.
Bartolommeo Baccio della Porta. 1472-1517. n. Florencia. Italia.
Barradas Rafael. 1890-1929. n. Uruguay.
Batiste Peter. n en Francia. 1965
Basaiti Marco. 1470-1530. n. Italia.
Baschenis Evaristo. 1617-1677. n. Bérgamo.
Bassa Arnau. Siglo XIV. n. España. Hijo de Ferrer Bassa.
Bassa Ferrer. Siglo XIV. n. España.
Basaldúa Héctor. 1895. n. Argentina.
Bassano Jacopo da Ponte. 1517-1591. n. Bassano. Italia.
Bauchant André. 1873-1958. n. Chateau Renault Indre-et-Loire. Francia.
Bazaine Jean. 1904. n. París. Francia.
Bazille Frédéric. 1841-1870. n. Montpellier. Francia.
Bazzani Giuseppe. 1690-1769. n. Reggio. Italia.
Beardsley Aubrey Vincent. 1872-1898. n. Inglaterra.
Beaudin André. 1895. n. Mennecy Seine-et-Oise. Francia.
Beckmann Max. 1884-1950. n. Alemania.
Bellange Jacques. Siglo XVII. n. Francia.
Bellegambe Jean. 1470-1534. n. Paises Bajos.
Bellini Gentile. 1429-1507. n. Italia.
Bellini Giovanni. 1429-1516. n. Italia. Cuñado de Andrea Mantegna.
Bellocq Adolfo. 1899-1972. n. Argentina.
Bellotto Bernardo. 1720-1780. n. Venecia. Italia. Sobrino de Canaletto.
Bellows George Wesley. 1882-1925. n. Estados Unidos.
Bembo Bonifacio. Siglo XV. n. Brescia.
Benci Antonio. 1432-1498. n. Florencia. Italia. Apodado Pollaiuolo.
Benci Piero. 1441-1496. n. Florencia. Hermano del anterior con el mismo apodo
Benson Frank Weston. 1862-1951. n. Estados Unidos.
Benton Thomas. 1889. n. Estados Unidos.
Benvenuto Giovanni. 1436-1518. n. Siena. Italia.

BASAITI MARCO

BEMBO BONIFACIO.

Beretta Milo. 1870-1935. n. Uruguay.
Bergognone Ambrogio da Fossano. 1456-1523. n. Lombardía. Italia
Bermejo Bartolomé. Siglo XV. n. Córdoba. España.
Bernaldo de Quirós Cesáreo. 1881-1970. Argentina.
Bernard Emile. 1868-1941. Lille. Francia.
Berruguete Pedro. 1450-1504. n. Paredes de Nava. España.
Beruete Aureliano de 1845-1912. n. Madrid. España.
Bessemers Maria. Miniaturista n. Holanda abuela y profesora de Jan Brueghel.
Beuckelaer Joachim. 1530-1574. n. Amberes.
Bierstadt Albert. 1830-1902. n. Alemania.
Bissiere Roger. 1888. Villeréal Lot-et-Garonne. Francia.
Blake William. 1757-1827. n. Inglaterra.
Blanchard María. 1881-1932. Santander. España.
Blanes Viale Pedro. 1879-1926. Uruguay.
Bles Herri Met de. 1510-1555. n. Paises Bajos.
Boccaccino Boccaccio. 1467-1525. n. Ferrara. Italia.
Boccioni Umberto. 1882-1916. Nació en Reggio Emilia. Italia.
Bocklin Arnold. 1827-1901. n. Basilea. Suiza
Boggio Emilio. 1857-1920. Venezuela.
Boilly Louis Leopold. 1761-1845. n. Francia.
Bol Ferdinand. 1616-1680. n. Holanda.
Boldini Giovanni. 1842-1931. n. Ferrara. Italia.
Boltraffio Giovanni Antonio. 1467-1516. n. Milán. Italia.
Bombois Camille. 1883. Vénarey-les-Laumes. Francia.
Bomberg David. 1890-1957. n. Inglaterra.
Bonington Richard Parkes. 1802-1828. n. Inglaterra.
Bonnard Pierre. 1867-1947. Fontenay-aux-Roses Seine. Francia
Bordone Paris. 1500-1571. n. Italia.
Borés Francisco. 1898. n. Madrid. España.
Borisov-Musatov Viktor. 1870-1905. n. Rusia.
Borovikovski Vladimir. 1757-1825. n. Rusia.
Borrassa Lluis. 1360-1425. n. Gerona. España.
Bosco El. Jeroen Anthoniszoon Van Acken. Jeheronimus Bosch. 1453-1516. n. Hertogenbosch. Holanda.
Botticelli Alessandro Filipepi. 1445-1510. n. Florencia. Italia.
Botticini Francesco. 1446-1497. n. Italia.
Boucher François. 1703-1770. n. Paris. Francia.
Boudin Eugéne. 1824-1898. n. Francia.
Boulenger Hans. 1600-1644. n. Holanda.
Boulenger Hippolyte. 1837-1874. n. Holanda.
Bourdichon Jean. 1457-1521. n. Tours. Francia.
Bourdon Sébastien. 1616-1671. n. Francia.
Boussingault Jean-Louis. 1883. París Francia.
Bouts Thierry. 1415-1475. n. Haarlem. P. bajos.

BATISTE PETER

BOTTICELLI ALESSANDRO FILIPEPI

BRUEGHEL PIETE

Braekeleer Henri de. 1840-1888. n. Amberes.
Bramante Donato di Pascuccio. 1444-1514. n. Italia.
Bramantino Bartolomeo Suardi. 1450-1536. n. Milán. Italia.
Braque Georges. 1882-1963. Argenteuil-sur-Seine. Francia.
Brauner Victor. 1903-1966. n. Rumania.
Brescianino Andrea Piccinelli. Siglo XVI. n. Siena. Italia.
Brianchon Maurice. 1899. Fresnay-sur-Sarthe. Francia.
Bril Paul. 1554-1626. n. Amberes.
Briullov Karl. 1799-1852. n. Rusia.
Brodski Isaak. 1884-1939. n. Rusia.
Bronzino Angiolo. 1503-1573. n. Florencia. Italia.
Brouwer Adriaen. 1605-1638. n. Holanda.
Bru Anye. Siglo XVI. n. Alemania.
Bruce Patrick Henry. 1881-1936. n. Estados Unidos.
Brueghel Jan. 1568-1625. n. Holanda.
Brueghel Pieter. El Viejo. 1525-1569. n. Bruselas.Bélgica.
Brueghel Pieter El Joven. 1564-1637. n. Bruselas. Bélgica.
Bruggemann Joseph W.. Siglo XIX. n. Stralsund. Alemania. Emigrado a Brasil.
Brughetti. Faustino. 1877-1956. n. Argentina.
Bruni Fedor. 1799-1875. n. Rusia.
Brusselmans Jean. 1884-1953. n. Bélgica.
Bruyn Bartholomeus. 1493-1555. n. Alemania.
Buncho Tani. 1763-1840. n. Tokio. Japón.
Burgkmair Hans. 1473-1531. n. Alemania.
Burne-Jones Edward. 1833-1898. n. Birmingham. Inglaterra.
Buttler Horacio. 1897. n. Argentina.

C

Caillard Christian. 1899. Clichy Seine. Francia.
Camoin Charles. 1879. Marsella. Francia.
Campi Vincenzo. 1536-1591. n. Cremona ?. Italia.
Canaletto Antonio. 1697-1768. Nació en Venecia. Italia.
Candía Domingo. 1896-   . Argentina.
Cano Alonso. 1601-1667. n. Granada. España.
Caravaggio Michelangelo Merisi. 1573-1610. Nació en Caravaggio Bérgamo. Italia.
Carcova Ernesto de la 1867-1927. Nació en Argentina.
Carducho Vincenzo Carducci. 1576-1638. n. Florencia. Italia.
Carpaccio Vittore Scarpazza. 1465-1525. n. Italia.
Carvalho Flavio de. 1899. Brasil.
Carrá Carlo. 1881-1966. n. en Quargnento. Italia.
Carracci Annibale. 1560-1609. n. Bolonia. Italia.
Carriera Rosalba. 1675-1757. n. Venecia. Italia.

BRONZINO ANGIOLO

BURNE-JONES EDWARD

Casas Ramón. 1866-1932. Nació en Barcelona. España.
Cassatt Mary. 1845-1927. n. Estados Unidos.
Castagno Andrea del. 1421-1457. n. Italia.
Castellanos Carlos Alberto. 1881-1945. Nació en Uruguay.
Catlin George. 1794-1879. n. Pensilvania. Estados Unidos.
Cavalcanti Emiliano di. 1897 n. Rio de Janeiro. Brasil.
Cavallino Bernardo. 1616-1656. n. Italia.
Centurión Emilio. 1894-1971. Argentina.
Cerezo Mateo. 1626-1666. n. Burgos. España.
Cervera Andrés Campos. 1888-1937. n. Paraguay.
Cesari Giuseppe. 1568-1640. n. Arpino ?. Italia.
Cezanne Paul Cezanne. 1839-1906. n. Aix-en-Provence. Francia.
Cima da Conegliano Giovanni Battista. 1459-1517. n. Conegliano. Italia.
Cimabue Giovanni. 1240-1302. n. Florencia. Italia.
Cione Nardo di. Siglo XIV. n. Italia.
Claesz Pieter. 1597-1661. n. Holanda.
Clouet Francois. 1520-1572. n. Tours. Francia.
Clouet Jean. 1475-1541. n. Francia ?.
Coecke Pieter. Pintor flamenco en cuyo taller se formo Pieter Brueghel.
Colantonio Niccolo Antonio. Siglo XV. n. Italia.
Collinson James. 1825-1881. n. England. ?
Constable John. 1776-1837. n. East Bergholt. Suffolk. Inglaterra.
Conti Bernardino dei. 1450-1525. n. Pavia. Italia.
Copley John Singleton. 1738-1815. n. Estados Unidos.
Corneille. 1510-1574. n. Holanda.
Cornelisz Cornelis Van Haarlem. 1562-1638. n. Holanda.
Corot Jean Baptiste Camile Corot. 1796-1875. n. Paris. Francia.
Correggio Antonio Allegri. 1489-1534. n. Italia.
Cosimo Piero di. 1462-1521. n. Italia.
Cossa Francesco del. 1436-1478. n. Ferrara. Italia.
Cossío Pancho Cossío. 1894-1970. n. San Diego de Baños. Cuba.
Costa Lorenzo. 1460-1535. n. Ferrara. Italia.
Courbet Gustave. 1819-1877. n. Ornans. Francia.
Cozens John Robert. 1752-1799. n. Inglaterra.
Cranach Lucas. 1472-1553. n. Alemania.
Cranach Lucas. El Joven. 1515-1586. n. Alemania.
Credi Lorenzo di. 1459-1537. n. Flofrencia. Italia.
Crespi Giuseppe. 1665-1747. n. Bolonia. Italia.
Creti Donato. 1671-1749. n. Cremona. Italia.
Crivelli Carlo. 1430-1493. n. Venecia. Italia.
Crome John. 1768-1821. n. Inglaterra.
Cross. Henry-Edmond Delacroix. 1856-1910. n. Doual. Francia.

CASSATT MARY

CANALETTO ANTONIO

CROME JOHN

Curry John Stewart. 1897-1946. n. Estados Unidos.

Ch

Chabaud Auguste. 1882-1955. Nimes. Francia.
Chagall Marc. 1887. Nació en Vitebsk. Rusia.
Champaigne Philippe de. 1602-1674. n. Bruselas. Bélgica.
Chardin Jean-Baptiste Siméon. 1699-1779. n. Paris. Francia.
Chastel Roger. 1897. París. Francia.
Chiden Tan-an. Siglo XV. n. Japón.
Chirico Giorgio de. 1888. n. Grecia.
Choshun Miyakawa. 1682-1752. n. Japón.
Christus Petrus. 1420-1472. n. Bélgica.
Church Frederick Edwin. 1826-1900. n. Estados Unidos.
Churchill Winston S.. 1874-1965. n. Inglaterra.

D

Daddi Bernardo. Siglo XIV. n. Italia. Discipulo de Giotto.
Daeyde Hippolyte. 1873-1952. n. Bélgica.
Dalmau Lluís. Siglo XIV. n. España.
Damaskenos Miguel. Siglo XVI. n. Grecia.
Daubigny Charles François. 1817-1878. n. Francia.
Daumier Honoré Victorin. 1808-1879. Nació en Marsella. Francia.
David Gérard. 1460-1523. n. Holanda.
David Louis. 1748-1825. n. París. Francia.
Davies Arthur Bowen. 1862-1928. n. Estados Unidos.
Davis Stuart. 1894-1964. n. Estados Unidos..
Dawe George. 1781-1829. n. Inglaterra.
De Chirico Giorgio. 1888. n. Volo Tesalia. Grecia.
De Ferrari Adolfo. 1898. n. Argentina.
Degas Edgar Hilaire Germain 1834-1917. n. Paris. Francia.
Deineka Aleksandr. 1899-1969. n. Rusia.
Delacroix Ferdinand Victor Eugene. 1798-1863. n. Charenton Saint-Maurice. Francia.
Delaunay Robert. 1885-1941VParís. Francia.
Delaunay Sonia Terk. 1885. n. Ucrania. Rusia.
Delvaux Paul. 1897. n. Bélgica.
Demuth Charles. 1882-1935. n. Estados Unidos.
Denis Maurice. 1870-1943. n. Granville. Francia.
Denzen Aodo. 1748-1822. n. Japón.
Derain André. 1880-1954. Chatou Seine-et-Oise. Francia.
Desnoyer François. 1894. Montauban. Francia.
Desportes Alexandre François. 1661-1743. n. Francia.
Destorrents Ramón. Siglo XIV. n. España.

CHAGALL MARC

DEGAS EDGAR

"AUTORRETRATO"

Deutsch Niklaus Manuel. 1484-1530. n. Suiza.
Devis Arthur. 1708-1787. n. Inglaterra.
Di Cavalcanti. 1897-. Brasil.
Diaz de la Peña Narciso. 1807-1876. n. España.
Dickinson Edwin. 1891. n. Estados Unidos.
Domenichino Domenico Zampieri. 1581-1641. n. Bolonia. Italia.
Domínguez Neira Pedro. 1894-. Argentina.
Dongen Kees van. 1877. Delfshaven. Holanda.
Dosso Battista di. 1474-1548. n. Ferrara. Italia.
Dosso Dossi Giovanni Luteri. 1490-1542. n. Ferrara. Italia.
Dou Gerrit. 1613-1675. n. Leiden. Holanda.
Dove Arthur. 1880-1946. n. Estados Unidos.
Drouais Francois-Hubert. 1727-1775. n. Francia.
Dubuzhinski M.. 1875-1957. n. Rusia.
Duchamp Marcel. 1887. Blainville Seine-Maritime. Francia.
Duccio di Buoninsegna. 1260-1318. n. Siena. Italia.
Dufresne Charles. 1876-1938. Millemont Seine-et-Oise. Francia.
Dufy Raoul. 1877-1953. El Havre. Francia.
Dumoustier Pierre. 1585-1656. n. Francia.
Dunoyer de Segonzac André. 1884. Boussy-Saint-Antoine Seine-et-Oise. Francia.
Duplessis Joseph Silfréde. 1725-1802. n. Francia.
Durero Albrecht Durer. 1471-1528. Nació en Nuremberg. Alemania.
Dyce William. 1806-1864. n. Escocia.

E

Eakins Thomas. 1844-1916. n. Estados Unidos.
Echevarria Juan de. 1872-1931. Bilbao. Vizcaya. España.
Egas Camilo. 1899-1962. Ecuador.
Egg Augustus Leopold. 1816-1863. n. Inglaterra.
Eitoku Kano Kuninobu. 1543-1590. n. Japón.
Elsheimer Adam. 1578-1610. n. Alemania.
EN-I Hogen. Siglo XIII. n. Japón.
Ensor James. 1860-1949. n. Ostende. Belgica
Ernst Max. 1891-1976. n. Brühl. Alemania.
Espalargues Pedro. Siglo XV. n. España.
Eugenio Principe de Suecia. 1856-1947. n. Suecia.
Evenepoel Henri. 1872-1899. n. Niza. Francia.
Everet Millais Sir John. 1829-1896. England.

F

DE CHIRICO GIORGIO

ELSHEIMER ADAM

Fabriano Gentile da. 1370-1427. Siglos XIV/XV. n. Italia.
Facchinetti. 1824-1900. n. Italia. Emigrado a Brasil.
Fader Fernando. 1882-1935. Argentina.
Falcone Aniello. 1607-1656. n. Italia
Falk Robert. 1886-1958. n. Rusia.
Fantin-Latour Henri. 1836-1904. n. Francia.
Fascio Hebecquer Guillermo. 1889-1935. Argentina.
Fattori Giovanni. 1825-1908. Nació en Liorna. Italia.
Fedótov Pável. 1815-1852. n. Rusia.
Feininger Lyonel. 1871-1956. n. Nueva York Estados Unidos.
Fernández Carmelo. 1810-1887. Guama. Actual Estado Yaracuy. Venezuela.
Fetti Domenico. 1589-1624. n. Roma. Italia.
Figari Pedro. 1861-1938. Uruguay.
Filonov Pável. 1883-1941. n. Rusia.
Filla Emil. 1882. n. Bohemia.
Fiore Jacobello del. -1439. n. Italia.
Flandes Juan de. Sigo XV. n. Paises Bajos ?.
Flegel Goerg. 1563-1638. n. Alemania.
Floris Frans. 1518-1570. n. Paises Bajos.
Foppa Vincenzo. 1427-1515. n. Italia.
Fortuny Mariano Fortuny Marsal. 1838-1874. Nació en Reus. Tarragona. España.
Fouquet Jean. 1420-1480. n. Tours. Francia.
Fragonard Jean-Honoré Fragonard. 1732-1806. Nació en Grasse. Francia.
Francesca Piero della. 1420-1492. n. Borgo San Sepolcro. Italia.
Francia Francesco. 1460-1517. n. Bolonia. Italia.
Fray Angelico. Véase Angelico Fray
Friedrich Caspar David. 1774-1840. n. Dinamarca ?
Fries Hans. 1465-1518. n. Suiza.
Frieseke Frederick. 1874-1939. n. Michigan. Estados Unidos.
Friesz Emile-Othon. 1879-1949. El Havre. Francia.
Frueauf Rueland. 1445-1507. n. Austria.
Fujita Leonardo. 1886. Edogawa. Japón.
Furtenagel Lucas. 1505-. n. Alemania.
Fussli Johann Heinrich. 1741-1825. n. Zurich. Suiza.
Fyt Jean. 1611-1661. n. Amberes.

G

Gabo Naum. 1890-1977. n. Rusia.
Gabriel Paul Joseph Constantin. 1828-1903. n. Amsterdam. Holanda.
Gaddi Taddeo. 1300-1366. n. Florencia. Italia. Discípulo de Giotto.

FABRIANO GENTILE DA

FIGARI PEDRO

GIRTIN THOMAS

Gainsborough Thomas. 1727-1788. n. Suffolk. Inglaterra.
Gallego Fernando. Siglos XV y XVI. n. Castilla. España.
García de Benabarre Pedro. Siglo XV. n. Aragon. España.
Garofalo Benvenuto Tisi. 1481-1519. n. Garofalo. Italia.
Gauguin Eugene Henri Paul. 1848-1903. Paris. Francia.
Gelder Aert de. 1645-1727. n. Holanda.
Gentile Francesco di. Siglo XV. n. Italia.
Géricault Theodore. 1791-1824. n. Francia.
Ghirlandajo Domenico di Tommaso Bigordi. 1449-1494. n. Florencia. Italia.
Ghissi Francescuccio. 1359-1395. n. Umbria. Italia.
Giacometti Augusto. 1877-1947. n. Suiza.
Gigante Giacinto. 1806-1876. n. Italia.
Ginestarre Maestro del Siglo XII. n. España.
Giordano Luca. 1634-1705. n. Italia.
Giorgione Zorzi de Castelfranco. 1477-1510. Castelfranco Véneto. Italia.
Giotto di Bondone. 1267-1337. Colle di Vespignano. Italia
Girtin Thomas. 1775-1802. n. Inglaterra.
Giudice Reinaldo. 1853-1921. Argentina.
Glackens William. 1870-1938. n. Estados Unidos.
Gleizes Albert. 1881-1953. París. Francia.
Goerg Edouar. 1893. Sidney. Australia.
Golovin Aleksandr. 1863-1930. n. Rusia.
Gómez Cornet Ramón. 1898-1964. Argentina.
Goncharova Natalia. 1881-1962. n. Rusia.
Goya y Lucientes Francisco de Paula José. 1746-1828. Fuendetodos. Zaragoza. España.
Gozzoli Benozzo. 1420-1497. n. Florencia. Italia.
Brabar Igor. 1871-1960. n. Rusia.
Graff Anton. 1736-1813. n. Suiza.
Greco El. Domenico Theotokopoulos. 1540/41-1614. Candia. Creta.
Greuze Jean Baptiste. 1725-1805. n. Francia.
Grigoriev Boris. 1886-1939. n.. Rusia.
Gris Juan. 1887-1927 Madrid. España.
Gromaire Marcel. 1892. Noyelles-sur-Sambre Nord. Francia.
Groot Georg. 1716-1749. n. Alemania.
Gros Antoine. 1771-1835. n. Paris. Francia.
Grosz Georg. 1893-1959. n. Alemania.
Gruber Francis. 1912-1948. Nancy. Francia.
Grunewald Matthias. 1465-1528. n. Alemania.
Guadalupe Posada José. 1851-1913. México.
Guardi Domenico. 1678. Mastellina. Italia. Padre de Francesco y Gianantonio Guardi.
Guardi Francesco. 1712-1793. Nació en Venecia. Italia.
Guardi Gianantonio. 1699. Viena. Austria.
Guarino Francesco. 1611-1654. n. Solofra. Italia.
Gue Nikolai. 1831-1894. n. Rusia.
Guerasimov Aleksandr. 1881-1963. n. Rusia.

EL GRECO

"SANTO DOMINGO"

GAUGUIN EUGENE

Guerasimov Serguei. 1885-1964. n. Rusia.
Guerrero Xavier. 1896-. México.
Gukei Sumiyoshi. 1631-1705. n. Kyoto. Japón.
Guigou Paul. 1834-1871. n. Francia
Guillaumin Armand. 1841-1927. n. Paris. Francia.
Guttero Alfredo. 1882-1935. Argentina.
Gutierrez Blanchard María. 1881-1932. Santander. España.
Gutierrez Solana José. 1886-1945. Madrid. España.

ℋ

Hall Peter Adolf. 1739-1793. n. Suecia.
Hals Dirk. 1591-1656. n. Amberes. Hermano de Frans Hals.
Hals Frans. 1580-1666. n. Amberes.
Harnett William Michael. 1848-1892. n. Estados Unidos.
Hartley Mardsen. 1877-1943. n. Estados Unidos.
Harunobo Suzuki. 1725-1770. n. Japón.
Hayden Henri. 1883. Varsovia. Polonia.
Hayez Francesco. 1791-1882. n. Venecia. Italia.
Heda Willem Claesz. 1594-1682. n. Holanda.
Henri Robert. 1865-1929. n. Estados Unidos.
Herbin Auguste. 1882-1960. Quévy Nord. Francia.
Herrera Toro Antonio. 1857-1914. Valencia. Estado Carabobo. Venezuela.
Hideyori Kano. -1557. n. Japón.
Hiroshige Ando. 1797-1858. n. Japón.
Hirschfield Morris. 1872-1946. n. Estados Unidos.
Hitchens Ivon. 1893. n. Inglaterra.
Hobbema Meindert. 1638-1709. n. Holanda.
Hodler Ferdinand. 1853-1918. n. Suiza.
Hoffmann Hans. 1880-1966. n. Alemania.
Hogarth William. 1697-1764. n. Londres. Inglaterra.
Hoitsu Sakai. 1761-1828. n. Tokio. Japón.
Hokusai Katsushika. 1760-1849. n. Japón.
Holbein Ambrosius. 1494-1519. n. Augsburgo. Alemania
Holbein Hans El viejo. 1465-1524. n. Augsburgo. Alemania
Holbein Hans El Joven. 1497-1543. n. Augsburgo. Alemania.
Holman Hunt William. 1827-1910. England.
Homer Winslow. 1836-1910. n. Estados Unidos.
Hondecoeter Melchior. 1636-1695. n. Holanda.
Hooch Pieter de. 1629-1684. n. Rotterdam. Holanda.
Hopper Edward. 1882-1967. n. Estados Unidos.
Hoppner John. 1758-1810. n. Londres Inglaterra.
Houckgeest Gerrit. 1600-1661. n. La Haya. Holanda.
Howell Deverell Walter. 1827-1854. England.

Huget Jaume. 1415-1492. n. Valls Tarragona. España.
Hughes Arthur. 1830-1915. n. Londres Inglaterra.

I

Iakovlev Aleksandr. 1887-1938. n. Rusia.
Iaroshenko Nikolai. 1846-1898. n. Rusia.
Ingres Jean. Auguste Dominique 1780-1867. Nació en Montauban. Francia.
Inness George. 1825-1894. n. Estados Unidos.
Ioganson Boris. 1893-1973. n. Rusia.
Isakson Karl. 1872-1922. n. Suecia.
Isenbrandt Adriaen. -1551. n. Paises Bajos.
Israels Isaac. 1865-1934. n. Holanda.
Istomin Konstantin. 1886-1942. n.. Rusisa.
Iturrino Francisco. 1864-1924. Nació en Santander. España.
Iuon Konstantin. 1875-1958. n.. Rusia.
Ivanov Aleksandr. 1806-1858. n. Rusia.

J

Jacobsz Dirck. 1500-1567. n. Holanda.
Janssens Abraham. 1575-1632. n. Paises Bajos.
Johnson Eastman. 1824-1906. n. Estados Unidos.
Jongkind Johan Barthold. 1819-1891. n. Holanda.
Jordaens Jacob. 1593-1678. n. Amberes.
Josephson Ernest. 1851-1906. n. Suecia.
Juanes Juan de. Vicente Juan Masip. 1523-1579. n. Valencia. España.

K

Kage Tatebayashi. Siglo XVIII. n. Japón.
Kalf Willem. 1619-1693. n. Holanda
Kandinsky Wassily. 1866-1944. Nació en Moscú. Rusia.
Kao Shunen. Siglo XIV. n. Japón.
Keishissai. Siglo XVI. n. Japón.
Kent Rockwell 1882. n. Estados Unidos.
Keyser Thomas de. 1596-1667. n. Holanda.
Kiprenski Orest. 1782-1836. n. Rusia.
Kisling Moise. 1891-1953. Cracovia. Polonia.
Kiyonaga Torii. 1752-1815. n. Japón.
Klee Paul 1879-. Nació en Berna. Suiza.
Klimt Gustav. 1862-1918. n. Austria.
Kline Franz. 1910-1962. n. Estados Unidos
Kokoschka Oskar 1886-. Nació en Pochlarn. Austria.
Kosarek Adolf. 1830-1859. n. Checoeslovaquia.

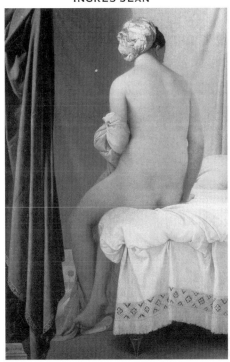

Ko Shin. Siglo XI. n. China.
Kokei Kobayashi. 1883-1957. n. Japón.
Kokoschka Oskar. 1886. n. Austria
Konchalovski Piotr. 1876-1956. n. Rusia.
Koninck Philips. 1619-1688. n. 1619-1688. n. Holanda.
Korehisa Hida no Kami. Siglo XIV. n. Japón.
Korin Ogata. 1658-1716. n. Kyoto. Japón.
Korin Pável. 1892-1967. n. Rusia.
Korovin Konstantin. 1861-1939. n. Rusia.
Korzhev Gueli. 1925. n. Rusia.
Kramskoi Iván. 1837-1887. n. Rusia.
Krylov Nikifor. 1802-1831. n. Rusia.
Krymov Nikolai. 1884-1958. n. Rusia.
Kuhn Walt. 1877-1949. n. Estados Unidos.
Kuindzhi Arjip. 1841-1910. n. Rusia.
Kupka Frank. 1871-1957. Opocno. Bohemia.
Kuniyoshi Yasuo. 1893-1953. n. Japón.
Kustodiev Boris. 1878-1927. n. Rusia.
Kuznetsov Pável. 1878-1968. n. Rusia.

L

La Tour Georges de. 1593-1652. n. Francia.
Lachaise Gaston. 1882-1935. n. Estados Unidos.
Lambardos Emmanuel. Siglo XVII. n. Grecia.
Lambardos Juan. Siglo XVII. n. Grecia.
Lambert George. 1710-1765. n. Inglaterra.
Lancret Nicolas. 1690-1734. n. Francia.
Larguilliere Nicolas. 1656-1746. n. Francia.
Larionov Mijail. 1881-1964. n. Rusia.
Larson Marcus. 1825-1864. n. Suecia.
Larsson Carl. 1853-1919. n. Suecia.
Lawrence Thomas. 1769-1830. n. Bristol. Inglaterra.
Le Nain Louis. 1595-1648. n. Laon. Francia.
Leang K'ai. Siglo XIII. n. China.
Lebediev Vladimir. 1891-1967. n. Rusia.
Lebrun Charles. 1619-1690. n. Paris. Francia.
Lega Silvestre. 1826-1895. n. Italia.
Léger Fernand. 1881-1955. n. Francia.
Lelie Adrian de. 1755-1820. n. Holanda.
Lely Peter. 1618-1680. n. Alemania.
Lentulov Aristarj. 1882-1943. n. Rusia.
Leonardo da Vinci. 1452-1519. Nace en Vinci. Pistola. Italia.
Levitan Isaak. 1860-1900. n. Rusia.
Levitski Dimitri. 1735-1822. n. Rusia.
Lewis Percy Wyndham. 1884-1957. n. Inglaterra.
Leys Henri. 1815-1869. n. Bélgica.
Leyster Judith. 1609-1660. n. Paises Bajos.
Li Ti. Siglo XII. n. China.
Liotard Jean-Etienne. 1702-1789. n. Ginebra. Suiza.
Lipchitz Jacques. 1891. n. Polonia.
Lippi Filippino. 1457-1504. n. Italia.
Lippi Filippo fra. 1406-1469. n. Italia.
Liss Giovanni. 1595-1630. n. Alemania.

Lochner Stefan. 1412-1451. n. Alemania.
Longhi Pietro Falca. 1702-1785. n. Venecia. Italia.
Lorenzetti Ambrogio. Siglo XIV. n. Siena. Italia.
Lorenzetti Pietro. Siglo XIV. n. Siena. Italia.
Lorrain Claude Gelée le. 1600-1682. n. Champagne. Francia.
Losenko Antón. 1737-1773. n. Rusia.
Lotto Lorenzo. 1480-1556. n. Venecia. Italia.
Louttherbourg Jacques philippe. 1740-1812. n. Estrasburgo.
Lucas Padilla Eugenio. 1824-1870. n. Alcalá de Henares. España.
Luini Bernardino. 1480-1532. n. Italia.
Lynch Justo. 1870-1935. Argentina.

LL

Llanos Fernando de. Siglos XV/XVI. n. España.
Llanos Valdés Sebastian de. 1610-1674. n. Sevilla. España.

M

Mabuse Jan Gossaert. 1478-1535. n. Paises Bajos.
MacDonald-Wright Stanton. 1890. n. Estados Unidos.
Maderuelo. Maestro del Siglo XII. n. España.
Madox Brown Ford. 1821-1893.
Maes Nicolaes. 1634-1693. n. Holanda.
Maffei Francesco. 1620-1660. n. Vicenza. Italia.
Magnasco Alessandro. Il Lisandrino. 1667-1749. n. Génova. Italia.
Magritte René. 1898-1967. n. Belgica.
Mainardi Sebastiano. 1460-1513. n. San Gimignano. Italia.
Maino Juan Bautista. 1578-1649. n. España.
Makarios Galatista. Siglo XVIII. n. Grecia.
Malevitch Kazimir Severinovich 1878-1935. n. Kiev. Ucrania.
Malfatti Anita. 1896. n. Sao Paulo. Brasil.
Malharro Martín. 1865-1911. Argentina.
Malhoa José. 1855-1933. n. Portugal.
Maliavin Filipp. 1869-1940. n. Rusia.
Mancini Antonio. 1852-1930. n. Italia.
Manes Josef.1820-1871. n. Praga. Checoeslovaquia.
Mane Katz Emanuel. n. l925
Manet Edouard 1832-1883. Paris. Francia.
Mantegna Andrea. 1430-1506. Isola de Carturo. Padua. Italia.
Marc Franz. 1880-1916. n. Alemania.
Marcovaldi Coppo di. Siglo XIII. n. Italia.
Marieschi Michiel. 1696-1743. n. Venecia. Italia.
Marin John. 1870-1953. n. Estados Unidos.
Marinus Claeszon van Reymerswaele. 1500-1567. n. Zelanda.
Marmion Simón. 1425-1489. n. Francia.

LEYSTER JUDITH

MANE KATZ EMANUEL

MAGRITTE RENE

Marquet Albert. 1875-1947. n. Francia.
Marsh Reginald. 1898-1954. n. Paris. Francia.
Martini Simone. 1284-1344. n. Italia.
Martorell Bernat. Siglo XV. n. España.
Masaccio Tommaso 1401-1428. n. Castel de San Giovanni in Altura Actual San Giovanni Valdarno.
Mashkov Iliá. 1881-1944. n. Rusia.
Massys Jan. 1505-1575. n. Amberes.
Maso. Siglo XIV. n. Italia
Masolino Tommaso di Cristoforo. 1383-1447. n. Italia.
Maulbertsch Franz Anton. 1724-1796. n. Alemania.
Mauve Anton. 1838-1888. n. Holanda.
Mateos Francisco 1894-. Nació en Sevilla. España.
Matisse Henri. 1869-1954. n. Francia.
Mazzola Gerolamo. 1500-1569. n. Italia.
Mazzolino Lodovico. 1480-1528. n. Ferrara. Italia.
Melchers Gary. 1860-1932. n. Estados Unidos.
Melozzo da Forli. 1438-1494. n. Italia.
Melzi Francesco. 1493-1570. n. Italia.
Memling Hans. 1433-1494. n. Belgica.
Mérida Carlos. 1893-. México.
Metsys Cornelis. 1508-1560. n. Paises Bajos.
Metsu Gabriel. 1629-1667. n. Holanda.
Metsys Quentin. 1466-1530. n. Lovaina.
Michelena Arturo. 1863-1898. Valencia. Venezuela.
Michetti Francesco Paolo. 1851-1929. n. Italia.
Miguel Angel Buonarroti. 1475-1564. nació en Caprese Arezzo. Italia.
Milano Giovanni da. Siglo XIV. n. Italia.
Millais John Everett. 1828-1896. n. Inglaterra.
Millet Jean François. 1815-1875. n. Francia.
Miró Joan. 1893. Nació en Barcelona. España.
Mitsunobo Kano. 1565-1608. n. Japón.
Mitsunori Tosa. 1617-1691. n. Japón.
Miktsuoki Tosa. 1617-1691. n. Japón.
Modena Barnaba da. Siglo XIV. n. Italia.
Modersohn-Becker Paula. 1876-1907. n. Alemania.
Modigliani Amadeo. 1884-1920. Nació en Livorno. Italia.
Molyn Pieter de. 1595-1661. n. Londres. Inglaterra.
Momper Joos de. 1564-1635. n. Amberes.
Monaco Lorenzo. 1370-1422. n. Italia.
Mondrian Piet. 1872-1944. n. Holanda.
Monet Claude Oscar. 1840-1926 Nació en Paris. Francia.
Montenegro Roberto. 1887. México.
Mor Van Dashorst Antonis. 1519-1576. n. Utrecht. Bélgica.
Morales Luis de. 1510-1576. n. España.
Morisot Berthe. 1841-1895. n. Francia.
Moroni Giovanni Battista. 1525-1578. n. Italia.
Moronobo Hishikawa. 1618-1694. n. Japón.

MODIGLIANI AMADEO

NITTIS GIUSEPPE DE.

MONET CLAUDE OSCAR

Morris William. 1843-1896. England. ?
Moscos Elias. Siglo XVII. n. Grecia.
Mostaert Jan. 1470-1555. n. Holanda.
Multscher Hans. 1400-1467. n. Alemania.
Munch Edvard. 1863-1944. n. Noruega.
Mur Ramon de. Siglo XV. n. Cataluña. España.
Murillo Bartolomé Esteban 1617-1682. n. Sevilla.
España.

N

Nakanobu Kano. 1577-1654. n. Japón.
Nash Paul. 1889-1946. n. Inglaterra.
Navazio Walter de. 1887-1919. Argentina.
Nesterov Mijail. 1862-1942. n. Rusia.
Nicholson Ben. 1894. n. Inglaterra.
Nikitin Iván. 1680-?. n. Rusia.
Nittis Giuseppe de. 1846-1884. n. Napoles. Italia.
Nolde Emil Hansen. 1867-1956. n. Nolde.
Alemania.
Nonell Isidro. 1873-1911 Nació en Barcelona.
Cataluña. España.
Nordst.'om Karl. 1855-1923. n. Suecia.

O

Oggiono Marco d'. 1475-1530. n. Lombardía.
Italia.
O'Keefee Georgia. 1887. n. Estados Unidos.
Opsomer Isidore. 1878-1967. n. Bélgica.
Orozco José Clement. 1883-1949. n. Ciudad
Guzman. Jalisco. México.
Orrente Pedro. 1588-1645. n. España.
Orsi Lelio. 1511-1587. n. Novellara. Italia.
Osslund Helmer. 1866-1938. n. Suecia.
Oudry Jean Baptiste. 1686-1755. n. París Francia
Otero Carlos. 1886-. Caracas. Venezuela.

P

Pacher Michael. 1435-1498. n. El Tirol.
Palencia Benjamín. 1902. n. Barrax. Albacete.
España.
Palizzi Filippo. 1818-1899. n. Italia.
Palma Jacopo Negretti. 1480-1528. n. Italia.
Pannini Giovanni Paolo. 1691-1765. n. Piacenza.
Italia.
Pantoja de la Cruz Juan. 1553-1608. n. España.
Paolo Giovanni di. 1403-1482. n. Siena. Italia.
Parmigianino Francesco Mazzola. 1503-1540.
n. Parma. Italia.
Pascin Julius Pinkas. 1885-1930. n. Bulgaria.
Pater Jean Baptiste. 1695-1736. n. Francia.
Patinir Joachim. 1480-1524. n. Paises Bajos.
Pavlov Semión. 1893-1941. n. Rusia.
Peale Charles Wilson. 1741-1827. n. Estados
Unidos.
Peeters Bonaventura. 1614-1652. n. Amberes.
Peláez Amelia. 1897. n. Cuba.

ORSI LELIO

PEREDA ANTONIO DE

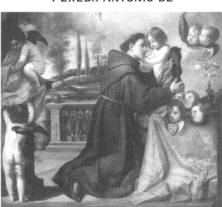

PALENCIA BENJAMÍN

Pellegrini Giovanni Antonio. 1675-1741. n. Venecia. Italia.
Penni Giovanni Francesco. 1488-1530. n. Florencia. Italia.
Pereda Antonio de. 1608-1678. n. Valladolid. España.
Permeke Constant. 1886-1952. n. Amberes.
Perov Vasili. 1834-1882. n. Rusia.
Perugino Pietro Vannucci. 1448-1523. n. Perugia. Italia.
Petre Juan del. 1897. n. Argentina.
Petrov-Vodkin Kuzmá. 1878-1939. n. Rusia.
Pettoruti Emilio. 1892-1972. n. Argentina.
Pevsner Antón. 1886-1962. n. Rusia.
Peypin Martin. 1575-1642. n. Paises Bajos.
Peyronnet Dominique Paul. 1882-1943. n. Francia.
Piazzetta Giovanni Battista. 1682-1754. n. Venecia. Italia.
Picasso Pablo. 1881-1973. n. Málaga. España.
Pickett Joseph. 1848-1918. n. Estados Unidos.
Piero della Francesca. 1420 ? . n. Italia.
Pietro Nicolo di. Siglo XV. n. Venecia. Italia.
Pilo Carl Gustaf. 1711-179{. n. Suecia.
Pinturicchio Bernardino di Betto. 1454-1513. n. Perugia. Italia.
Piombo Sebastiano Luciani del. 1485-1547. n. Venecia. Italia.
Pippin Horace. 1888-1946. n. Estados Unidos.
Pisanello Antonio. 1395-1450. n. Italia.
Pisarro Camille. 1830-1903. n. Las Antillas.
Pisarro Victor. 1891-1937. n. Argentina.
Plastov Arkadi. 1898-1972. n. Rusia.
Pleydenwurff Hans. 1420-1472. n. Alemania.
Po-jen Wen. 1502-1575. n. China.
Polenov Vasili. 1844-1927. n. Rusia.
Pollaiuolo. Vease Benci Antonio y Piero
Pontormo Jacop Carucci. 1494-1556. n. Pontormo. Italia.
Porpora Paolo. 1617-1673. n. Nápoles. Italia.
Poter Paulus. 1625-1654. n. Holanda.
Poussin Nicolas. 1594-1665. n. Francia.
Predis Ambrogio de. 1455-1520. n. Italia.
Preisler Jan. 1872-1918. n. Chcoeslovaquia.
Prendergast Maurice. 1859-1924. n. Estados Unidos.
Preti Mattia. 1613-1699. n. Italia.
Primaticcio Francesco. 1504-1570. n. Bolonia. Italia.
Provost Jan. 1462-1529. n. Paises Bajos.
Prud'hon Pierre Paul. 1758-1823. n. Borgoña. Francia.
Pulzone Scipione. 1550-1598. n. Italia.
Puvis de Chavannes Pierre. 1824-1898. n. Francia.

Q

Quillard Pierre-Antoine. 1701-1733. n. Francia.

PISANELLO ANTONIO

PALIZZI FILIPP

PROVOST JAN.

R

Raeburn Henry. 1756-1823. n. Escocia.
Rafael Sanzio. 1483-1520. Nació en Urbino. Italia.
Raffaellino del Garbo. 1470-1525. n. Florencia. Italia
Rattner Abraham. 1895. n. Estados Unidos.
Redon Odilon. 1840-1910. n. Burdeus. Francia.
Reggio Raffaellino da. 1550-1578. n. Italia.
Regoyos Darío de. 1857-1913. Nació en Ribadesella. Asturias. España.
Rembrandt Harmenszoon van Rijn. 1606-1669. n. Leyden. Alemania.
Reni Guido. 1575-1642. n. Bolonia. Italia.
Renoir Pierre Auguste. 1841-1919. Nació en Limoges. Francia.
Repin Iliá 1844-1930. n. Rusia.
Reverón Armando.1889-1954 Caracas.Venezuela.
Rexach Juan. Siglo XV. n. Valencia. España.
Reynolds Joshua. 1723-1792. n. Inglaterra.
Riabushkin Andrei. 1861-1904. n. Rusia.
Riazhski Gueorgui. 1895-1952. n. Rusia.
Ribalta Francisco. 1565-1628. n. Solsona Cataluña España.
Ribera. El Españoleto. 1591-1652. Nació en Játiva. Valencia. España.
Ribera Diego. 1886-1957. n. Guanajuato. Mexico.
Ricci Sebastiano. 1659-1734. n. Italia.
Rigaud Hyacinthe. 1659-1743. n. Perpiñán. Francia.
Ripamonte Carlos. 1874-1968. Argentina.
Rivas Barbaro. 1893-1967. Petare. Estado Miranda. Venezuela.
Rivera Diego. 1886-1957. Nació en Guanajuato. México.
Robert Hubert. 1733-1808. n. Paris. Francia.
Roberti Ercole. 1450-1496. n. Italia.
Roerich Nikolai. 1874-1947. n. Rusia.
Rojas Cristobal. 1858-1890. Cúa. Estado Miranda. Venezuela.
Rokotov Fedor. 1735-1808. n. Rusia.
Romadin Nikolai. 1903. n. Rusia.
Romanino Girolamo. 1484-1562. n. Brescia. Italia.
Romano Giulio Pippi. 1492-1546. n. Roma. Italia.
Romney Georges. 1734-1802. n. Inglaterra.
Rosales Eduardo Juan Carlos. 1836-1873. Nació en Madrid. España.
Rosé Manuel. 1887-1961. Uruguay.
Roslin Alexander. 1718-1793. n. Suecia.
Rossetti Dante Gabriel. 1828-1882. England.
Rossi Alberto. 1879-1965. Argentina.
Rosso Fiorentino. Giovanni Battista di Jacopo de Rossi. 1494-1540. n. Florencia. Italia.
Rouault Georges. 1871-1958. n. París. Francia.
Rousseau Henry Julien. 1844-1910. Nació en Laval. Mayenne. Francia.

RAFAEL SANZIO

REDON ODILON.

REGOYOS DARÍO DE

Rubens Pieter Paul. 1577-1640. Nació en Siegen. Wesfalia. Alemania.
Rubliov Andrei. 1370-1430. n.. Rusia.
Ruoppolo Giovanni Battista. 1620-1685. n. Nápoles. Italia.
Ryusei Kishida. 1891-1929. n. Japón.

S

Sacchi Andrea. 1599-1661. n. Italia.
Saenredam Pieter Jansz. 1597-1665. n. Holanda.
Salas Tito. 1889 ? . n. Caracas. Venezuela.
Sánchez Coello Alonso. 1531-1588. n. España.
Sánchez de Castro Juan. Siglo XV. n. Andalucia. España.
Sano di Pietro. 1406-1481. n. Italia.
Santa María Andrés de. 1860-1945. n. Colombia.
Saraceni Carlo. 1585-1620. n. Venecia. Italia.
Sargent John S.. 1856-1925. n. Estados Unidos.
Sarian Martiros. 1880-1972. n. Armenia.
Sarto Andrea Vannucci del. 1486-1530. n. Florencia. Italia.
Sassetta Stefano di Giovanni. 1392-1451. n. Siena. Italia.
Savage Edward. 1761-1817. n. Estados Unidos.
Savery Roelant. 1576-1639. n. Flandes.
Savitski Konstantin. 1844-1905. n. Rusia.
Savitski Mijail. 1922. n. Rusia.
Savrasov Aleksei. 1830-1897. n. Rusia.
Schedoni Bartolomeo. 1570-1615. n. Italia.
Schedrin Silvestr. 1791-1830. n. Rusia.
Schlageter Eduardo. 1893. n. Caracas. Venezuela.
Schemmer Oskar. 1886-1943. n. Alemania.
Schongauger Martin. 1445-1491. n. Alemania.
Schulz Solari Oscar Agustín Alejandro. Xul Solar. 1888-1963. n. Argentina.
Schswitters Kurt. 1887-1948. n. Alemania.
Scott Samuel. 1703-1772. n. Londres. Inglaterra.
Sebogal José. 1888-1956. n. Perú. Se hizo conocido en México.
Segall Lasar. 1885-1957. n. Lituania.
Segantini Giovanni. 1858-1899. n. Arco. Trentino. Italia.
Seghers Daniel. 1590-1661. n. Amberes.
Serebriakova Zinaida. 1884-1967. n. Rusia.
Serov Valentín. 1865-1911. n. Rusia.
Serusier Paul. 1863 Favi y Nabis
Sesshu Toyo. 1420-1506. n. Japón.
Sesson Shukei. 1504-1589. n. Japón.
Seurat Georges Pierre. 1859-1891. n. Paris. Francia.
Severini Gino. 1883-1966. n. Italia.
Shahn Ben. 1898-1969. n. Lituania.
Sharaku Toshusai. Siglo XVIII. n. Japón.
Sheeler Charles. 1883-1965. n. Estados Unidos.
Shevchenko Aleksandr. 1883-1948. n. Rusia.
Shiko Imamura. 1880-1916. n. Japón.
Shibanov Mijail. Siglo XVIII. n. Rusia.

STRUB JAKOB

"SAN ACACIO"

SARGENT JOHN S.

SEGALL LASAR

Shishkin Iván. 1832-1898. n. Rusia.
Shoen Uemora. 1875-1949. n. Japón.
Shterenberg David. 1881-1948. n. Rusia.
Shujaiev Vasili. 1887-1973. n. Rusia.
Shunsho Katsukawa. 1726-1792. n. Japón.
Siberechts Jan. 1627-1703. n. Holanda.
Signac Paul. 1863-1935. n. París. Francia.
Signorelli Luca. 1445-1523. n. Italia.
Silva Ramón. 1890-1919. n. Argentina.
Sint Jans Geertgen. 1465-1495. n. Holanda.
Siqueiros David Alfaro. 1896-1974. n. Chihuahua. México.
Sisley Alfred. 1839-1899. n. Paris. Francia.
Sloan John. 1871-1951. n. Estados Unidos.
Smet Gustave. 1877-1943. n. Bélgica.
Snyders Frans. 1579-1657. n. Amberes.
Sodoma El. Giovanni Antonio Bazzi. 1477-1549. n. Piamonte. Italia.
Solario Andrea. Siglo XV. n. Italia.
Solimena Francesco. 1657-1747. n. Italia.
Solomatkin Leonid. 1837-1883. n. Rusia.
Sorolla Joaquín. 1863-1923. n. Valencia. España.
Somov Konstantin. 1869-1939. n. Rusia.
Soroka Grigori. 1823-1864. n. Rusia.
Spada Lionello. 1576-1622. n. Bolonia. Italia.
Sperantza. Siglo XVIII. n. Grecia.
Spilimbergo Lino Eneas. 1896-1964. n. Argentina.
Spranger Bartholomeus. 1546-1627. n. Amberes.
Starnina Gherardo. 1354-1410. n. Florencia. Italia.
Steen Jan. 1626-1679. n. Holanda.
Stella Joseph. 1877-1946. Italia.
Stephens Frederick George. 1828-1907. n. Inglaterra.
Stevens Alfred. 1823-1906. n. Bélgica.
Strindberg August. 1849-1912. n. Suecia.
Strozzi Bernardo. 1581-1644. n. Génova. Italia.
Strub Jakob. 1510. n. Alemania
Stuart Gilbert. 1755-1828. n. Estados Unidos.
Stubbs George. 1724-1806. n. Liverpool. Inglaterra.
Sung Mao. Siglo XIII. n. China.
Sunyer. 1875-1958. n. Sitges. Gerona. España.
Surikov Vasili. 1848-1916. n. Rusia.
Sweerts Michael. 1624-1664. n. Bruselas. Bélgica.

𝒯

Taeuber-Arp Sophie. 1889-1943. n. Suiza.
Taikan Yokohama. 1868-1958. n. Japón.
Tamayo Rufino. 1899. n. México ?
Tannyu Kano. 1602-1674. n. Japón.
Tatlin Vladimir. 1885-1953. n. Rusia.
Teniers David II. 1610-1690. n. Amberes.
Tensho Shubum. Siglo XV. n. japón.
Teofanes. Siglos XIV/XV. n. Grecia.

Santa María Andrés de

Serusier Paul

Tannyu Kano

Ter Borch Gerard. 1617-1681. n. Holanda.
Thibon de Libian Valentín. 1889-1931. n. Argentina.
Tibaldi Pellegrino. 1527-1596. n. Italia.
Tiepolo Domenico. 1727-1804. n. Venecia. Italia. hijo de Giovanni B. Tiepolo
Tiepolo Giovanni Battista. 1696-1770. n. Venecia. Italia.
Tintoretto. Jacopo Robusti. 1518-1594. n. Venecia. Italia. 1836-1902. n. Francia.
Tiziano Vecellio. 1488/90-1576. n. Pieve di Cadore. Italia.
Tobey Mark. 1890. n. Estados Unidos de America.
Tohaku Hasegawa. 1539-1610. n. Japón.
Tokan Shugetsu. Siglo XV. n. Japón.
Tolstoi Fedor. 1783-1873. n. Rusia.
Torres García Joaquín. 1874-1949. n. Uruguay.
Toschi Pier Francesco. 1502-1567. n. Florencia. Italia.
Toulouse-Lautrec-Monfa Henri Marie Raymond de. 1864-1901. n. Albi. Francia.
Tovar y Tovar Martín. 1828-1902. n. Caracas. Venezuela.
Traversi Gaspare. 1732-1769. n. Nápoles. Italia.
Troost Cornelis. 1697-1750. n. Holanda.
Tropinin Vasili. 1776-1857. n. Rusia.
Tura Cosimo. 1430-1495. n. Italia.
Turner Joseph William Mallord. 1775-1851. n. Londres Inglaterra.
Twachtman John Henry. 1853-1902. n. Estados Unidos.
Tytgat Edgard. 1879-1957. n. Bélgica.
Tzane Emmanuel. Siglo XVII. n. Grecia.

𝓤

Uccello Paolo. 1397-1475. Nació en Florencia. Italia.
Ushakov Simón. 1626-1686. n. Rusia.
Utamaro Kitagawa. 1753-1806. n. Tokio. Japón.
Utrillo Maurice. 1883-1955. Nació en París. Francia.

𝓥

Valenzuela Llanos Alberto. 1869-1933. Chile.
Van Beyeren Abraham. 1621-1690. n. Holanda.
Van Cleve Joos Joos Van Der Beke. 1485-1540. n. Paises Bajos.
Van de Cappelle Johannes. 1624-1679. n. Holanda.
Van de Velde Jan Jansz. 1620-1662. n. Holanda.
Van de Velde Willem. 1663-1707. n. Holanda.
Van den Berghe Frits. 1883-1939. n. Gante. Bélgica.
Van der Goes. 1440-1482. n. Gante ?
Van der Neer Aert. 1603-1677. n. Holanda.

TIBALDI PELLEGRINO

UCCELLO PAOLO

VLAMINCK MAURICE DE.

Van der Weyden Roger. 1400-1464. n. Tournai.
Van Dijck Anton. 1599-1641. n. Amberes.
Van Dongen Kees. 1877-1968. n. Holanda.
Van Everdingen Allart. 1621-1675. n. Holanda.
Van Eyck Jan. 1390-1441. n. Paises Bajos ?
Van Gogh Vincent Willem. 1853-1890. Groot Zundert de Brabante. Holanda.
Van Goyen Jan. 1596-1656. n. Holanda.
Van Heemskerck Maerten. 1498-1574. n. Holanda.
Van Hemessen. 1504-1575. n. Paises Bajos.
Van Honthorst Gerrit. 1590-1656. n. Holanda.
Van Huysum Jan. 1682-1749. n. Amsterdam.
Van Hostade Isaac. 1621-1649. n. Paises Bajos.
Van Leyden Lucas. 1494-1538. n. Holanda.
Van Loo Louis Michel. 1707-1771. n. Paises Bajos.
Van Oostsanen Jacob Cornelisz. 1477-1533. n. Oostsanen.
Van Orley. 1488-1541. n. Paises Bajos.
Van Ostade Adriaen. 1610-1684. n. Holanda.
Van Reymerswaele Marinus. Siglo XVI. n. Holanda.
Van Ruisdael Jacob. 1628-1682. n. Paises Bajos.
Van Ruisdael Salomón. 1600-1670. n. Holanda.
Van Rysselberghe Theo. 1862-1926. n. Bélgica.
Van Scorel Jan. 1495-1562. n. Holanda.
Van Troostwijk. 1782-1810. n. Holanda.
Van Valckenborgh Lucas. 1530-1597. n. Lovaina.
Vanni Andrea. 1332-1414. n. Italia.
Vasiliev Fedor. 1850-1873. n. Rusia.
Vasnetsov Viktor. 1848-1926. n. Rusia.
Vázquez Díaz Daniel. 1882-1969. Rio Tinto Huelva. España.
Vlaminck Maurice de. 1876 Fau
Velázquez Diego Rodríguez de Silva y. 1599-1660. Sevilla. España.
Venetsianov Aleksei. 1780-1847. n. Rusia.
Veneziano Domenico. 1400-1461. n. Venecia. Italia.
Veneziano Lorenzo. 1336-1373. n. Venecia. Italia.
Veneziano Paolo. Siglo XIV. n. Italia.
Venusti Marcello. 1515-1579. n. Italia.
Vereschaguin Vasili. 1842-1904. n. Rusia.
Vermeer Johanne. 1632-1675. Delft. Holanda.
Vernet Joseph. 1714-1789. n. Francia.
Verona Liberale da. 1445-1529. n. Italia.
Veronés Paolo Caliari. 1528-1588. Verona. Italia.
Verrocchio Andrea del. 1435-1488. n. Florencia. Italia.
Verspronck Johannes. 1597-1662. n. Haarlem. Holanda
Vicente López Portaña. 1772-1849. Valencia. España.
Victorf de Creta. Siglo XVII. n. Creta. Grecia.
Victorica Miguel Carlos. 1884-1955. Argentina.
Vigée-Lebrun Louise Elisabeth. 1755-1842. n. Francia.
Vigo Abraham. 1893-1957. Argentina.
Viladomat Antoni. 1678-1755. n. Barcelona. E.
Vishniakov Iván. 1699-1761. n. Rusia.

VECELLIO TIZIANO

VAN DER GOES

Visconti Eliseu. 1867-1919. n. Italia. Emigrado a Brasil.
Vivarini Alvise. 1446-1503. n. Italia.
Vivarini Antonio. 1415-1480. n. Murano Italia.
Vivarini Bartolomeo. 1432-1491. n. Italia.
Vlaminck Maurice de. 1876-1958. n. Paris. Francia.
Vogels Guillaume. 1836-1896. n. Bélgica.
Voiles Jean Louis. 1744-1796. n. Francia.
Vos Cornelis de. 1584-1651. n. Paises Bajos.
Vos Paul de. 1596-1678. n. Paises Bajos.
Vrubel Mijail. 1856-1910. n. Rusia.
Vuillard Edouard. 1868-1940. n. Francia.

TISSOT JAMES

Wallis Henry. 1830-1916. n. Inglaterra.
Watteau Jean-Antoine. 1684-1721. Valenciennes. Francia.
Weber Max. 1881-1961. n. Estados Unidos.
Wertmuller Adolf Ulrik. 1751-1811. n. Suecia.
West Benjamin. 1738-1820. n. Massachusetts. Estados Unidos.
Whistler James. 1834-1903. n. Estados Unidos.
Wiertz Antoine. 1806-1865. n. Bélgica.
Wiggins Guy Carleton. 1883. n. Estados Unidos.
Wilkie David. 1785-1841. n. Escocia.
Wilson Richard. 1714-1782. n. Inglaterra.
Wright Jonh. 1617. n. Inglaterra
Witte Emmanuel. 1615-1692. n. Holanda.
Witz Konrad. 1400-1445. n. Suabia.
Wood Grant. 1892-1942. n. Estados Unidos.
Wootton John. 1686-1765. n. Inglaterra.
Woutters Rik. 1882-1916. n. Bélgica.
Wouwerman Philips. 1619-1668. n. Holanda

WRIGHT JONH

"SIR HUGH WYNDMAN"

Yáñez de la Almedina Fernando. Siglo XVI. n. España.

ZORACH WILLIAM

Zais Giuseppe. 1709-1784. n. Italia.
Zandomeneghi Federico. 1841-1917. n. Italia.
Zoppo Marco Ruggeri. 1433-1498. n. Italia.
Zorach William. 1887-1966. n. Estados Unidos.
Zorn Anders. 1860-1920. n. Suecia.
Zrsavy Jan. 1890. n. Checoeslovaquia.
Zuccarelli Francesco. 1702-1788. n. Italia.
Zucchi Jacopo. 1541-1590. n. Florencia. Italia.
Zuloaga Ignacio. 1870-1945. Eibar. Guipuzcoa. España.
Zurbarán Francisco de. 1598-1664. Fuente de Cantos Extremadura. España.

LUIS CABALLERO

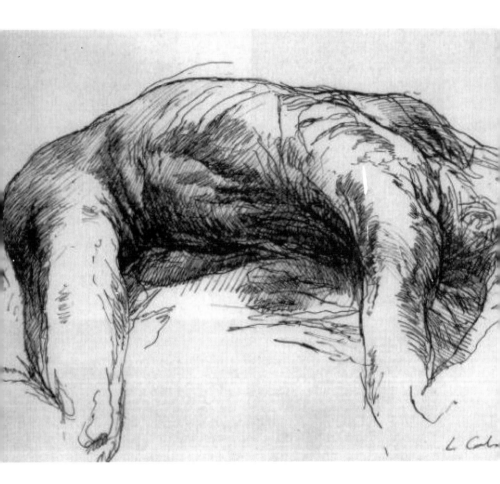

"NUDE". DRAWING

PRIVATE COLECTION

" Vista a la Torre de Iznaga". Oil and Acrylic on Canvas, 24" x 30"

Luis Pardini

Biography:152

1876 SW. 10 St. Miami, FL. 33135 Ph: (305) 643 8760

"Retrato de Astrid Baez". Oil on Canvas, 40" x 36"

HILDA PARDIÑAS

Biography:153

6330 S.W. 93 Place. Miami, FL. 33173 - Ph: (305) 595 3262

"Canto a l a Primavera". Oil on Canvas, 20" x 24'

EMILY PERDICES

BIOGRAPHY:155

907 CYPRESS TERRACE, APTO 101, POMPANO BEACH, FL. 33069 PH: (954) 968 3528

PABLO PICASSO

"LA MUSSE". OIL ON CANVAS
BIOGRAPHY: 155

JEFF PROSPERI

"CARNIVAL".
ACRYLIC ON CANVAS, 48" x 48"

JEFFRY PROSPERI
LATES WORKS ARE
ON DISPLAY AT

HAITIAN
ART GALLERY

PH: (305) 529 1693
(305) 758 6939
835 N.E. 79TH STREET
EAST OF BISCAYNE BLV. FL.
M-F. 11AM-5PM
SAT. 11AM-2 PM.

BIOGRAPHY: 156

E-mail: JeffProsperiArt@yahoo.com

"CARNAVAL". MIXED MEDIA, 53" X 120 CM.

JESSE RIOS

BIOGRAPHY: 158

E--mail:rios_jesse@hotmail.com

515 S.W. 3 STREET, No. 3, MIAMI, FL. 33130 - PH: (305) 325 1509

"El nacimiento de Venus". Acrylic on canvas, 36" x 48"

Marcos Rivers

Biography: 159

Restauracion de fotografías
Retratos al Oleo

11865 S.W. 26 St. No. C-24, Miami, FL. 33175 - Ph/Fax: (305) 559 7383

"Mitología y Futuro". OIL ON CANVAS, 36" X 60"

LUIS MIGUEL RODRÍGUEZ

BIOGRAPHY:159

31 N.W. 26 AVE., MIAMI, FL. 33125: PH: (305) 642 0741- (786) 2009009

JAZMÍN RUÍZ

BIOGRAPHY:159

PH: (305) 827 1771
CELL: (305) 986 1929

15193 MONTROSE RD.
MIAMI LAKES, FL. 33016

THE PLAYER'S CHOICE. **ACRYLIC ON CANVAS 44" x 30"**

MARIANO SÁNCHEZ

"MÚSICO"
OIL ON CANVAS, 36" x 24"

BIOGRAPHY:161

COLECCIÓN PRIVADA

GILDA SACASAS

WWW.SACASAS.COM

"Azúcar, Caña y Café". Acrylic on Canvas, 24" x 24". 2002

Biography:160

FINE ARTS

E-mail:sacasas@aol.com

PH: (305) 447 1740 - FAX: (305) 447 9948
2910 PONCE DE LEON BLVD. CORAL GABLES, FL. 33134

Rosa Helena Sánchez

SCULPTURE

FAMILIA No. III.
BRONCE, 17" x 11" x 9.5". 1998

BIOGRAPHY:160

E-mail: rosanchez53@hotmail.com

11149 N.W. 72 TERRACE. MIAMI, FL. 33178 - PH: (305) 639 1822

MARCELA SANTA MARÍA

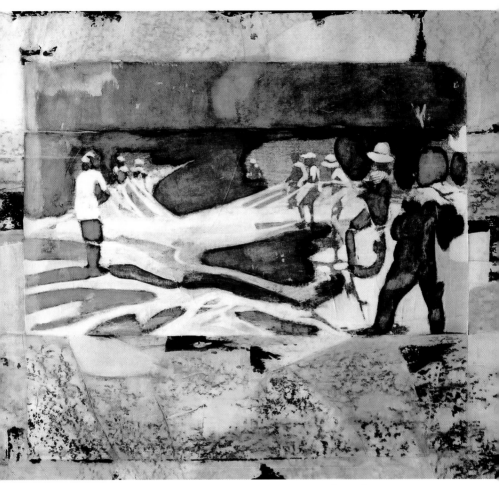

"THE FISHERMEN". MIX MEDIA ON PAPER 36" x 47"

FENIX FINE ARTS

BIOGRAPHY:161

E-mail:fenixfinearts@usa.com

2208 S.W. 8TH STREET MIAMI, FL.33135

PH: (305) 649 6089 - FAX: (305) 649 6069 - CELL:(786) 457 9300

MARTA TABIO

"MONASTERIO". OIL ON CANVAS, 20" X 24"

3535 N.W. 4TH STREET. MIAMI, FL. 33125 - PH: (305) 631 0774

TERE

"CAFÉ CON LECHE". OIL ON CANVAS, 9" X12"

E-mail:terepastoriza@msn.com

1876 S. MIAMI, AVE. MIAMI, FL. 33129 -PH: (305) 856 6428 FAX: (305) 854 9839

TITO

WWW.TITO-ART.COM

SERIE "MUJERES". MIXED MEDIA, 50" x 48"

BIOGRAPHY:164

E-mail:titog22@hotmail.com

E:mail:laboheme@netside.net

2980 PONCE DE LEON BLVD.
CORAL GABLES, FL. 33134
PH: (305) 461 5656 - FAX: (305) 461 0146

"Amal". **Oil on Canvas, 40" X 30"**

Biography:166

Vanessa Van Vorgue

www.vannessart.com

E-mail:vannessa@vannessart.com

2335 N. Meridian Ave., Miami Beach, FL. 33140

Ph: (305) 534 7228 - Fax: (305) 531 5161 - Cell: (305) 742 7324

"DEEP".
ACRYLIC ON CANVAS,
24" x 20"

BIOGRAPHY: 167

7305 N.W. 61 ST.
MIAMI, FL. 33166
PH: (305) 863 3211

FERNANDO VERGARA

BIOGRAPHY: 167

ELIO
VILLATE

"LA REPETIDA HISTORIA
DE UN LARGO VIAJE
HACIA NINGÚN LUGAR".
ACRYLIC ON CANVAS
35" x 43"

AGENT: JUAN MONTALVO
840 N.E. 3 PLACE,
HIALEAH, FL. 33010
PH: (305) 888 4784
PH: (305) 978 4292

LA HABANA (CUBA)
CALLE L # 212
ENTRE 17 Y 15
APTO. 10, VEDADO
E-mail:
anatfer@bellsouth.net

209

Armando Villegas

"Guerrero con Colibrís". Oil on Canvas, 110 x 100 cm

Biography:168

Colección Privada

Ricardo Villegas Tafur

"Punto Terráqueo". 115 cm. x 115 cm.. Fundición - Relieve,(Bronce, hierro y estaño)

Biography:168

E-mail:ricardovillegas@007mundo.com

E-mail:sminfante@007mundo.com

Colombia
Tel: 57 -1- 614 5192
Estudio: Tabio 57 -1- (091)864 8484
Carrera 18 C. No. 149-33 . Apto. 103, Bogotá

ALEXANDER PATRICK

ART DEALERS

PRESENTA PINTURAS
DE SU COLECCION

PRESENTS ART WORKS
OF ITS COLLECTION

"AQUELARRE". C.N.QUINTELA. 2001

VENEGAS CIFUENTES

El famoso pintor chileno

The famous Chilean artist

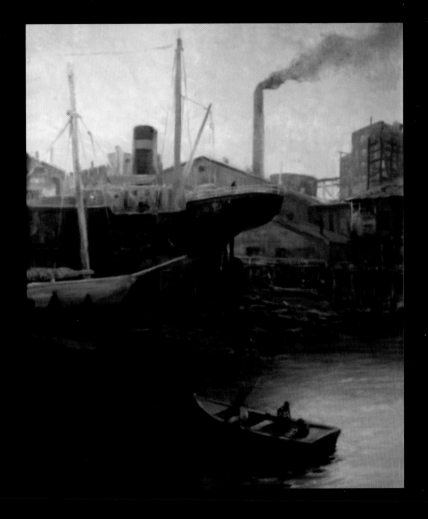

EL VARADERO
OLEO SOBRE LIENZO - OIL ON CANVAS

ALEXANDER PATRICK (Art Dealers)
P. O. BOX 830245 - MIAMI, FL. 33283 - U.S.A.
NIETOPATRICIA@MSN.COM
ALPATRIC@BELLSOUTH.NET

213

FRANCO AGUGGIARO

Pintor de Venecia que ha difundido magistralmente por el mundo sus paisajes. Su paleta produce tambien excelentes bodegones y retratos.

Artist from Venice who is recognized throughout the world for his landscapes. He creates excellent still life and portraits as well.

NATURALEZA MUERTA CON SANDIA
OLEO SOBRE LIENZO - OIL ON CANVAS

FRANCO AGUGGIARO

RAMIRO GARABITO

Expresa su inquietud vivencial en sus obras

Expresses his existencial curiosity in his art works

EL SUEÑO DE NATURALIA
OLEO SOBRE LIENZO - OIL ON CANVAS

RAMIRO GARABITO

SIEMPRE MIRANDO AFUERA
Oleo sobre lienzo - Oil on canvas

RICARDO COLUGNATT

El pintor de los arlequines

The harlequins artist

ARLEQUIN
Oleo sobre lienzo - Oil on canvas

ALEXANDER PATRICK (Art Dealers)
P. O. Box 830245 - Miami, FL. 33283 - U.S.A.
NIETOPATRICIA@MSN.COM
ALPATRIC@BELLSOUTH.NET

ELIZABETH MERCADO

**Muestra su arte a traves del desnudo
en todas sus formas**

Show her art through the nude in all its forms

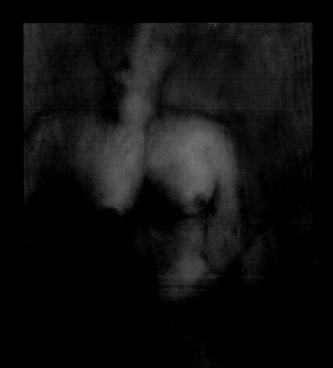

DESNUDO
OLEO SOBRE LIENZO - OIL ON CANVAS

ALEXANDER PATRICK (Art Dealers)
P. O. BOX 830245 - MIAMI, FL 33283 - U.S.A.
NIETOPATRICIA@MSN.COM
ALPATRIC@BELLSOUTH.NET

MICHELLE LOPEZ

**Creadora de un universo de formas pletóricas
de significado y de color.**

Creator of a Universe of forms full of meaning and color.

HUMAN CHIMES
Oleo sobre lienzo · Oil on canvas

CESAR N. QUINTELA

Creador del Realismo Interior como forma de
expresión. Sus pinturas penetran al observador.

Creator of the Inner Realism as a form of expression.
His paintings penetrate the observer.

VENIDA DEL TIEMPO
Oleo sobre lienzo - Oil on canvas

ALEXANDER PATRICK (Art Dealers)
P. O. Box 830245 - Miami, FL. 33283 - U.S.A.
NIETOPATRICIA@MSN.COM
ALPATRIC@BELLSOUTH.NET

EL ESPIRITU DEL MAESTRO
OLEO SOBRE LIENZO - OIL ON CANVAS

STEFANI JOSEPH

PINTORA INGLESA, EL COLOR Y LA FORMA

ENGLISH ARTIST, THE COLOR AND THE FORM

CARNAVAL
Oleo sobre lienzo · Oil on canvas

ALEXANDER PATRICK (Art Dealers)
P. O. Box 830245 · Miami, FL. 33283 · U.S.A.
NIETOPATRICIA@MSN.COM
ALPATRIC@BELLSOUTH.NET

HANS FEYERABEND

UN EXPRESIONISMO DINAMICO

A DYNAMIC EXPRESSIONISM

CICLISTA
OLEO SOBRE LIENZO - OIL ON CANVAS

ALEXANDER PATRICK (Art Dealers)
P. O. Box 830245 - MIAMI, FL 33283 - U.S.A.
NIETOPATRICIA@MSN.COM
ALPATRIC@BELLSOUTH.NET

JESUS VILLARREAL

Entre lo real y lo intangible va mostrando el
espíritu humano en series de exhuberante textura

Between intangible and real shows the human
spirit with series of exuberant texture

ESTHER (serie HEROINAS)
Oleo sobre lienzo - Oil on canvas

ALEXANDER PATRICK (Art Dealers)
P. O. Box 830245 - Miami, FL 33283 - U.S.A.
NIETOPATRICIA@MSN.COM
ALPATRIC@BELLSOUTH.NET

APOYAMOS
EL ARTE
PORQUE
ESTAMOS
CONVENCIDOS
QUE LOS
GRANDES
SUEÑOS SE
TRANSFORMAN
EN GRANDES
REALIDADES

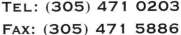

SALVADOR ARANGO

TEL: (305) 471 0203
FAX: (305) 471 5886

- ENVIO DE CORREO LOCAL, NACIONAL E INTERNACIONAL
- ENVIO DE CARGA A COLOMBIA EN 48 O 72 HORAS
- ENVIO DE DINERO A COLOMBIA

7290 N.W. 66 ST. MIAMI, FL. 33166

A

Abrasivo. (Abrasive) Substancia capaz de alisar una superficie mediante fricción contra ella. Algunos ejemplos de abrasivo son: el papel de lija, carborundo, corindón, piedra pómez y pulituras.

Academia. (Academy) Escuela dedicada a la enseñanza del arte o de la ciencia. Tuvieron su origen en las escuelas de los antiguos filósofos griegos.

Académico. (Academic) Perteneciente o relacionado con una academia. Trabajo artístico elaborado de acuerdo con cánones formales establecidos o clásicos.

Acanto. (Acanthus) Planta cuyas hojas fueron utilizadas como ornamento en los capiteles de las columnas de estilo corintio.

Aceitera. (Oil bottle) Recipiente de reducida capacidad adaptable a la paleta para contener el aceite que se use para mezclar con la pintura.

Aceite. (oil) Aglutinante empleado en la fabricación de pintura al óleo, para fijar los pigmentos, reducir la densidad de la pintura y otros efectos. Los aceites más usados para tal fin son el de linaza, cártamo, nueces, adormidera, y otros.

Acelerador. (Accelerator) Substancia susceptible de incrementar la velocidad con que se produce una reacción química. En pintura se utiliza para lograr tiempos más cortos de secado de la misma.

Acetato. (Acetate) Láminas transparentes o translucidas de plástico utilizadas en arte como en soportes transparentes de imágenes, cubiertas protectoras, etc. En forma de tinta o pintura se utiliza para mejorar la adherencia sobre superficies muy satinadas.

Acetona. CH3COCH3. Producto químico muy volátil e inflamable útil como solvente o removedor de pintura.

Acido acético. CH3COOH. Producto incoloro útil en arte como solvente y limpiador.

Acrílica, pintura. Medio soluble en agua, de secado rápido y menor costo que el óleo, utilizado por muchos pintores. No está todavía probada su capacidad de conservación en el tiempo. Las veladuras con óleo tienen más suavidad que las veladuras logradas con este material.

Acuarela. (Watercolor) Material soluble en agua para pintar generalmente sobre cartulina.

Adhesivo. (Tape) Cintas continuas de papel o plástico, uno de cuyos lados está provisto de una sustancia adhesiva susceptible de diversos usos.

-para enmascarar. (Masking) Adhesivo de papel fácilmente removible usado para proteger una parte de un dibujo u objeto de la aplicación que se vaya a efectuar.

-Dispensador de. (Dispenser) Dispositivo para facilitar la aplicación del adhesivo.

-Invisible. (Clear) Adhesivo plástico transparente mate cuya presencia pasa desapercibida.

-Sin contenido ácido. (Acid free) El adhesivo no contiene ácidos que puedan afectar el lugar donde se aplica.

-Translucido. (Semi-transparent) Adhesivo plástico brillante en varios grados de opacidad.

Aerosol. (Vaporizer) Instrumento para atomizar la pintura y lanzarla mediante presión de aire sobre el soporte.

Afilador. (Sharpener) Aparato manual o eléctrico usado para afilar lápices.

Aglutinantes. Productos que ayudan al pigmento a adherirse al soporte. Tales son los aceites y la esencia de trementina preparados para tal fin.

Apunte. (Sketch) Ver boceto.

B

Barniz. (Barniz) Substancia transparente que se aplica sobre la pintura para apariencia o protección. Hay barnices brillantes y mate, barnices para retoques y restauradores.

-en earosol. (Vaporizer) Barniz contenido a presión en un bote dispensador.

-para acrílico. (Acrylic) El barniz sobre el acrílico elimina la apariencia mate y le da un aspecto parecido al óleo

-dammar. Barniz elaborado a base de una resina obtenida de árboles orientales del género Shorea Wisneri, más dura que la colofonia y más blanda que el copal. Es muy soluble en esencia de trementina, sulfuro de carbono y cloroformo y menos soluble en alcohol y éter.

-De retoque. (Retouching) Este barniz facilita los retoques cuando la pintura va secando.

-Para óleo. (Oil) Debe aplicarse siempre sobre la pintura totalmente seca, por lo que el tiempo para poder barnizar puede prolongarse a veces hasta un año dependiendo del espesor de la pintura.

Base. Es el producto que se usa para la imprimación de la tela para pintar, uniformándola y eliminando su capacidad natural de absorción.

Bastidor. (Stretcher) Marco de madera sobre el que se monta la tela o soporte. Los bastidores profesionales deben estar elaborados con un sistema de ensamblaje en las esquinas que permita su ajuste mediante cuñas. El ensamblaje suele ser de horquilla o inglete.

Betún de Judea. Producto bastante soluble utilizado en pintura para dar pátinas con apariencia de envejecimiento.

Boceto. (Sketch) Primeros trazos de un dibujo o un diseño breve e informal del mismo.

Brillante. (Gloss) Apariencia lustrosa o cristalina del acabado de la pintura en si misma o del barniz que la cubra.

Brocha. Instrumento utilizado para pintar con las mismas características de un pincel pero de mayor tamaño especialmente en la parte de las cerdas.

Bruñidor. Instrumento para alisar, pulir o bruñir.

C

Caballete. (Easel) Soporta lo más estable posible para trabajar sobre lienzos montados

Caja. (Box, case) Estuche en donde se llevan las pinturas el cual suele incluir la paleta. También hay cajas caballete especialmente proyectadas para pintar fuera del estudio.

Carboncillo. (Charcoal) Barras de carbón vegetal en varios grosores utilizadas para dibujar.

Cartón piedra. (Masonite) Material usado por algunos pintores como base. Es un soporte más sólido que el lienzo pero necesita mayor cuidado por ser más sensible a la humedad.

Cartulina. Soporte de fibra de papel de grosores y texturas variadas de acuerdo al uso previsto. Hay así cartulinas para dibujo, bocetos, pastel, carboncillo, acuarela, presentaciones, etc.

Caseina. Proteína procedente de la leche usada en la manufactura de adhesivos.

Cera. (Wax) Sustancia viscosa muy sensible al calor de varias procedencias algunas de cuyas variedades se utilizan para impermeabilizar papel, para fabricar moldes, y colores de cera y otros usos ajenos al arte.

Cola. (Glue) Se usa en pintura como primera base para imprimación. Una muy usada es la cola de conejo (rabbit skin) mezclada con blanco de España.

-Pistola de. (Glue machine) Dispensador de cola sólida en forma de pistola que la funde por calor para su aplicación.

Color. (Color) Es el aspecto que muestra todo lo que vemos como resultado de las características de la luz que refleje o emita.

Colores (Colors) Suelen denominarse así los lápices de colores de diversos usos para el artista.

-Cálidos. (Warm) Son el amarillo, el naranja y el rojo.

-Complementarios. (Complementary) Los colores complementarios son aquellos que al estar puestos uno junto al otro producen en el observador una sensación de máxima intensidad de color. El color verde es complementario del rojo, el amarillo del violeta, y el naranja del azul.

-Frios. (Cool) Son el verde, azul y violeta.

-Primarios. (Primary) Amarillo, azul y rojo. Son colores puros que no son obtenidos por la mezcla de otros. Las diversas mezclas de los colores primarios pueden producir todos los demás colores.

-Secundarios. (Secondary) La mezcla de cada dos colores primarios produce los secundarios, así: La mezcla del amarillo y el rojo produce el naranja. El amarillo y el azul producen el verde. El rojo y el azul producen el violeta. De manera que los colores secundarios son el naranja, verde y violeta.

-Terciarios. (terciary) Los colores terciarios se obtienen mezclando un primario con un secundario, así: la mezcla del azul (primario) y el violeta (secundario) nos da el azul-violeta (terciario).

Cortador (Cutter) Cuchilla de diversos tipos utilizada para cortar tela, cartulina u otros usos.

Cuchilla. (Knife) Elementos cortadores o sus recambios para diversos usos en arte.

Cuña (Wedge) Perfil triangular, generalmente de madera, que se inserta en las esquinas del bastidor por su parte interna para tensar la tela cuando esta se afloja.

D

Degradado. Ver Gradación.

Difumino. (Stump for shading) Barra de papel absorbente sin cola enrollado como un lápiz que se usa para extender un trazo de pintura de polvo como el carboncillo o el pastel.

E

Engrapadora. (Staple gun) Se usa para fijar el lienzo al bastidor. Hay varias clases en el mercado, manuales y eléctricas.

Esbozo. (Sketch) Los primeros trazos hechos sobre papel, lienzo u otro soporte.

Espátula. (Spatula) Paleta usada para mezclar pintura y como instrumento para pintar en algunas técnicas de arte. Se fabrican en varios tamaños y formas en acero. También hay espátulas de plástico y madera.

F

Fijador. (Fixer) Producto para evitar, con su aplicación, que se emborrone o manche un dibujo, en especial para carboncillo, pastel y grafito blando.

Figura. (Figure) Llamáse en pintura a la representación del ser humano. Las primeras representaciones pictóricas de figura que se conocen son las pinturas rupestres de la Prehistoria.

Fondo. Aplicación que se puede hacer bajo una pintura para lograr una determinada tonalidad.

G

Gouache. Forma de pintar, generalmente sobre cartulina, utilizando colores opacos solubles en agua mezclados con una preparación de cola.

Gradación. (Gradation) Una serie gradual o progresiva de tonos o sombras para fundirlos suavemente. Acción de rebajar gradualmente un color hasta fundirlo con la tonalidad de otro contiguo.

Grano. (Grain) Grado de textura de una superficie de cartulina, lienzo u otra base.

Grafito. (Graphite) Sustancia de color gris acerado o negro de poca dureza susceptible de diversos usos. En arte se utiliza para la fabricación de lápices.

Goma borradora. (Rubber eraser) Pieza pequeña de composición variable con diferentes grados de mezcla de abrasivo utilizada para borrar dibujos, letras, etc.

-Almohadilla de. (Pad) Bolsita llena de polvo de goma de borrar especialmente usada por dibujantes para limpiar las manchas de grafito en el papel o cartulina.

I

Imprimacion. (Priming) Acción de poner una capa de uno o varios productos mezclados sobre un soporte en el que se va a pintar para darle la textura, impermeabilidad u opacidad deseadas.

M

Maniquí. (Mannequin) Muñeco articulado utilizado por algunos pintores, especialmente por estudiantes, para analizar la posición de la figura o la de pliegues de tela sobre la misma.

Marcador. (Marker) Elemento para dibujar o escribir elaborado en varios anchos de trazo. Hay marcadores sólidos en barra y marcadores líquidos que actúan por impregnación de una almohadilla de fieltro en la punta de los mismos.

Marco. (Frame) Perfil ornamental de diversos materiales para enmarcar y embellecer un dibujo o pintura.

Matiz. (Shade) La específica gradación de tonos en una pintura mostrará el matiz de la misma.

O

Oleo. (Oil) Material con aglutinante de aceite utilizado para pintar. El secado es lento en sus capas inferiores.

-Barras. (Bars) Mezcla de pigmentos, retardadores y aceite muy saturada y compactada.

-Colores. (Colors) Mezcla de pigmentos y aceite presentados en tubos o tarros.

-Gelatina. (Gelatin, gel) Aceite o sustancia en estado semi-sólido.

-de linaza. (linseed) Aceite muy utilizado en pinturas y trabajos al óleo.

-Imprimador. (Primer) Aceite de base para preparar el soporte para un uso específico.

P

Pan de oro. (Gold leaf) Lámina de oro o imitación de este usada para dorar. Su espesor es tan fino que no puede cogerse con los dedos sino con un pincel especial al efecto.

Pasta de modelar. (Modeling paste)

Pintura. (Painting)

-Acrílica. (Acrylic) Pigmentos de color solubles en agua para aplicación similar a la del óleo.

-Acuarela. (Water color) Pintura compuesta de pigmentos solubles en agua.

-Creta. (Chalk) Colores de gama muy reducida y alta valor expresivo

-Gouache. Colores opacos solubles en agua mezclados con una preparación de cola.

-Oleo. (Oil) Colores formados por pigmentos de color mezclados con aceites

-Pastel. Pigmentos de color en polvo compactado.

Paleta. (Palette) Soporte para la colocación y mezcla de la pintura que se este utilizando. Originalmente solían ser de madera, actualmente las hay de varios materiales como plástico o desechables en bloques de papel impermeabilizado.

Papel. (Paper) Base para dibujo u otros usos formada por fibras vegetales prensadas con cola.

Pincel. (Brush) Instrumento para pintar de cuidadosa elaboración formado por un mango generalmente de madera y un racimo de cerdas de pelo animal o plásticas unidas al mango por una junta tubular metálica.

Pinza de tensar. (Canvas pliers) Especie de alicate de cabeza ancha y plana antideslizante para tensar adecuadamente la tela sobre el bastidor.

Pastel. Forma de pintar utilizando pinturas de pastel.

Patina. (Artificial rust) Capa de una composición envejecedora que se aplica sobre la pintura para darle una apariencia de vejez o para suavizar el aspecto de la pintura.

Pigmento. (Pigment) Sustancias colorantes utilizadas para la fabricación de pinturas de diversas clases. Hay pigmentos vegetales, minerales, animales y sintéticos.

Proyector. Aparato para la reproducción de imágenes por medio de una fuente luminosa y una o varias lentes asociadas. Hay proyectores para diversos usos.

R

Rascador. (Scraper) Instrumento para remover la pintura aplicada sobre un soporte.

Resina. (Resin) Se usa como materia prima para el barniz. Se disuelve en esencia de trementina y otros solventes. Hay muchas clases de resinas, la más usada junto con otras sintéticas es la de Dammar obtenida por destilación de la resina o madera de ciertos pinos.

Restauración. (Restoration) Proceso para la renovación de alguna cosa. En arte es un procedimiento muy complejo que se lleva a cabo para reparar los daños causados a las pinturas o esculturas por el tiempo o accidentes el cual puede incluir la prevención del deterioro de una obra de arte.

Retardador. (Retard product) Producto utilizado para demorar el proceso de la pintura.

Rodillo. (Roller) Rodillos provistos de un mango se utilizan para extender pintura, para la imprimación de soportes y para manchar espacios de considerable extensión.

Regla. (Rule) Elemento graduado de medida necesario en ciertos procesos de la pintura, como en la reproducción a escala de trabajos, marcaciones de área de trabajo, etc.

-Paralela. (-Parallel) La regla paralela, muy utilizada en náutica, es de gran utilidad para el diseñador. Consiste en dos reglas unidas

solidariamente cuyo deslizamiento produce trazos paralelos.

S

Secante. (Drier) Contrariamente a los retardadores, el secante acelera el proceso de secado de la pintura.

Sombra. (Shadow) Son las manchas oscuras de cualquier tonalidad que contrastando con los claros producen volúmenes en la pintura dándole dimensión y vida.

Soporte. (Support) Medio sobre el que se pinta. Un medio utilizado para la acuarela es toda la variedad de cartulinas de calidad, y en el óleo o el acrílico, el lienzo, la madera o el cartón piedra.

Soluble en agua. (Water soluble) Cualquier producto susceptible de mezclarse o ser disuelto en agua.

Soluble en aceite. (Oil soluble) Cualquier producto elaborado o capaz de disolverse en aceite.

Solvente. (Solvent, thinner) Cualquiera de la variedad de productos que existen en el mercado para disolver, adelgazar, o limpiar la pintura, la esencia de trementina es uno de los mejores, pero axisten muchos otros entre los cuales están diversos derivados del petróleo.

-sin olor. (Odorless) Son solventes tratados químicamente para eliminarle su intenso olor característico.

T

Taburete. (Stool) Asiento sin respaldo generalmente mas alto que una silla.

Tachuela. (Tack) Especie de clavo de cabeza circular grande que permite hundirlo en superficies no muy duras con la presión del pulgar.

Tinta. (Ink) La tinta tradicionalmente usada en dibujo es la tinta china en toda su gama de colores. Se aplica tanto con pluma como con pincel.

Trazo. (Sketch) Es el conjunto de los primeros rasgos producidos con un lápiz, pluma o marcador sobre un soporte.

Trementina. (Turpentine) O esencia de trementina, $C10H16$. Aceite esencial volátil obtenido de la madera o resina de algunos pinos, se usa como adelgazador de pintura y solvente, así como para ciertos usos farmacológicos.

V

Volúmen. (Volume). Espacio ocupado por un cuerpo o una porción de un ambiente tridimensional.

GALLERIES, MUSEUMS AND INTERNED ADRESS

FLORIDA

AVENTURA

SHER GALLERY
3585 NE 207 ST.
AVENTURA FL. 33180
(305) 932-9930

BAL HARBOR

BAL HARBOR GALLERY
9700 COLLINS AVE SUITE 265
BAL HARBOR FL 33154
(305) 864-5800
WWW.BALHARBOURGALLERY.COM

BOCA RATON

ADDISON GALLERY
MIZNER PARK 345 PLAZA REAL
BOCA RATON, FL. 33432
PH (561) 338 9007

AMERINGER AND YOHE FINE ART
GALLERY CENTER
608 BANYAN TRAIL
BOCA RATON, FL 33431
561-994-0504 • FAX 561-994-0180
E-MAIL: FLGALLERY@AMERINGER-YOHE.COM
WWW.ARTNET.COM

BOCA RATON MUSEUM OF ART
501 PLAZA REAL, MIZNER PARK
BOCA RATON, FL 33432
561-392-2500 • FAX 561-391-6410
E-MAIL: INFO@BOCAMUSEUM.ORG
WWW.BOCAMUSEUM.ORG

CAESAREA GALLERY
608 BANYON TRAIL
BOCA RATON, FL 33431
561-995-0985 • FAX 561-995-0986
E-MAIL: CAESGALL@AOL.COM
WWW.CAESAREAGALLERY.COM

CAMINO REAL GALLERY CENTER
608 BANYAN TRAIL
BOCA RATON, FL 33431
561-241-1606 • FAX 561-241-9273
EMAIL: GALLERYCAMINO@AOL.COM

ELAINE BAKER GALLERY
GALLERY CENTER
608 BANYAN TRAIL, #108
BOCA RATON, FL 33431
561-241-3050 • FAX 561-241-5976
E-MAIL: EBAKERART@AOL.COM

EVELYN AIMIS FINE ART
HIGHLAND BEACH

NICOLAS URIBE

BOCA RATON, FL 33487
561-265-3838 • FAX 561-265-3815
E-MAIL: EAIMIS@AOL.COM
WWW.EVELYNAIMISFINEART.COM
WWW.ELAINEBAKERGALLERY.COM

GRIFFIN GALLERY
608 BANYAN TRAIL
BOCA RATON, FL 33431
561-994-0811 • FAX 561-994-1855
E-MAIL: BEINERJ@BELLSOUTH.NET
WWW.GRIFFINGALLERY.NET

HABATAT GALLERIES
GALLERY CENTER
608 BANYAN TRAIL
BOCA RATON, FL 33431
561-241-4544 • FAX 561-241-5793
E-MAIL: INFO@HABATATGALLERIES.COM
WWW.HABATATGALLERIES.COM • TUES-SAT
10:30-5

UNIVERSITY GALLERIES
777 GLADES RD
FLORIDA ATLANTIC UNIVERSITY
BOCA RATON, FL 33431
561-297-2966 • FAX 561-297-2166
E-MAIL: WFAULDS@FAU.EDU
WWW.FAU.EDU/GALLERIES

WADDINGTON & TRIBBY FINE ART
608 BANYAN TRAIL
BOCA RATON, FL 33431
561-988-7553 • FAX 561-988-8602
E-MAIL: THEOW@EARTHLINK.NET
WWW.THEOWADDINGTONFINEART.COM

COCONUT GROVE, FLORIDA

COCONUT GROVE GALLERY
2790 BIRD AVE

COCONUT GROVE FL. 33133
(305) 445-7401

CORAL GABLES

AMERICAS COLLECTION
2440 PONCE DE LEON BLVD.
CORAL GABLES, FL. 33134
(305) 446 5578
FAX (305) 446 1148

ARTSPACE/VIRGINIA MILLER GALLERIES
169 MADEIRA AVE
CORAL GABLES, FL 33134
305-444-4493 • FAX 305-444-9844
E-MAIL: VMGALLERIES@BELLSOUTH.NET
WWW.VIRGINIAMILLER.COM

CORAL GABLES ART CENTER GALLERY
70 MIRACLE MILE
CORAL GABLES, FL. 33134
(305) 567 1750
FAX (305) 567 1420.

CENTRO CULTURAL ESPAÑOL GALLERY
800 DOUGLAS RD. , STE. 170
CORAL GABLES. FL 33134
305-448-9677

DAVINCIS GALLERY
2914 PONCE DE LEON BLVD.
CORAL GABLES, FL. 33134
(305) 460 9002 FAX (305) 446 6080
E-MIAL: DAVINCISGALLERY@AOL.COM
WWW.DAVINCIS-GALLERY.COM

DIANA LOWENSTEIN FINE ARTS
3080 SW 38TH CT
MIAMI, FL 33146
305-774-5969 • FAX 305-774-5970
EMAIL: DLFA@LIONSTONE.NET
WWW.DLFINEART.COM.AR

DURBAN SEGNINI GALLERY
3308 PONCE DE LEON BLVD.
CORAL GABLES, FL. 33134
305 774 7740
FAX 305 774 7741.

DOMINGO PADRON GALLERY
1518 PONCE DE LEON BLVD
CORAL GABLES, FL. 33134
(305) 444 9360

ELITE FINE ART
3140 PONCE DE LEON BLVD.
CORAL GABLES, FL. 33134
(305) 448 3800
FAX (305) 448 8147

EL MUNDO GALLERY
2712 PONCE DE LEON BLVD.
CORAL GABLES FL 33134
(305) 446 0031 FAX (305) 461 8090
E-MAIL: ELMUNDO1@BELLSOUTH.NET

GALERÍA SANTANDER
CONSULADO DE COLOMBIA
280 ARAGON AVE.

CORAL GABLES FL 33134
305 448-5558.

GARY NADER FINE ART
3306 PONCE DE LEON BLVD
CORAL GABLES, FL. 33134
(305) 442 0256
FAX (305) 443 9285

GDS FINE ART GALLERY
2910 PONCE DE LEON BLVD
CORAL GABLES, FL 33134
(305) 447 1740 FAX (305) 447 9948
ISIDORA WILKIE

ANTIQUES & GALLERY
3143 PONCE DE LEON BLVD
CORAL GABLES FL 33134
305 448 5111
FAX 305 447 8678

JORGE M. SORI FINE ART
2960 PONCE DE LEON BLVD
CORAL GABLES, FL 33134
305-567-3151 • FAX 305-567-2920

LA BOHEME GALLERY
2970 PONCE DE LEON BLVD.
CORAL GABLES, FL. 33134
(305) 461 5656
FAX (305) 461 0146.

L'ART CORP GALLERY
LATIN AMERICAN ART
(305) 354 4972
CELL (786) 208 8930
E-MAIL: RVEGA@NETSIDE.NET

LOWE ART MUSEUM
1301 STANFORD DR
CORAL GABLES, FL 33124
305-284-3535 • FAX 305-284-2024
WWW.LOWEMUSEUM.ORG

O & Y GALLERY
110 VALENCIA AVE
CORAL GABLES, FL 33134
305-446-2666 • FAX 305-446-0081
E-MAIL: OYGALLERY@AOL.COM

POWER GALLERY
2724 PONCE DE LEÓN BLVD.
CORAL GABLES, FL. 33134
(305) 443 0770.

PRAXIS INT'L ART
2970 PONCE DE LEON BLVD.
CORAL GABLES, FL 33134
305-443-9700 • FAX 305-443-9800
E-MAIL: MIAMI@PRAXIS-ART.COM
WWW.PRAXIS-ART.COM

SLOAN'S GALLERY
4105 PONCE DE LEÓN BLVD
CORAL GABLES. FL. 33134
(305) 447 0757

THE GRANDE GALLERY
AT THE GABLES

1911 Ponce de Leon Blv
Coral Gables Fl 33134
(305) 447 9603 Fax (305) N447 9605
E-mail: odalys@thegrandegallery.com
www. thegrandegallery.com

Florida Keys

John David Hawver Gallery
86700 Overseas Hwy
Islamorada, FL 33036
305-852-9958 • fax 305-852-2638
E-mail: bluesbrush@aol.com

Jacksonville

J. Johnson Gallery
177 4th Ave N
Jacksonville, FL 32250
904-435-3200 • fax 904-435-3210
E-mail: info@jjohnsongallery.com
www.jjohnsongallery.com

Stillpoint Studio
8444 San Jose Blvd
Jacksonville, FL 32217
904-737-1008 • fax 904-737-0366
www.lafondstillpoint.com

The Jacksonville Museum Of
Modern Art
333 N Laura St
Jacksonville, FL 32202

Key Biscayne, Florida

Commenoz Gallery
328 Crandon Blvd.
Key Biscayne, Fl 33149
(305) 361-7052

Kitzen Frame & Art
260 Crandon Bvl. # 36
Key Biscayne, FL. 33149

Miami Beach

Art Center South Florida
800 Lincoln Rd
Miami Beach Fl 33139
(305) 674 8278

Carel Gallery
928 Lincoln Rd
Miami Beach Fl 33139
(305) 534 4384

Bass Museum Of Art
2121 Park Ave
Miami Beach, FL 33139
305-673-7530 • fax 305-673-7062
Email: info@bassmuseum.org
www.bassmuseum.org

Carel Gallery
922 Lincoln Road
Miami Beach, FL 33139
305-534-4384 • fax 305-534-2587
E-mail: info@carelgallery.com
carelgallery.com

Heim America Gallery
42104 Fisher Island Dr.
Miami Beach Fl 33109
(305) 673-6809

Latinarte
1825 West Ave, #8
Miami Beach, FL 33139
305-534-9594
E-mail: info@latinarte.com
www.latinarte.com

The Wolfsonian-Florida
International University
1001 Washington Ave
Miami Beach, FL 33139
305-531-1001 • fax 305-531-2133
www.wolfsonian.org

Romero Britto Galleries
818 Lincoln Rd.
Miami Beach, FL. 33139
(305) 531-8821

Miami

Adamar Fine Arts
177 N.E 39 St.
Miami Florida
(305) 576 1355

Allison Antique Gallery
7207 SW 48th St
Miami Fl 33155
(305) 666-4555

Ambrosino Gallery
769 NE 125th St
Miami, FL 33161
305-891-5577 • fax 305-891-5527
E-mail: ambrosinogallery@aol.com
www.ambrosinogallery.com

Art Museum at FIU
SW 107 Ave & 8th St
University Park, PC 110
Miamni, FL 33199
305-348-2890 • fax 305-348-2762
E-mail: artinfo@fiu.edu
www.artmuseumatfiu.org

Aventura Gallery Art
20633 Biscayne Blvd.
Miami Fl 33180
(305) 932-6166 Fax (305) 937 2125
E- mail: kengallart@aol.com
www.gallart.com

Bernice Steinbaum Gallery
3550 N Miami Ave
Miami, FL 33127
305-573-2700 • fax 305-573-2722
E-mail: steinbaumgallery@aol.com
www.bernicesteinbaumgallery.com

Carbonell Collections
2451 Brickell Ave. Main Floor
Miami Fl. 33129

(305) 858-6776

Casas Riegner Gallery
23 NE 39th St
Miami, FL 33137
305-573-8242 • fax 305-573-8473
Email: info@casasriegner.com
www.casasriegner. com

Contemporary Artists Gallery
838 S. Miami Ave.
Miami FL. 33130
(305) 372 1235
E-mail: rvega@netside.net

Daniel Azoulay Gallery
3900 NE 1st Ave, Suite A
Miami, FL 33137
305-576-1977 • fax 305-576-1987
E-mail:daniel@danielazoulaygallery.com
www.danielazoulaygallery.com

Damien B Art Center
282 NW 36th St
Miami, FL 33127
305-573-4949
E-mail: contact@damienb.com
www.damienb.com

D'Art Gallery
9525 S.W. 40 St.
Miami, FL. 33165
(305) 485 0090

Fredric Snitzer Gallery
3078 S.W. 38 Ct
Miami, FL. 33146
(305) 448-8976 Fax (305) 448 0711

Grapa Studio of Art
773 NE 125th St
North Miami, FL 33161
305-981-2585 • fax 305-981-2585
E-mail: gallery@grapart.com
www.grapart.com

I' ve Been Frame Gallery
620 S Miami Avenue.
Miami, FL. 33130
(305) 373 5767

Haitian Art Gallery
835 N.E. 79 Street
East of Biscayne Blvd.
(305) 529 1693 (305) 758 6939

Javogue & Ingalls Fine Art
771 NE 125th St
Miami, FL 33161
305-981-7900 • fax 305-981-3105
E-mail: JavogueIngalls@aol.com
www.javogueingalls.com

Kevin Bruk Gallery
3900 NE 1st Ave
Miami, FL 33138
305-576-2000 • fax 305-576-2001
E-mail: info@kevinbrukgallery.com
www.kevinbrukgallery.com

Kendall Campus Art Gallery
11011 SW 104th St
Miami Dade Community College
Miami, FL 33176
305-237-2322 • fax 305-237-2901
E-mail: lfontana@mdcc.edu

Kracer Art Gallery
765 NE 125th St
North Miami, FL 33161
305-891-4530
E-mail: Kracerartgallery@cs.com

Leonard Tachmes Gallery
E-mail: ltachmes@earthlink.net

Marco's Art Gallery
4095 S.W. 137 Ave
Miami, FL. 33175
Ph. (305) 554 4222

Marvin Markman Fine Art
20208 NE 34 Ct
Aventura, FL. 33180
(305) 937-0922

Miami Art Museum
101 W Flagler St
Miami, FL 33130
305-375-3000 • fax 305-375-1725
www.miamiartmuseum.org

Museum Of Contemporary Art
770 NE 125th St (MOCA)
Miami, FL 33161
305-893-6211 • fax 305-891-1472
E-mail: info@mocanomi.org
www.mocanomi.org

Oñate Fine Art Gallery
4385 S.W. 72 Ave
Miami FL 33155
(305) 667 6942

Silvana Facchini Gallery
35 NE 38th St
Miami, FL 33137
305-576-4454 • fax 305-576-3137
E-mail: silvana@facchinigallery.com

Solange Rabello Gallery
3115 Commodore Plaza
Coconut Grove, FL 33133
305-569-0044

Rubell Family Collection
95 NW 29th St
Miami, FL 33127
305-573-6090 • fax 305-573-6023
E-mail:
rubellcollection@mindspring.com

Wirtz Gallery
5750 Sunset Dr.
Miami FL. 33143
305-667-5511 Fax (305) 662 5413
www.fnbsm.com

Palm Beach & West Palm Beach

GASIUNASEN
415 HIBISCUS AVE
PALM BEACH, FL 33480
561-820-8920 • FAX 561-820-8918
E-MAIL: ARIJART@AOL.COM

PHILLIPS GALLERIES
318 WORTH AVE
PALM BEACH, FL 33480
561-832-6311 • FAX 561-832-0151
WWWE.PHILLIPSGALLERIES.NET

THE SOCIETY OF THE FOUR ARTS
2 FOUR ARTS PLAZA
PALM BEACH, FL 33480
561-655-7227 • FAX 561-655-7233
WWW.FOURARTS.ORG

WEST PALM BEACH

ARMORY ART CENTER
1703 LAKE AVE
WEST PALM BEACH, FL 33401
561-832-1776 • FAX 561-832-0191
E-MAIL: ARMORYART@BELLSOUTH.NET
WWW.ARMORYART.ORG

NORTON MUSEUM OF ART
1451 S OLIVE AVE
WEST PALM BEACH, FL 33401
561-832-5196 • FAX 561-659-3406
E-MAIL: MUSEUM@NORTON.ORG
WWW.NORTON.ORG

BOSTON

ACME FINE ART
38 NEWBURY
BOSTON, MA 02116
617-585-9551 • FAX 617-585-9552
E-MAIL: INFO@ACMEFINEART.COM
WWW.ACMEFINEART.COM

ADDISON GALLERY OF AMERICAN ART
PHILLIPS ACADEMY
ANDOVER, MA 01810-4166
978-749-4015 • FAX 978-749-4025
E-MAIL: ADDISON@ANDOVER.EDU
WWW.ADDISONGALLERY.ORG

ALIANZA
154 NEWBURY
BOSTON, MA 02116
617-262-2385 • FAX 617-262-2980
WWW.ALIANZAGALLERY.COM

ALPHA GALLERY
14 NEWBURY
BOSTON, MA 02116
617-536-4465 • FAX 617-536-5695
E-MAIL: ALPHAGALL@AOL.COM
WWW.ALPHAGALLERY.COM

ARDEN GALLERY
129 NEWBURY
BOSTON, MA 02116
617-247-0610 • FAX 617-247-0620

EMAIL: ARDENGALLERY@AOL.COM
WWW.ARDENGALLERY.COM

BARBARA KRAKOW GALLERY
10 NEWBURY, 5TH FL
BOSTON, MA 02116
617-262-4490 • FAX 617-262-8971
EMAIL: BKG@SHORE.NET
WWW.BARBARAKRAKOWGALLERY.COM

BETH URDANG GALLERY
14 NEWBURY
BOSTON, MA 02116
617-424-8468 • FAX 617-536-0144
E-MAIL: BURDANG@MAC.COM

BOSTON SCULPTORS AT CHAPEL
GALLERY
60 HIGHLAND
WEST NEWTON, MA 02165
617-244-4039 PH/FAX
WWW.BOSTONSCULPTORS.COM

BRUSH ART GALLERY AND STUDIOS
256 MARKETS
NATIONAL HISTORICAL PARK
LOWELL, MA 01852
978-459-7819

CLARK GALLERY
PO BOX 339, 145 LINCOLN RD
LINCOLN, MA 01773
781-259-8303 • FAX 781-259-8314
WWW.CLARKGALLERY.COM

CRANE COLLECTION
GALLERY OF AMERICAN PAINTING
564 WASHINGTON
WELLESLEY, MA 02482-6409
781-235-1166 • FAX 781-235-4181
E-MAIL: CRANECOLEC@AOL.COM
WWW.CRANECOLLECTION.COM

COPLEY SOCIETY OF BOSTON
158 NEWBURY
BOSTON, MA 02116
617-536-5049 • FAX 617-267-9396
EMAIL: INFO@COPLEYSOCIETY.ORG
WWW.COPLEYSOCIETY.ORG

CHAPPELL GALLERY
14 NEWBURY
BOSTON, MA 02116
617-236-2255 • FAX 617-236-5522
E-MAIL: AMCHAPPELL@AOL.COM
WWW.CHAPPELLGALLERY.COM

CHASE GALLERY
129 NEWBURY
BOSTON, MA 02116
617-859-7222 • FAX 617-266-8645
E-MAIL: MAIL@CHASEGALLERY.COM
WWW.CHASEGALLERY.COM

CHILDS GALLERY
169 NEWBURY
BOSTON, MA 02116
617-266-1108 • FAX 617-266-2381

E-MAIL: INFO@CHILDSGALLERY.COM
WWW.CHILDSGALLERY.COM

DAVIS MUSEUM AND CULTURAL CENTER
WELLESLEY COLLEGE
106 CENTRAL
WELLESLEY, MA 02481
781-283-2051 • FAX 781-283-2064
WWW.WELLESLEY.EDU/DAVISMUSEUM/
DAVISMENU.HTML

**DECORDOVA MUSEUM
AND SCULPTURE PARK**
51 SANDY POND RD
LINCOLN, MA 01773-2600
781-259-8355 • FAX 781-259-3650
E-MAIL: INFO@DECORDOVA.ORG
WWW.DECORDOVA.ORG

DEPOT SQUARE GALLERY
1837 MASSACHUSETTS AVE
LEXINGTON, MA 02420
781-863-1597
E-MAIL: INFO@DEPOTSQUAREGALLERY.COM
WWW.DEPOTSQUAREGALLERY.COM

EQUATOR GALLERY
218 NEWBURY,
BOSTON, MA 02116
617-266-4110 • FAX 617-262-4824
E-MAIL: INFO@EQUATORGALLERY.COM
WWW.EQUATORGALLERY.COM

**FRANCESCA ANDERSON
FINE ART PORTRAITS NORTH**
56 ADAMS
LEXINGTON, MA 02420
781-862-0660 • FAX 781-674-2766
E-MAIL: PORTRAITSNORTH@AOL.COM

FULLER MUSEUM OF ART
455 OAKS
BROCKTON, MA 02301-1399
508-588-6000 • FAX 508-587-6191
EMAIL: FULLERMUSEUM@FULLERMUSEUM.ORG
WWW.FULLERMUSEUM.ORG

**GALERIE EUROPEENE
NATHALIE TSCHUDIN**
123 NEWBURY
BOSTON, MA 02116
617-859-7062

GALLERY NAGA
67 NEWBURY
BOSTON, MA 02116
617-267-9060 • FAX 617-267-9040
E-MAIL: MAIL@GALLERYNAGA.COM
WWW.GALLERYNAGA.COM

GUILD OF BOSTON ARTISTS
162 NEWBURY
BOSTON, MA 02116
617-536-7660 • FAX 617-437-6442

HOWARD YEZERSKI GALLERY
14 NEWBURY, 3RD FL

BOSTON, MA 02116
617-262-0550 • FAX 617-262-2444
E-MAIL: YEZERSKI@ZIPLINK.NET
WWW.HOWARDYEZERSKIGALLERY.COM

L'ATTITUDE GALLERY
218 NEWBURY
BOSTON, MA 02116
617-927-4400 • FAX 617-927-4455
EMAIL:
BETTYBOTHEREAU@LATTITUDEGALLERIES.COM
WWW.LATTITUDEGALLERIES.COM

MERCURY GALLERY
8 NEWBURY, 2ND FL,
MBTA: ARLINGTON
BOSTON, MA 02116
617-859-0054 • FAX 617-859-5968
EMAIL: MERCGAL@AOL.COM
WWW.MERCURYGALLERY.COM

MICHALOPOULOS GALLERY
166 NEWBURY
BOSTON, MA 02116
617-267-0202 • FAX 617-267-5135
E-MAIL: ADGBOS@YAHOO.COM
WWW.MICHALOPOULOS.COM

MPG GALLERY
228 NEWBURY
BOSTON, MA 02116
617-437-1596 • FAX 617-266-3946
E-MAIL: ART@MPGALLERY.NET
WWW.MPGALLERY.NET

NEWBURY FINE ARTS
29 NEWBURY
BOSTON, MA 02116
617-536-0210 • FAX 617-536-0517
E-MAIL: CONTACT@NEWBURYFINEARTS.COM
WWW.NEWBURYFINEARTS.COM

NIELSEN GALLERY
179 NEWBURY
BOSTON, MA 02116
617-266-4835 • FAX 617-266-0480
E-MAIL: CONTACT@NIELSENGALLERY.COM
WWW.NIELSENGALLERY.COM

PEPPER GALLERY
38 NEWBURY
BOSTON, MA 02116
617-236-4497 • FAX 617-266-4492
E-MAIL: ART@PEPPERGALLERYBOSTON.COM
WWW.PEPPERGALLERYBOSTON.COM

PUCKER GALLERY
171 NEWBURY
BOSTON, MA 02116
617-267-9473 • FAX 617-424-9759
EMAIL: CONTACTUS@PUCKERGALLERY.COM

POWERS GALLERY
342 GREAT RD
ACTON, MA 01720
978-263-5105 • FAX 978-263-2111
E-MAIL: LAWRENCE@POWERSGALLERY.COM

WWW.POWERSGALLERY.COM

ROSE ART MUSEUM
OF BRANDEIS UNIVERSITY
415 SOUTH
WALTHAM, MA 02454
781-736-3434 • FAX 781-736-3439
 WWW.BRANDEIS.EDU/ROSE

RICHARDSON-CLARKE GALLERY
38 NEWBURY, 4TH FL
BOSTON, MA 02116
617-266-3321 • FAX 617-266-0086
EMAIL: INFO@RICHARDSON-CLARKE.COM

ROBERT KLEIN GALLERY
38 NEWBURY, 4TH FL
BOSTON, MA 02116
617-267-7997 • FAX 617-267-5567
E-MAIL: INQUIRY@ROBERTKLEINGALLERY.COM
WWW.ROBERTKLEINGALLERY.COM
WWW.RICHARDSON-CLARKE.COM

SOUTH SHORE ART CENTER
119 RIPLEY
COHASSET, MA 02025
781-383-2787 • FAX 781-383-2964
EMAIL: INFO@SSAC.ORG WWW.SSAC.ORG
WWW.PUCKERGALLERY.COM

ST. GEORGE GALLERY
245 NEWBURY
BOSTON, MA 02116
617-450-0321 • FAX 617-266-5898
E-MAIL: ARTS@STGEORGEGALLERY.COM
WWW.STGEORGEGALLERY.COM

THE SOCIETY OF ARTS AND CRAFTS
175 NEWBURY
BOSTON, MA 02110
617-266-1810 • FAX 617-266-5654
WWW.SOCIETYOFCRAFTS.ORG

CHICAGO

ALAN KOPPEL GALLERY
210 W CHICAGO AVE,
CHICAGO, IL 60610
312-640-0730 • FAX 312-640-0202
EMAIL: ALANKOPPEL@EARTHLINK.NET
WWW.ARTNET.COM/KOPPEL.HTML

ALDO CASTILLO GALLERY
233 W HURON
CHICAGO, IL 60610
312-337-2536 • FAX 312-337-3627
EMAIL: INFO@ARTALDO.COM
WWW.ARTALDO.COM

ANDREW BAE GALLERY
300 W SUPERIOR ST
CHICAGO, IL 60610
312-335-8601 • FAX 312-335-8602
EMAIL: INFO@ANDREWBAEGALLERY.COM

ANN NATHAN GALLERY
218 W SUPERIOR,
CHICAGO, IL 60657
312-664-6622 • FAX 312-664-9392
EMAIL: NATHANGALL@AOL.COM
WWW.ANNNATHANGALLERY.COM

ARTS & RIVERWOODS 2002
P.O. BOX 7176,
RIVER WOODS, IL 60015
847-774-4574 • FAX 847-948-9446 •
EMAIL: AMLESLIE57@NETSCAPE.NET
WWW.ARTSANDRIVERWOODS.ORG

A.R.C. GALLERY
734 N MILWAUKEE,
CHICAGO, IL 60622
312-733-2787 PH/FAX
EMAIL: ARCGALLERY.CHICAGO@JUNO.COM
WWW.ARCGALLERY.ORG

ARTEMISIA GALLERY
700 N CARPENTERS,
CHICAGO, IL 60622
312-226-7323 • FAX 312-226-7756
EMAIL: INFO@ARTEMISIA.ORG
WWW.ARTEMISIA.ORG

ARON PACKER GALLERY
118 N PEORIA
CHICAGO, IL 60607
312-226-8984 • FAX 312-226-8985
EMAIL: ARONPACKER@EARTHLINK.NET
WWW.ARONPACKER.COM

BELLA VISTA FINE ART GALLERY
746 N. LA SALLE ST
CHICAGO, IL 60610
312-274-1490 • FAX 312-274-1491
EMAIL: ART@BELLAVISTAGALLERY.COM
WWW.BELLAVISTAGALLERY.COM

BELLOC-LOWNDES FINE ART, INC.
215 W HURON
CHICAGO, IL 60610
312-573-1157 • FAX 312-573-1159
EMAIL: CHARLIE@BELLOCLOWNDES.COM
WWW.BELLOCLOWNDES.COM

BYRON ROCHE GALLERY

EVER FONSECA

750 N FRANKLIN, STE 105,
CHICAGO, IL 60610
312-654-0144 • FAX 312-654-0145
E-MAIL: BROCHE@ENTERACT.COM
WWW.BYRONROCHE.COM

CONTEMPORARY ART WORKSHOP
542 W GRANT PLACE
LINCOLN PARK
CHICAGO, IL 60614
773-472-4004 • FAX 773-472-4505
E-MAIL:
INFO@CONTEMPORARYARTWORKSHOP.ORG
WWW.CONTEMPORARYARTWORKSHOP.ORG

CATHERINE EDELMAN GALLERY
300 W SUPERIOR, LOWER LEVEL
CHICAGO, IL 60610
312-266-2350 • FAX 312-266-1967
E-MAIL: CEG@EDELMANGALLERY.COM
WWW.EDELMANGALLERY.COM

CARL HAMMER GALLERY
740 N WELLS
CHICAGO, IL 60610
312-266-8512 • FAX 312-266-8510
E-MAIL: HAMMERGALL@AOL.COM
WWW.HAMMERGALLERY.COM

DONALD YOUNG GALLERY
933 W WASHINGTON BLVD.
CHICAGO, IL 60607
312-455-0100 • FAX 312-455-0101
E-MAIL: GALLERY@DONALDYOUNG.COM
WWW.DONALDYOUNG.COM

DOUGLAS DAWSON GALLERY
222 W HURON
CHICAGO, IL 60610
312-751-1961 • FAX 312-751-1962
EMAIL: INFO@DOUGLASDAWSON.COM
WWW.DOUGLASDAWSON.COM

DAVID AND ALFRED SMART MUSEUM OF ART
THE UNIVERSITY OF CHICAGO
5550 S GREENWOOD
CHICAGO, IL 60637
773-702-0200 • FAX 773-702-3121
E-MAIL: SMART-MUSEUM@UCHICAGO.EDU
WWW.SMARTMUSEUM@UCHICAGO.EDU

FINE ARTS BUILDING GALLERY
410 S MICHIGAN AVE, STE 433,
CHICAGO, IL 60605 • 312-913-0537

FASSBENDER/STEVENS GALLERY
835 W WASHINGTON,
CHICAGO, IL 60607
312-666-4302 • FAX 312-666-5913
E-MAIL: ARTS@FASSBENDERGALLERY.COM
WWW.FASSBENDERGALLERY.COM

FLATFILE PHOTOGRAPHY GALLERY
118 N PEORIA,
CHICAGO, IL 60607
312-491-1190 • FAX 312-491-1195
E-MAIL: FLATFILE119@AOL.COM

WWW.FLATFILEFOTO.COM

GALLERY 312
312 N MAY ST, STE 110,
CHICAGO, IL 60607
312-942-2500 • FAX 312-942-0574
E-MAIL: GALL312@MEGSINET.COM
WWW.GALLERY312.ORG

GALLERY 400
UNIVERSITY OF ILLINOIS
400 S PEORIA,
CHICAGO, IL 60607
312-996-6114 • FAX 312-355-3444
WWW.GALLERY400.AA.UIC.EDU
WWW.FABGALLERY.COM

GALLERIES MAURICE STERNBERG
DRAKE HOTEL ARCADE
140 E WALTON
CHICAGO, IL 60611
312-642-1700 • FAX 312-642-7159
EMAIL: HARVEYPOOL@EARTHLINK.NET
WWW.ARTNET.COM/MSTERNBERG.HTML

GESCHEIDLE
300 W SUPERIOR
CHICAGO, IL 60610
312-654-0600 • FAX 312-654-8171
EMAIL: SUSAN_LWG@HOTMAIL.COM
WWW.LYONSWIERGALLERY.COM

GWENDA JAY/ADDINGTON GALLERY
704 N WELLS,
CHICAGO, IL 60610
312-664-3406 • FAX 312-664-3388
EMAIL: INFO@GWENDAJAY.COM
WWW.GWENDAJAY.COM

HILDT GALLERIES
943 N STATE,
CHICAGO, IL 60610
312-255-0005 • FAX 312-266-5439

HABATAT GALLERIES
222 W SUPERIOR
CHICAGO, IL 60610
312-440-0288 • FAX 312-440-0207
E-MAIL: HABATATCHI@SPRYNET.COM
WWW.HABATATCHICAGO.COM

I SPACE AT UNIVERSITY OF ILLINOIS
URBANA-CHAMPAIGN
230 W SUPERIOR, 2ND FL,
CHICAGO, IL 60610
312-587-9976 • FAX 312-587-9978
E-MAIL: MANTONAK@UIUC.EDU
WWW.ISPACE.UIUC.EDU

ILLINOIS STATE
MUSEUM CHICAGO GALLERY
100 W RANDOLPH, STE 2-100,
CHICAGO, IL 60601
312-814-5322 • FAX 312-814-3471
WWW.MUSEUM.STATE.IL.US.HTML

ILLINOIS ARTISANS SHOP
JAMES R. THOMPSON CENTER,

100 W RANDOLPH, STE 2-200,
CHICAGO, IL 60601
312-814-5321 • FAX 312-814-2439

JEAN ALBANO GALLERY
215 W SUPERIOR
CHICAGO, IL 60610
312-440-0770 • FAX 312-440-3103
E-MAIL: JEANALBANO@AOL.COM
WWW.JEANALBANOGALLERY.COM

JUDY A SASLOW GALLERY
300 W SUPERIOR,
CHICAGO, IL 60610
312-943-0530 • FAX 312-9433970
E-MAIL: JSASLOW@CORECOMM.NET
WWW.JSASLOWGALLERY.COM

JAN CICERO GALLERY
835 WEST WASHINGTON,
CHICAGO, IL 60607
312-733-9551 • FAX 312-733-3671

KENNETH PROBST GALLERIES
46 E SUPERIOR,
CHICAGO, IL 60611
312-440-1991

KLEIN ART WORKS
400 N MORGAN,
CHICAGO, IL 60622
312-243-0400 • FAX 312-243-6782
E-MAIL: ABSTRACT@KLEINART.COM
WWW.KLEINART.COM

LYDON FINE ART
309 W SUPERIOR,
CHICAGO, IL 60610
312-943-1133 • FAX 312-943-8090
E-MAIL: LYDONART@EARTHLINK.NET
WWW.LYDONFINEART.COM

MAYA POLSKY GALLERY
215 W SUPERIOR ,
CHICAGO, IL 60610
312-440-0055 • FAX 312-440-0501
E-MAIL: MAYAPOLSKY@AOL.COM

MARX-SAUNDERS GALLERY, LTD.
230 W SUPERIOR,
CHICAGO, IL 60610
312-573-1400 • FAX 312-573-0575
E-MAIL: MARXSAUNDERS@EARTHLINK.NET
WWW.MARXSAUNDERS.COM

MUSEUM OF CONTEMPORARY ART
220 E CHICAGO,
CHICAGO, IL 60611
312-280-2660 • FAX 312-397-4095
WWW.MCACHICAGO.ORG

MONIQUEMELOCHE GALLERY
951 W FULTON MARKET
CHICAGO, IL 60607
312-455-0299 • FAX 312-455-0899
E-MAIL: INFO@MONIQUEMELOCHE.COM
WWW.MONIQUEMELOCHE.COM

MUSEUM OF CONTEMPORARY PHOTOGRAPHY

COLUMBIA COLLEGE CHICAGO
600 S MICHIGAN,
CHICAGO, IL 60605
312-663-5554 • FAX 312-344-8067
E-MAIL: MOCP@COLUM.EDU
WWW.MOCP.ORG

MELANEE COOPER GALLERY
740 N FRANKLIN
CHICAGO, IL 60610
312-202-9305 • FAX 312-202-9307
E-MAIL: MCOOPERGALLERY@AOL.COM
WWW.ARTNET.COM/MCOOPER.HTML

NORTHERN ILLINOIS UNIVERSITY
ART MUSEUM IN CHICAGO
215 W SUPERIOR, 3RD FL,
CHICAGO, IL 60610
312-642-6010 • FAX 312-642-9635
E-MAIL: JULIEC@NIU.EDU
WWW.VPA.NIU.EDU/MUSEUM

PETER BARTLOW GALLERY
44 E SUPERIOR,
CHICAGO, IL 60611
312-337-1782 • FAX 312-337-2516
E-MAIL: PBARTLOW@BARTLOWGALLERY.COM
WWW.BARTLOWGALLERY.COM

PERIMETER GALLERY
210 W SUPERIOR,
CHICAGO, IL 60610
312-266-9473 • FAX 312-266-9784
E-MAIL: ARTCHICAGO@AOL.COM
WWW.PERIMETERGALLERY.COM

PORTALS LTD.
742 N WELLS,
CHICAGO, IL 60610
312-642-1066 • FAX 312-642-2991
E-MAIL: ARTISNOW@AOL.COM
WWW.PORTALSGALLERY.COM •

PRIMITIVE ART WORKS
706 N WELLS ,
CHICAGO, IL 60610
312-943-3770 • FAX 312-943-3954
E-MAIL: PRIMITIVE@MEGSINET.NET
WWW.PRIMITIVEARTWORKS.COM

PETER MILLER GALLERY
118 N PEORIA,
CHICAGO, IL 60607
312-226-5291 • FAX 312-226-5441
E-MAIL: INFO@PETERMILLERGALLERY.COM
WWW.PETERMILLERGALLERY.COM

RITA BUCHEIT, LTD.
FINE ART & ANTIQUES
449 N WELLS,
CHICAGO, IL 60610
312-527-4080 • FAX 312-527-3316
E-MAIL: INFO@RITABUCHEIT.COM
WWW.RITABUCHEIT.COM

RICHARD GRAY GALLERY
875 N MICHIGAN, STE 2503,

JOHN HANCOCK CTR,
CHICAGO, IL 60201
312-642-8877 • FAX 312-642-8488
E-MAIL: INFO@RICHARDGRAYGALLERY.COM
WWW.RICHARDGRAYGALLERY.COM

R.S. JOHNSON FINE ART
645 N MICHIGAN, STE 234,
CHICAGO, IL 60611
312-943-1661 • FAX 312-943-1642
E-MAIL: RS_JOHNSON@MSN.COM

R.H. LOVE GALLERIES
40 E ERIE,
CHICAGO, IL 60611
312-640-1300 • FAX 312-640-5435
E-MAIL: RHLOVE@COMPUSERVE.COM

RENAISSANCE SOCIETY
UNIVERSITY OF CHICAGO
5811 S ELLIS AVE, #418
CHICAGO, IL 60637
773-702-8670 • FAX 773-702-9669
E-MAIL: INFO@RENAISSANCESOCIETY.ORG
WWW.RENAISSANCESOCIETY.ORG

ROBERT HENRY ADAMS FINE ART
715 N FRANKLIN
CHICAGO, IL 60610
312-642-8700 • FAX 312-642-8785
E-MAIL: INFO@ADAMSFINEART.COM
WWW.ADAMSFINEART.COM

ROY BOYD GALLERY
739 N WELLS
CHICAGO, IL 60610
312-642-1606 • FAX 312-642-2143
E-MAIL: ROY.BOYD@WORLDNET.ATT.NET
WWW.ROYBOYDGALLERY.COM

RICHARD NORTON GALLERY
612 MERCHANDISE MARTS,
CHICAGO, IL 60654
312-644-8855 • FAX 312-644-8856
E-MAIL: NORTONGALLERY@AOL.COM
WWW.RICHARDNORTONGALLERY.COM

RICHARD MILLIMAN FINE ART
1364 W GRAND
CHICAGO, IL 60622-6450
312-432-9900 • FAX 312-432-9292
E-MAIL: MILLIMANRM@AOL.COM

RHONA HOFFMAN GALLERY
118 N PEORIA,
CHICAGO, IL 60607
312-455-1990 • FAX 312-455-1727
E-MAIL:
RHOFFMAN@RHOFFMANGALLERY.COM
WWW.ARTNET.COM/RHOFFMAN.HTML

SCHOOL OF THE ART INSTITUTE OF CHICAGO
BETTY RYMER GALLERY
COLUMBUS DR & JACKSON BLVD,
CHICAGO, IL 60603
312-899-5100
E-MAIL: SAIC_BRG@ARTIC.EDU

WWW.ARTIC.EDU/SAIC/GALLERIES/BETTY.HTML

SONIA ZAKS GALLERY
311 W SUPERIOR, STE 207,
CHICAGO, IL 60610
312-943-8440 • FAX 312-943-8489
WWW.GEOCITIES.COM/PARIS/6774

THE HART GALLERY
64 E WALTON,
CHICAGO, IL 60611
312-932-9646 • FAX 312-932-9648
E-MAIL: HARTGALLERY1@AOL.COM
WWW.HARTGALLERY.COM

THE ART INSTITUTE OF CHICAGO
111 S MICHIGAN,
CHICAGO, IL 60603
312-443-3500
WWW.ARTIC.EDU

THE ARTS CLUB OF CHICAGO
201 E ONTARIO,
CHICAGO, IL 60611
312-787-3997 • FAX 312-787-8664

TBA EXHIBITION SPACE
230 W HURON, #3E,
CHICAGO, IL 60610
312-587-3300 • FAX 312-587-3304
E-MAIL: INFO@ARTCHICAGO.COM
WWW.ARTCHICAGO.COM

THOMAS MCCORMICK GALLERY
835 W WASHINGTON,
CHICAGO, IL 60607
312-226-6800 • FAX 312-226-6588
E-MAIL: GALLERY@THOMASMCCORMICK.COM
WWW.
THOMASMCCORMICK.COM • TUES-SAT 10-6

VALE CRAFT GALLERY
230 W SUPERIOR,
CHICAGO, IL 60610
312-337-3525 • FAX 312-337-3530
E-MAIL: PETER@VALECRAFTGALLERY.COM
WWW.VALECRAFTGALLERY.COM

WALSH GALLERY
118 N PEORIA
CHICAGO, IL 60607
312-829-3312 • FAX 312-829-3316
E-MAIL: INFO@WALSHGALLERY.COM
WWW.WALSHGALLERY.COM

WOMAN MADE GALLERY
1900 S PRAIRIE AVE ,
CHICAGO, IL 606161321
312-328-0038 • FAX 312-328-1108
E-MAIL: GALLERY@WOMANMADE.ORG
WWW.WOMANMADE.ORG

ZG GALLERY
300 W SUPERIOR ST,
CHICAGO, IL 60610
312-654-9900 • FAX 312-654-1993
E-MAIL: INFO@ZGGALLERY.COM
WWW.ZGGALLERY.COM

MASSACHUSETTS

CRAVEN GALLERY
459 STATE ROAD
WEST TISBURY, MA 02575
508-693-3535 • FAX 508-693-3557
E-MAIL: CCRAVEN@VINEYARD.NET
WWW.CRAVENGALLERY.COM

DNA GALLERY
288 BRADFORD ST
PROVINCETOWN, MA 02657
508-487-7700 • FAX 508-487-7705
E-MAIL: DNAART@CAPECOD.NET
WWW.DNAGALLERY.COM

FLETCHER/PRIEST GALLERY
5 PRATT
WORCESTER, MA 01609-1721
PH/FAX 508-791-5929
E-MAIL: PRIEST@MA.ULTRANET.COM
WWW.FLETCHERPRIESTGALLERY.COM

HOLSTEN GALLERIES
3 ELM ST
STOCKBRIDGE, MA 01262
413-298-3044 • FAX 413-298-3275
E-MAIL: ARTGLASS@HOLSTENGALLERIES.COM
WWW.HOLSTENGALLERIES.COM

JULIE HELLER GALLERY
2 GOSNOLD
PROVINCETOWN, MA 02657
508-487-2169

NEW YORK :

A TASTE OF ART
147 DUANE
NEW YORK NY 10013
212-964-5493 • FAX 212-964-2671
E-MAIL: INFO@ATASTEOFART.COM

AMOS ENO
59 FRANKLIN #B2
NEW YORK NY 10013
212-226-5342 • FAX 212-343-1271
E-MAIL: AMOSENO@BWAY.NET
WWW.AMOSENOGALLERY.ORG

ANDREA ROSEN
525 W 24
NEW YORK NY 10011
212-627-6000 • FAX 212-627-5450
E-MAIL: ANDREA@ROSENGALLERY.COM
WWW.ANDREAROSENGALLERY.COM

APEX ART C.P.
291 CHURCH
NEW YORK NEW YORK 10013
212-431-5270 • FAX 212-431-4447
E-MAIL: INFO@APEXART.ORG
WWW.APEXART.ORG

ANDREW KREPS
516 W 20
NEW YORK NY 10011

CUNDO BERMUDEZ

212-741-8849 • FAX 212-741-8163
E-MAIL: ANDREWKREPS@RCN.COM

A/D GALLERY
560 BROADWAY #603
NEW YORK NY 10012
212-966-5154 • FAX 212-966-5349
E-MAIL: ADNEWYORK@COMPUSERVE.COM

ADELPHI UNIVERSITY GALLERY
75 VARICK 2ND FL
NEW YORK NY 10013
516-877-4460 • FAX 516-877-4459

AGORA GALLERY
415 W BROADWAY 5TH FLOOR
NEW YORK NY 10012
212-226-4151 • FAX 212-966-4380
E-MAIL: AG@AGORA-GALLERY.COM
WWW.AGORA-GALLERY.COM

ANDREW EDLIN GALLERY
529 W 20 6TH FL
NEW YORK NY 10011
212-206-9723 • FAX 212-206-9639
E-MAIL: AE@EDLINGALLERY.COM
WWW.EDLINGALLERY.COM

ART IN GENERAL
79 WALKER
NEW YORK NY 10013 • 212-219-0473
E-MAIL: ARTINGEN@RCN.COM
WWW.ARTINGENERAL.ORG

AMERICAN PRIMITIVE
594 BROADWAY 2ND FLR
NEW YORK NY 10012
212-966-1530

ANIMAZING GALLERY
461 BROOME
NEW YORK NY 10013
212-226-7374
E-MAIL: HEIDI@ANIMAZING.COM
WWW.ANIMAZING.COM

ANTON KERN
532 W 20
NY NY 10001
212-367-9663 • FAX 212-367-8135

ANNINA NOSEI

530 W 22 2ND FL
NEW YORK NY 10011
212-741-8695 • FAX 212-741-2379
ARCADIA GALLERY
51 GREENE
NEW YORK NY 10013
212-965-1387 • FAX 212-965-8638
E-MAIL: ARCADIAFA@AOL.COM
WWW.ARCADIAFINEARTS.COM
ART AT FORMAT
50 WOOSTER
NY NY 10013
212-941-7995 • FAX 212-941-5026
E-MAIL: ART@FORMATNYC.COM
WWW.FORMATNYC.COM
ARTISTS SPACE
38 GREENE 3RD FL
NEW YORK NY 10013
212-226-3970 • FAX 212-966-1434
WWW.ARTISTSSPACE.ORG
ARTLOFT GALLERY
199 LAFAYETTE 4TH FL
NY NY 10012
212-343-3005 • FAX 212-343-1202
WWW.SOHOARTLOFT.COM
ATLANTIC
40 WOOSTER 4TH FL
NEW YORK NY 10013
212-219-3183 • FAX 212-219-3183
E-MAIL: INFO@ATLANTIC.ARTHOST.COM
WWW.ATLANTIC.ARTSHOST.COM
AXELLE FINE ARTS GALERIE SOHO
148 SPRING
NEW YORK NY 10012
212-226-2262 • FAX 212-226-1339
E-MAIL: DESK@AXELLE.COM
WWW.AXELLE.COM
ACA GALLERIES
529 W 20 5TH FL
NEW YORK NY 10011
212-206-8080 • FAX 212-206-8498
E-MAIL: INFO@ACAGALLERIES.COM
WWW.ACAGALLERIES.COM
A.I.R. GALLERY
511 W 25
NEW YORK NY 10001
212-255-6651 • FAX 212-255-6653
E-MAIL: INFO@AIRNYC.ORG
WWW.AIRNYC.ORG
RACHEL ADLER FINE ART
1200 BROADWAY
NEW YORK NY 10001
212-308-0511 • FAX 212-308-0516
E-MAIL: MAIL@RACHELADLERFINEART.COM
WWW.RACHELADLERFINEART.COM
ALEXANDER AND BONIN
132 TENTH AVE
NEW YORK NY 10011

OSWALDO CANTILLO

212-367-7474 • FAX 212-367-7337
E-MAIL: GALLERY@ALEXANDERANDBONIN.COM
ALP GALLERIES
291 SEVENTH AVE 5TH FL
NEW YORK NY 10001
212-206-9108 • FAX 212-206-9058
E-MAIL: ALP.GAL@VERIZON.NET
ART RESOURCES TRANSFER INC.
210 ELEVENTH AVE #403
NEW YORK NY 10001
212-691-5956 • FAX 212-741-1356
E-MAIL: ARTRETRAN@EARTHLINK.NET
WWW.ARTRETRAN.COM
AURORA GALLERY
515 W 29 2ND FL
NY NY 10011
212-643-1700 • FAX 212-643-0566
E-MAIL: INFO@THEAURORAGALLERY.COM
WWW.THEAURORAGALLERY.COM
AXIS GALLERY
453 W 17 4TH FL
NY NY 10011
212-741-2582 • FAX 212-924-2522
E-MAIL: AXISGALLERY@AOL.COM
WWW.AXISGALLERY.COM
BROOKE ALEXANDER
59 WOOSTER 2ND FL
NEW YORK NY 10012
212-925-4338 • FAX 212-941-9565
E-MAIL: INFO@BAEDITIONS.COM
WWW.BAEDITIONS.COM
BLUE MOUNTAIN GALLERY

530 W 25 4TH FL
NEW YORK NY 10001
646-486-4730 • FAX 646-486-4343
BAUMGARTNER GALLERY
418 W 15
NEW YORK NEW YORK 10011
212-633-2276 • FAX 212-633-2695
E-MAIL: BAUMGARTNR@AOL.COM
BOSE PACIA MODERN
508 W 26 11TH FL
NEW YORK NY 10001
212-989-7074 • FAX 212-989-6982
E-MAIL: MAIL@BOSEPACIAMODERN.COM
WWW.BOSEPACIAMODERN.COM
BOUND & UNBOUND
601 W 26 # 1201
NEW YORK NY 10001
212-463-7348 • FAX 212-463-8948
BOWERY GALLERY
530 W 25 4TH FL
NEW YORK NY 10001
646-230-6655 • FAX 646-230-6655
WWW.BOWERYGALLERY.ORG
BILL MAYNES
529 W 20 8TH FL
NEW YORK NY 10011
212-741-3318 • FAX 212-741-3238
E-MAIL: MAYNESGLRY@AOL.COM
WWW.BILLMAYNES.COM
BRIGGS ROBINSON GALLERY
527 W 29
NEW YORK NY 10011
212-560-9075 • FAX 212-560-9076
E-MAIL: GUEN@BRIGGSROBINSON.COM
WWW.BRIGGSROBINSON.COM
BARBARA GLADSTONE GALLERY
515 W 24
NEW YORK NY 10011
212-206-9300 • FAX 212-206-9301
E-MAIL: INFO@GLADSTONEGALLERY.COM
WWW.GLADSTONEGALLERY.COM
BRENT SIKKEMA
530 W 22
NEW YORK NEW YORK 10011
212-929-2262 • FAX 212-929-2340
E-MAIL: GALLERY@BRENTSIKKEMA.COM
CAREN GOLDEN FINE ART
526 W 26 STE. 215
NEW YORK NY 10001
212-727-8304 • FAX 212-727-8360
WWW.CARENGOLDENFINEART.COM
CYNTHIA BROAN GALLERY
423 W 14
NEW YORK NY 10014
212-633-6525 • FAX 212-633-2855
E-MAIL: CONTACT@CYNTHIABROAN.COM
WWW.CYNTHIABROAN.COM
CAST IRON GALLERY

159 MERCER 4TH FL
NEW YORK NY 10012
212-274-8624 • FAX 212-925-0342
E-MAIL: CIG159@AOL.COM
WWW.CASTIRONGALLERY.COM
CAVIN-MORRIS
560 BROADWAY STE. 405B
NEW YORK NY 10012
212-226-3768 • FAX 212-226-0155
E-MAIL: MYSTERIES@AOL.COM
WWW.CAVINMORRIS.COM
CERES
584-588 BROADWAY STE. 306
NEW YORK NY 10012
212-226-4725 • FAX 212-226-4725
E-MAIL: CERESGALLERY@EARTHLINK.NET
WWW.CERESGALLERY.ORG
CINQUE GALLERY
560 BROADWAY # 504
NY NY 10012 • 212-966-3464
CODA GALLERY
472 BROOME
NEW YORK NY 10013
212-334-0407 • FAX 646-613-0152
E-MAIL: CODAART@AOL.COM
CFM
112 GREENE
NEW YORK NY 10012
212-966-3864 • FAX 212-226-1041
WWW.ART-SMART.COM/CFM
WWW.CFMGALLERY.COM
CALDWELL SNYDER
451 W BROADWAY
NEW YORK NY 10012
212-387-0208 • FAX 212-387-0717
E-MAIL: INFO@CALDWELLSNYDER.COM
WWW.CALDWELLSNYDER.COM
CAELUM
508-526 W 26 STE. 315
NEW YORK NY 10001
212-924-4161 • FAX 212-924-4353
E-MAIL: CAELUMGALLERY@AOL.COM
WWW.CAELUMGALLERY.COM
CHAMBERS FINE ART
210 ELEVENTH AVE 2ND FL
NEW YORK NY 10001
212-414-1169 • FAX 212-414-1192
E-MAIL: CFA@CHAMBERSFINEART.COM
WWW.CHAMBERSFINEART.COM
CHAPPELL GALLERY
526 W 26 #904
NEW YORK NY 10001
212-414-2673 • FAX 212-414-2678
E-MAIL: AMCHAPPELL@AOL.COM
WWW.CHAPPELLGALLERY.COM
CHEIM & READ
547 W 25
NEW YORK NY 10011

212-242-7727 • FAX 212-242-7737
E-MAIL: GALLERY@CHEIMREAD.COM

CHELSEA STUDIO GALLERY
515 W 19
NY NY 10001
212-505-9657 • FAX 212-614-8891
E-MAIL: JCOLLISCHAN@NYC.RR.COM

CLEMENTINE GALLERY
526 W 26 STE. 211
NEW YORK NEW YORK 10001
212-243-5937 • FAX 212-243-3927
E-MAIL: CLEMGAL@CLEMENTINE-GALLERY.COM
WWW.CLEMENTINE-GALLERY.COM

COFA/CLAIRE OLIVER FINE ART
529 W 20 2W
NY NY 10011
212-929-5949 • FAX 212-255-4699
E-MAIL: DIRECTOR@COFA.INFO

COHAN LESLIE AND BROWNE
138 TENTH AVE GROUND FL
NY NY 10011
212-206-8710 • FAX 212-206-8711
E-MAIL: INFO@CLBGALLERY.COM

CRICKET HILL GALLERY
900 BROADWAY STE. 204
NEW YORK NY 10003
212-529-5615 • FAX 212-529-5617
E-MAIL: CRICKETHILL@EARTHLINK.NET
WWW.CRICKETHILLGALLERY.COM

CRISTINEROSE/JOSEE
BIENVENU GALLERY
529 W 20 2ND FL
NEW YORK NY 10011
212-206-0297 • FAX 212-206-8494
E-MAIL: JOSEEBIENVENU@EARTHLINK.NET

CRG GALLERY
535 W 22 3RD FL
NEW YORK NY 10011
212-229-2766 • FAX 212-229-2788
E-MAIL: MAIL@CRGGALLERY.COM
WWW.CRGGALLERY.COM

CHRISTINE BURGIN
243 W 18
NEW YORK NY 10011
212-462-2668 • FAX 212-462-2564
WWW.CHRISTINEBURGIN.COM

CHARLES COWLES GALLERY
537 W 24
NEW YORK NY 10011
212-925-3500 • FAX 212-925-3501
E-MAIL: INFO@COWLESGALLERY.COM
WWW.COWLESGALLERY.COM

CHERYL PELAVIN FINE ART
13 JAY
NEW YORK NY 10013
212-925-9424 • FAX 212-431-3037
E-MAIL: GALLERY@CHERYLPELAVIN.COM
WWW.CHERYLPELAVIN.COM

CORNELL DEWITT GALLERY
547 W 27 2ND FL
NEW YORK NY 10001
212-695-6845 • FAX 212-695-6872
E-MAIL: CORNELL@DEWITTGALLERY.COM
WWW.DEWITTGALLERY.COM

DIA CENTER FOR THE ARTS
141 WOOSTER 2ND FL
NEW YORK NY 10012
212-473-8072
E-MAIL: INFO@DIAART.ORG
WWW.DIAART.ORG

DIA CENTER FOR THE ARTS
393 W BROADWAY
NEW YORK NY 10012
212-925-9397
E-MAIL: INFO@DIAART.ORG
WWW.DIAART.ORG

DIA CENTER FOR THE ARTS
548 W 22
NEW YORK NY 10011
212-989-5566 • FAX 212-989-4055
E-MAIL: INFO@DIAART.ORG
WWW.DIAART.ORG

D'AMELIO TERRAS
525 W 22
NEW YORK NY 10011
212-352-9460 • FAX 212-352-9464
E-MAIL: GALLERY@DAMELIOTERRAS.COM
WWW.DAMELIOTERRAS.COM

DCA GALLERY
525 W 22
NEW YORK NY 10011
212-255-5511 • FAX 212-255-8005
E-MAIL: INFO@DCAGALLERY.COM
WWW.DCAGALLERY.COM

DEBS & CO.
525 W 26 2ND FL
NEW YORK NY 10001
212-643-2070 • FAX 212-643-0026
E-MAIL: INFO@DEBSANDCO.COM
WWW.DEBSANDCO.COM

DACTYL FOUNDATION
FOR THE ARTS & HUMANITIES
64 GRAND GROUND FL
NEW YORK NY 10012
212-219-2344
E-MAIL: INTERN@DACTYL.ORG
WWW.DACTYL.ORG

DANIEL SILVERSTEIN GALLERY
520 W 21
NEW YORK NY 10011
212-929-4300 • FAX 212-929-7902
E-MAIL: INFO@SILVERSTEINGALLERY.COM
WWW.SILVERSTEINGALLERY.COM

DJT FINE ART/DOMINIC J. TAGLIALATELLA
511 W 25 2ND FL
NEW YORK NY 10001

212-367-0881 • FAX 212-367-0806
E-MAIL: DOM@COBRAART.COM
WWW.DJTFINEART.COM WWW

DORFMAN PROJECTS
529 W 20 7TH FL E
NEW YORK NY 10011
212-352-2272 • FAX 212-352-2273
E-MAIL: FRED@DORFMANPROJECTS.COM
WWW.DORFMANPROJECTS.COM

DIEU DONNÉ PAPERMILL
433 BROOME
NEW YORK NY 10013
212-226-0573 • FAX 212-226-6088
E-MAIL: INFO@PAPERMAKING.ORG
WWW.PAPERMAKING.ORG

DENISE BIBRO FINE ART
529 W 20 4TH FL
NEW YORK NY 10011
212-647-7030 • FAX 212-647-7031
E-MAIL: BIBROART@AOL.COM
WWW.DBIBROFINEART.CITYSEARCH.COM

DEREK ELLER GALLERY
526-30 W 25 2ND FL
NEW YORK NY 10001
212-206-6411 • FAX 212-206-6977
E-MAIL: DEREKELLER@AOL.COM
WWW.DEREKELLER.COM

DENISE CADÉ
210 ELEVENTH AVE 2ND FL
NY NY 10001
212-255-7404
WWW.ARTINCONTEXT.ORG

ESSO GALLERY
211 W 28
NY NY 10001
212-560-9728 • FAX 212-560-9729
E-MAIL: ESSO@SPACELAB.NET
WWW.ESSOGALLERY.COM

EYEBEAM
540 W 21
NY NY 10011
212-252-5193 • FAX 718-222-5621
E-MAIL: INFO@EYEBEAM.ORG
WWW.EYEBEAM.ORG

EDITION SCHELLMANN
210 ELEVENTH AVE # 804
NY NY 10001
212-219-1821 • FAX 212-941-9206
E-MAIL: EDSCH@MINDSPRING.COM
WWW.EDITIONSCHELLMANN.COM

EGIZIO'S PROJECT
596 BROADWAY STE. 406
NEW YORK NY 10012
212-226-8537 • FAX 212-226-4561
E-MAIL: EGIZIOP@AOL.COM
WWW.EGIZIOSPROJECT.COM

ELEANOR ETTINGER
119 SPRING

NEW YORK NY 10012
212-925-7474 • FAX 212-925-7734
WWW.EEGALLERY.COM

EDWARD THORP
210 ELEVENTH AVE 6TH FL
NEW YORK NY 10001
212-691-6565 • FAX 212-691-4933
EDWARDTHORPGALLERY@EARTHLINK.NET
WWW.EDWARDTHORPGALLERY.COM

EDWARD CARTER
560 BROADWAY 4TH FL
NEW YORK NEW YORK 10012
212-966-1933 • FAX 212-966-2145
NEWYORK@EDWARDCARTERGALLERIES.COM
WWW.EDWARDCARTERGALLERIES.COM

ETHAN COHEN FINE ARTS
37 WALKER
NEW YORK NY 10013
212-625-1250 • FAX 212-274-1518
E-MAIL: ETHANCOHEN@ECFA.COM

EXIT ART
548 BROADWAY 2ND FL
NEW YORK NY 10012
212-966-7745 • FAX 212-925-2928
E-MAIL: INFO@EXITART.ORG
WWW.EXITART.ORG

ELIZABETH HARRIS
529 W 20 6E
NEW YORK NY 10011
212-463-9666 • FAX 212-463-9403
E-MAIL: EHG@DTI.NET

ELIZABETH DEE GALLERY
545 W 20 GROUND FL
NEW YORK NY 10011
212-924-7545 • FAX 212-924-7671
E-MAIL: INFO@ELIZABETHDEEGALLERY.COM
WWW.ELIZABETHDEEGALLERY.COM

FEATURE INC.
530 W 25 GROUND FL
NEW YORK NEW YORK 10001
212-675-7772 • FAX 212-675-7773
E-MAIL: FEATUREINC@FEATUREINC.COM
WWW.FEATUREINC.COM

FEIGEN CONTEMPORARY
535 W 20
NEW YORK NY 10011
212-929-0500 • FAX 212-929-0065
E-MAIL: GALLERY@FEIGENCONTEMPORARY.COM
WWW.ARTNET.COM

FIRST STREET
526 WEST 26 #915
NEW YORK NY 10001
646-336-8053 • FAX 646-336-8054
WWW.FIRSTSTREETGALLERY.NET

FISCHBACH GALLERY
210 ELEVENTH AVE # 801
NY NY 10001
212-759-2345 • FAX 212-366-1783

E-MAIL: FISCHBACHGALLERY@MSN.COM
WWW.ARTDEALERS.ORG

FRANKLIN BOWLES GALLERY
431 W BROADWAY
NEW YORK NY 10012
212-226-1616 • FAX 212-226-3131
PCARTER@FRANKLINBOWLESGALLERY.COM
WWW.FRANKLINBOWLESGALLERY.COM

FREDERIEKE TAYLOR GALLERY
535 W 22 6TH FL
NEW YORK NY 10011
646-230-0992 • FAX 646-230-0994
E-MAIL: INFO@FREDERIEKETAYLORGALLERY.COM
WWW.FREDERIEKETAYLORGALLERY.COM

FREDERICKS FREISER GALLERY
504 W 22
NY NY 10011
212-633-6555 • FAX 212-367-9502

GALERIE LELONG
526 W 26
NY NY 10001
212-315-0470 • FAX 212-262-0624
E-MAIL: ART@GALERIELELONG.COM
WWW.ARTNET.COM/LELONG.HTML

GARY TATINTSIAN
526 W 26 # 214
NEW YORK NY 10001
212-633-0110 • FAX 212-633-0156
E-MAIL: TATIN@TATINTSIAN.COM
WWW.TATINTSIAN.COM

GALLERY VIET NAM
55 N MOORE
NEW YORK NY 10013
212-431-8889 • FAX 212-202-4737
E-MAIL: INFO@GALLERYVIETNAM.COM
WWW.GALLERYVIETNAM.COM

GALLERY 456
456 BROADWAY 3RD FL
NEW YORK NY 10013
212-431-9740 • FAX 212-431-9789
E-MAIL: CAAC4319740@YAHOO.COM

GARY SNYDER FINE ART
601 W 29
NEW YORK NY 10001
212-871-1077 • FAX 212-871-1262
E-MAIL: GENERAL@GARYSNYDERFINEART.COM
WWW.MODERNAMERICANART.COM

GALLERY JUNO
568 BROADWAY STE. 604B
NEW YORK NY 10012
212-431-1515 • FAX 212-431-1583
EMAIL: INFO@GALLERYJUNO.COM
WWW.GALLERYJUNO.COM

GAGOSIAN GALLERY
555 W 24 & ELEVENTH AVE
NEW YORK NY 10011
212-741-1111 • FAX 212-741-9611
E-MAIL: INFO@GAGOSIAN.COM

WWW.GAGOSIAN.COM

GALLERY HENOCH
555 W 25
NEW YORK NY 10001
917-305-0003 • FAX 917-305-0018
E-MAIL: GHENOCH@EARTHLINK.NET
WWW.GALLERYHENOCH.COM

GRANT GALLERY
7 MERCER
NEW YORK NY 10013
212-343-2919 • FAX 212-343-2973
E-MAIL: GRAANIT@AOL.COM
WWW.GRANTGALLERY.COM

GEORGE BILLIS GALLERY
508-526 W 26 9TH FL
NEW YORK NY 10001
212-645-2621
E-MAIL: GALLERY@GEORGEBILLIS.COM
WWW.GEORGEBILLIS.COM

HOWARD GREENBERG/GALLERY 292
120 WOOSTER 2ND FL
NEW YORK NY 10012
212-334-0010 • FAX 212-941-7479
CLIENTSERVICES@HOWARDGREENBERG.COM
WWW.HOWARDGREENBERG.COM

HELLER GALLERY
420 W 14
NEW YORK NY 10014
212-414-4014 • FAX 212-414-2636
E-MAIL: INFO@HELLERGALLERY.COM

H. HEATHER EDELMAN GALLERY
141 W 20
NY NY 10011
646-230-1104 • FAX 646-336-6613
E-MAIL: ARTPRICES@AOL.COM

HAIM CHANIN FINE ARTS
210 ELEVENTH AVE STE. 201
NEW YORK NY 10001
646-230-7200 • FAX 646-230-7989
E-MAIL: ART@HAIMCHANIN.COM
WWW.HAIMCHANIN.COM

I-20 GALLERY
529 W 20 11TH FL
NEW YORK NY 10011
212-645-1100 • FAX 212-645-0198
E-MAIL: JUDELSON@I-20.COM
WWW.I-20.COM

ISE CULTURAL FOUNDATION
555 BROADWAY
NEW YORK NY 10012
212-925-1649 • FAX 212-226-9362
E-MAIL: ISEART@EARTHLINK.NET
WWW.ISEFOUNDATION.ORG

JACK SHAINMAN
513 W 20
NEW YORK NY 10011
212-645-1701 • FAX 212-645-8316
E-MAIL: JSHAINMAN@AOL.COM

June Kelly
591 Broadway 3rd Fl
New York NY 10012
212-226-1660 • fax 212-226-2433
E-mail: junekellygallery@earthlink.net
www.junekelly.com

Janet Borden
560 Broadway #601
New York NY 10012
212-431-0166 • fax 212-274-1679
E-mail: jbordeninc@aol.com
www.janetbordeninc.com

Jay Hawkins Gallery
526 W 26 # 712
New York NY 10011
212-463-9251 • fax 212-633-0757
E-mail: jayhawkinsgallery@aol.com
www.jayhawkinsgallery.com

James Graham & Sons Inc
505 W 28
New York NY 10001
212-564-7662 • fax 212-564-8193
E-mail: info@jamesgrahamandsons.com
www.jamesgrahamandsons.com

John Elder Gallery
529 W 20 7th fl
New York NY 10011
212-462-2600 • fax 212-462-2510
E-mail: mail@johnelder.com
www.johnelder.com

Jeffrey Coploff
508 W 26 Ste. 318
New York NY 10001
212-741-1149 • fax 212-741-1189
E-mail: jcoploff@aol.com

Joseph Helman Gallery
601 W 26 14 fl
New York NY 10001
212-929-1545 • fax 212-929-1506
E-mail: jhgallery@aol.com
www.josephhelman.com

John Stevenson Gallery
338 W 23
New York NY 10011
212-352-0070 • fax 212-741-6449

Jim Kempner Fine Art
501 W 23
New York NY 10011
212-206-6872 • fax 212-206-6873
E-mail: jim.kempner@verizon.net
E-mail: mail@johnstevenson-gallery.com
www.johnstevenson-gallery.com

Kathryn Markel Fine Arts
529 W 20 6th fl
New York NY 10011
212-366-5368 • fax 212-366-5468
E-mail: markel@markelfinearts.com
www.markelfinearts.com

David Manzur

"San Jorge"

Klotz/Sirmon Gallery
511 W 25 Ste. 701
NY NY 10001
212-741-4764 • fax 212-741-4760
E-mail: klotz@photocollect.com
www.photocollect.com

Kravets/Wehby Gallery
529 W 21
New York NY 10011
212-352-2238 • fax 212-352-2239

Kent Gallery
67 Prince
New York NY 10012
212-966-4500 • fax 212-966-7820
Email: kent@kentgallery.com
www.kentgallery.com

Kagan Martos
515 Broadway 5th fl
New York NY 10012
212-343-4293 • fax 212-343-4292
www.kaganmartos.com

Kristen Frederickson
Contemporary Art
147 Reade
 New York NY 10013
917-903-2899

Luise Ross
568 Broadway #402
New York NY 10012
212-343-2161 • fax 212-343-2468
Email: lrossgallery@earthlink.net
www.luiserossgallery.com

LFL Gallery
531 W 26 4th fl

New York NY 10001
212-631-7700 • FAX 212-631-7705
EMAIL: INFO@LFLGALLERY.COM
WWW.LFLGALLERY.COM

LEHMANN MAUPIN
540 W 26
New York NY 10001
212-255-2923 • FAX 212-255-2924
EMAIL: INFO@LEHMANNMAUPIN.COM
WWW.LEHMANMAUPIN.COM

LINDA DURHAM CONTEMPORARY ART
210 ELEVENTH AVE 8TH FL
NY NY 10001
212-337-0025 • FAX 212-337-0036
EMAIL: LDCANYC@EARTHLINK.NET
WWW.LINDADURHAM.COM

LOMBARD-FREID FINE ARTS
531 W 26
New York New York 10001
212-967-8040 • FAX 212-967-0669

LYONS WIER GALLERY
511 W 25 # 205
New York NY 10001
212-242-6220 • FAX 212-242-6238
E-MAIL: LYONSWIER@HOTMAIL.COM
WWW.LYONSWIERGALLERY.COM

LOCATION ONE
26 GREENE
NY NY 10013
212-334-3347 • FAX 212-334-3289
E-MAIL: LOCATION1@LOCATION1.ORG
WWW.LOCATION1.ORG

LOUIS K. MEISEL
141 PRINCE
New York NY 10012
212-677-1340 • FAX 212-533-7340
E-MAIL: GALLERY@MEISELGALLERY.COM
WWW.MEISELGALLERY.COM

LESLIE TONKONOW
ARTWORKS + PROJECTS
535 W 22 6TH FL
New York NY 10001
212-255-8450 • FAX 212-414-8744
E-MAIL: INFO@TONKONOW.COM
WWW.TONKONOW.COM

LATIN COLLECTOR ART CENTER
153 HUDSON
New York NY 10013
212-334-7813 • FAX 212-334-7830
E-MAIL: INFO@LATINCOLLECTOR.COM

MAURICE ARLOS FINE ART
85 FRANKLIN
New York NY 10013
212-965-5466 • FAX 212-965-5468
E-MAIL: PRIAPOS@ATT.NET

MARGARETE ROEDER
545 BROADWAY 4TH FL
New York NY 10012

212-925-6098 • FAX 212-431-7050
E-MAIL: ROEDERNYC@AOL.COM
WWW.ROEDERGALLERY.COM

MELA FOUNDATION
275 CHURCH 3RD FL
New York NY 10013
212-925-8270
E-MAIL: MELAFOUNDATION@RCN.COM
WWW.MELAFOUNDATION.ORG

MICHAEL INGBAR GALLERY
OF ARCHITECTURAL ART
568 BROADWAY RM 103B
New York NY 10012
212-334-1100

MATTHEW MARKS GALLERY
523 W 24
NY NY 10011
212-243-0200 • FAX 212-243-0047
E-MAIL: INFO@MATTHEWMARKS.COM
WWW.MATTHEWMARKS.COM

MATTHEW MARKS GALLERY
522 W 22
New York NY 10011
212-243-0200 • FAX 212-243-0047
E-MAIL: INFO@MATTHEWMARKS.COM
WWW.MATTHEWMARKS.COM

MARLBOROUGH CHELSEA
211 W 19-GROUND FL
New York NY 10014
212-463-8634 • FAX 212-463-9658
EMAIL: MNY@MARLBOROUGHGALLERY.COM
WWW.MARLBOROUGHGALLERY.COM

MARVELLI GALLERY
526 W 26 2ND FL
NY NY 10001
212-627-3363 • FAX 212-627-3368
E-MAIL: INFO@MARVELLIGALLERY.COM
WWW.MARVELLIGALLERY.COM

EIVAR MOYA

MCKENZIE FINE ART
511 W 25 2ND FL
NEW YORK NY 10001
212-989-5467 • FAX 212-989-5642
E-MAIL: INFO@MCKENZIEFINEART.COM
WWW.MCKENZIEFINEART.COM

MARY BOONE GALLERY
541 W 24
NEW YORK NY 10011
212-752-2929 • FAX 212-752-9393
E-MAIL: INFO@MARYBOONEGALLERY.COM
WWW.MARYBOONEGALLERY.COM

MARIANNE BOESKY GALLERY
535 W 22 2ND FL
NEW YORK NY 10011
212-680-9889 • FAX 212-680-9897
E-MAIL: INFO@MARIANNEBOESKYGALLERY.COM
WWW.MARIANNEBOESKYGALLERY.COM

MULTIPLE IMPRESSIONS
128 SPRING
NEW YORK NY 10012
212-925-1313 • FAX 212-431-7146
WWW.MULTIPLEIMPRESSIONS.COM

MERTON D. SIMPSON GALLERY
38 W 28 5TH FL
NEW YORK NY 10001
212-686-6735 • FAX 212-686-7573
E-MAIL: SIMPSON@INCH.COM
WWW.MERTONSIMPSONGALLERY.COM

NEW CENTURY ARTISTS INC.
530 W 25 STE. 406
NEW YORK NY 10001
212-367-7072
E-MAIL: NEWCENTURYARTISTS@MSN.COM
WWW.NEWCENTURYARTISTS.ORG

NOHO GALLERY
530 W 25 4TH FL
NEW YORK NY 10001
212-367-7063
WWW.ARTINCONTEXT.ORG/NOHOGALLERY

NEW MUSEUM OF CONTEMPORARY ART
583 BROADWAY
NEW YORK NY 10012
212-219-1222 • FAX 212-431-5328
E-MAIL: NEWMU@NEWMUSEUM.ORG
WWW.NEWMUSEUM.ORG

NEW YORK ART WORLD
498 BROOME
NY NY 10013
212-226-6085
E-MAIL: INFO@NEWYORKARTWORLD.COM
WWW.NEWYORKARTWORLD.COM

NANCY HOFFMAN
429 W BROADWAY
NEW YORK NY 10012
212-966-6676 • FAX 212-334-5078
E-MAIL: NHGNYC@AOL.COM
WWW.NANCYHOFFMANGALLERY.COM

NEW YORK ACADEMY OF ART
111 FRANKLIN ST
NEW YORK NY 10013
212-966-0300
WWW.AAGSFA.ORG

NANCY MARGOLIS
560 BROADWAY # 302
NEW YORK NY 10012
212-343-9523 • FAX 212-343-9524
E-MAIL: MARGOLISNY@AOL.COM
WWW.NANCYMARGOLISGALLERY.COM

PACEWILDENSTEIN
534 W 25
NEW YORK NY 10001
212-929-7000 • FAX 212-929-7001

PAINT BOX GALLERY
170 NINTH AVE
NEW YORK NY 10011
212-675-1680 • FAX 212-675-0680
THEGALLERY@THEPAINTBOXGALLERY.COM
WWW.THEPAINTBOXGALLERY.COM

PERIMETER GALLERY
511 W 25 STE. 402
NEW YORK NY 10001
212-675-1585 • FAX 212-675-1607
E-MAIL: PERIMETERNYC@AOL.COM

PAUL MORRIS
465 W 23
NEW YORK NY 10011
212-727-2752 • FAX 212-206-7351
E-MAIL: INFO@PAULMORRISGALLERY.COM
WWW.PAULMORRISGALLERY.COM

PAUL KASMIN GALLERY
293 TENTH AVE AT 27TH
NEW YORK NY 10001
212-563-4474 • FAX 212-563-4494
E-MAIL: PAULKASMIN@AOL.COM
WWW.PAULKASMINGALLERY.COM

PAULA COOPER GALLERY
534 W 21
NEW YORK NY P10011
212-255-1105 • FAX 212-255-5156

PHYLLIS KIND
136 GREENE
NEW YORK NY 10012
212-925-1200 • FAX 212-941-7841
E-MAIL: INFO@PHYLLISKINDGALLERY.COM
WWW.PHYLLISKINDGALLERY.COM

PAUL SHARPE CONTEMPORARY ART
86 WALKER FL 6
NEW YORK NY 10013
646-613-1252

PETER BLUM
99 WOOSTER
NEW YORK NY 10012
212-343-0441 • FAX 212-343-0523
E-MAIL: PBLUM@NYCT.NET
P.P.O.W.

476 BROOME 3RD FL
NEW YORK NY 10013
212-941-8642 • FAX 212-274-8339
E-MAIL: INFO@PPOWGALLERY.COM

PHOENIX
568 BROADWAY STE. 607
NEW YORK NY 10012
212-226-8711 • FAX 212-343-7303
E-MAIL: INFO@PHOENIX-GALLERY.COM
WWW.PHOENIX-GALLERY.COM

PERRY RUBENSTEIN
521 W 23
NEW YORK NY 10011
212-206-7348 • FAX 212-206-9782
E-MAIL: PRGALLERY@MSN.COM

PLEIADES GALLERY
530 W 25 4TH FL
NEW YORK NY 10001
646-230-0056 • FAX 646-230-0056
E-MAIL: PLEIADESGALLERY@AMAZON.COM

PLUM BLOSSOMS GALLERY
555 W 25
NY NY 10001
212-719-7008 • FAX 646-486-1991
E-MAIL: INFO@PLUMBLOSSOMS.COM
WWW.PLUMBLOSSOMS.COM

POSTMASTERS
459 W 19
NEW YORK NY 10011
212-727-3323 • FAX 212-229-2829
E-MAIL: POSTMASTERS@THING.NET
WWW.POSTMASTERSART.COM

PRATT MANHATTAN GALLERY
144 W 14 2ND FL
NEW YORK NY 10011
212-647-7778 • FAX 718-636-3785
E-MAIL: EXHIBITS@PRATT.EDU
WWW.PRATT.EDU/EXHIBITIONS

PRINCE STREET GALLERY
530 WEST 25 4TH FL
NEW YORK NY 10001
646-230-0246 • FAX 646-230-0246
E-MAIL: PSG@AOL.COM
WWW.PRINCESTREETGALLERY.COM

ROBERT MILLER
524 W 26
NEW YORK NY 10001
212-366-4774 • FAX 212-366-4454
E-MAIL: RMG@ROBERTMILLERGALLERY.COM
WWW.ROBERTMILLERGALLERY.COM

ROBERT MANN GALLERY
210 ELEVENTH AVE 10TH FL
NEW YORK NY 10001
212-989-7600 • FAX 212-989-2947
E-MAIL: MAIL@ROBERTMANNGALLERY.COM
WWW.ROBERTMANN.COM

RARE GALLERY
435 W 14

NEW YORK NY 10014
212-645-5591 • FAX 212-645-5594
E-MAIL: RAREGALLERY@EARTHLINK.NET
WWW.RARE-GALLERY.COM

RICCO MARESCA GALLERY
529 W 20 3RD FL
NEW YORK NY 10011
212-627-4819 • FAX 212-627-5117
E-MAIL: INFO@RICCOMARESCA.COM
WWW.RICCOMARESCA.COM

RUSH ARTS GALLERY
526 W 26 # 311
NEW YORK NEW YORK 10001
212-691-9552 • FAX 212-691-9304
E-MAIL: RUSHARTS@PHATFARM.COM

RONALD FELDMAN FINE ARTS
31 MERCER
NEW YORK NY 10013
212-226-3232 • FAX 212-941-1536
E-MAIL: INFO@FELDMANGALLERY.COM
WWW.FELDMANGALLERY.COM

SOHO TRIAD FINE ARTS
107 GRAND
NEW YORK NY 10013
212-965-9500 • FAX 212-965-0537
E-MAIL: SOHOTRIAD@MSN.COM
WWW.SOHOTRIAD.COM

SWISS INSTITUTE CONTEMPORARY ART
495 BROADWAY 3RD FL
NEW YORK NY 10012
212-925-2035 • FAX 212-925-2040
E-MAIL: INFO@SWISSINSTITUTE.NET
WWW.SWISSINSTITUTE.NET

SHERRY FRENCH
601 W 26
NEW YORK NY 10001
212-647-8867 • FAX 212-647-8899
E-MAIL: SHERRYFRENCH@EARTHLINK.NET
WWW.SHERRYFRENCHGALLERY.COM

SANDRA GERING GALLERY
534 W 22
NEW YORK NY 10011
646-336-7183 • FAX 646-336-7185
E-MAIL: SANDRA@GERINGGALLERY.COM
WWW.GERINGGALLERY.COM

STEPHEN HALLER GALLERY
540 W 26
NEW YORK NY 10001
212-741-7777
WWW.STEPHENHALLERGALLERY.COM

SEAN KELLY GALLERY
528 W 29
NEW YORK NY 10001
212-239-1181 • FAX 212-239-2467
E-MAIL: INFO@SKNY.COM
WWW.SKNY.COM

SEARS-PEYTON GALLERY
210 ELEVENTH AVE 8TH FL

NY NY 10001
212-966-7469
E-MAIL: SEARSPEYT@AOL.COM
WWW.SEARSPEYTON.COM

SENIOR & SHOPMAKER
21 E 26 2ND FL
New York New York 10010
212-213-6767 • FAX 212-213-4801
E-MAIL: GALLERY@SENIORANDSHOPMAKER.COM
WWW.SENIORANDSHOPMAKER.COM

SOHO20 CHELSEA
511 W 25 STE. 605
New York NY 10001
212-226-4167 • FAX 212-367-8984
E-MAIL: SOHO20@EARTHLINK.NET
WWW.SOHO20GALLERY.COM

SONNABEND
536 W 22
New York NY 10011
212-627-1018 • FAX 212-627-0489

SPIKE GALLERY
547 W 20
NY NY 10011
212-627-4100 • FAX 212-627-1117
WWW.SPIKEGALLERY.COM

STRICOFF FINE ART LTD
564 W 25
NY NY 10001
212-219-3977 • FAX 212-219-3240
E-MAIL: INFO@STRICOFF.COM

STEFAN STUX GALLERY
529 W 20 9TH FL
New York NY 10011
212-352-1600 • FAX 212-352-0302
E-MAIL: INFO@STUXGALLERY.COM
WWW.STUXGALLERY.COM

S. E. FEINMAN FINE ARTS
448 BROOME
New York NY 10013
212-431-6820 • FAX 212-431-6495
E-MAIL: SEF29@AOL.COM

SPENCER BROWNSTONE
39 WOOSTER
New York NY 10013
212-334-3455 • FAX 212-274-1157
E-MAIL: SBGSOHO@HOTMAIL.COM
WWW.SPENCERBROWNSTONEGALLERY.COM

STUDIO 18 GALLERY
18 WARREN
New York NY 10007
212-385-6734

SYNAGOGUE FOR THE ARTS
49 WHITE
New York NY 10013
212-966-7141 • FAX 212-966-4968
E-MAIL: INFO@CIVICCENTERSYNAGOGUE.ORG
WWW.CIVICCENTERSYNAGOGUE.ORG

SUNDARAM TAGORE GALLERY

137 GREENE
NEW YORK NY 10012
212-677-4520 • FAX 212-677-4521
E-MAIL: GALLERY@SUNDARAMTAGORE.COM
WWW.SUNDARAMTAGORE.COM

THE DRAWING CENTER
35 WOOSTER
New York NY 10013
212-219-2166 • FAX 212-966-2976
E-MAIL: DRAWCENT@DRAWINGCENTER.ORG
WWW.DRAWINGCENTER.ORG

TEAM GALLERY
527 W 26
New York NY 10001
212-279-9219 • FAX 212-279-9220
E-MAIL: RUBYGENTRY@TEAMGAL.COM
WWW.TEAMGAL.COM

THE PAINTING CENTER
52 GREENE 2ND FL
New York NY 10013
212-343-1060
WWW.THEPAINTINGCENTER.COM

TOBEY FINE ARTS
580 BROADWAY STE. 502
NY NY 10012
212-431-7878
E-MAIL: TOBEYFINEARTS@JUNO.COM
WWW.TOBEYFINEARTS.COM

THE WORK SPACE
96 SPRING 8TH FL
New York NY 10012
212-219-2790 • FAX 212-925-0690
E-MAIL: WORKSPACE@DNCLAW.COM

RAFAEL GOMEZ

TANYA BONAKDAR
521 W 21 2ND FL
NEW YORK NY 10011
212-414-4144 • FAX 212-414-1535
E-MAIL: MAIL@TANYABONAKDARGALLERY.COM
WWW.TANYABONAKDARGALLERY.COM

VISUAL ARTS GALLERY
137 WOOSTER
NEW YORK NY 10012
212-598-0221 • FAX 212-529-9149
WWW.SCHOOLOFVISUALARTS.EDU

VAN DE WEGHE FINE ART
521 W 23
NY NY 10001
212-929-6633 • FAX 212-929-6632
E-MAIL: INFO@VDWFINEART.COM
WWW.VDWFINEART.COM

VIRIDIAN ARTISTS
530 W 25 # 407
NY NY 10001
212-414-4040 • FAX 212-414-4040
E-MAIL: INFO@VIRIDIANARTISTS.COM
WWW.VIRIDIANARTISTS.COM

WARD-NASSE GALLERY
178 PRINCE
NEW YORK NY 10012
212-925-6951 • FAX 212-334-2095
E-MAIL: MARKHERD@WARDNASSE.ORG
WWW.WARDNASSE.ORG

WESTWOOD GALLERY
578 BROADWAY
NY NY 10012
212-925-5700 •
FAX 212-925-3449
EMAIL: INFO@WESTWOODGALLERY.COM
WWW.WESTWOODGALLERY.COM

WALTER WICKISER GALLERY
568 BROADWAY STE. 104B
NEW YORK NY 10012
212-941-1817 • FAX 212-625-0601
EMAIL: WWICKISERG@AOL.COM
WWW.WALTERWICKISERGALLERY.COM

WOODWARD GALLERY
476 BROOME 5TH FL
NEW YORK NY 10013
212-966-3411 • FAX 212-966-3491
EMAIL: WDWRDGLLRY@AOL.COM

WHITE COLUMNS
320 W 13
NEW YORK NY 10014
212-924-4212
FAX 212-645-4764
EMAIL: INFO@WHITECOLUMNS.ORG
WWW.WHITECOLUMNS.ORG

YESHIVA UNIVERSITY MUSEUM
15 W 16TH
NEW YORK NY 10011
212-294-8330 • FAX 212-294-8335
E-MAIL: MKIPLOK@YUM.CJH.ORG

RHODE ISLAND

DAVID WINTON BELL GALLERY
BROWN UNIVERSITY LIST ART CTR.
64 COLLEGE
PROVIDENCE, RI 02912
401-863-2932 • FAX 401-863-9323
E-MAIL: JO-ANN_CONKLIN@BROWN.EDU
WWW.BROWN.EDU/BELLGALLERY

FINE ARTS CENTER GALLERIES
UNIVERSITY OF RHODE ISLAND
105 UPPER COLLEGE ROAD SUITE 1
KINGSTON, RI 028810821
401-874-2775 • FAX 401-874-2007
WWW.URI.EDU/ARTSCI/ART/GALLERY

RISD MUSEUM
224 BENEFIT
PROVIDENCE, RI 02903
401-454-6500 • FAX 401-454-6556
E-MAIL: MUSEUM@RISD.EDU
WWW.RISD.EDU/MUSEUM.CFM

WILLIAM VAREIKA FINE ARTS
212 BELLEVUE AVE
NEWPORT, RI 02840
401-849-6149 • FAX 401-849-6858
E-MAIL: WVFA@IDS.NET
WWW.WILLIAMVAREIKAFINEARTS.COM

NEW MEXICO

NEDRA MATTEUCCI GALLERY
1075 PASEO DE PERALTA
SANTA FE, NM 87501
505-982-4631 • FAX 505-984-0199
E-MAIL: INQUIRY@MATTEUCCI.COM
WWW.MATTEUCCI.COM

MUSEUM OF FINE ARTS ON THE PLAZA
107 W. PALACE AVE
SANTA FE, NM 87501
505-476-5072 • FAX 505-476-5076
WWW.NMCULTURE.ORG

MUSEUM OF INTERNATIONAL
FOLK ART MUSEUM HILL
706 CAMINO LEJO
SANTA FE, NM 87504
505-476-1200 • FAX 505-476-1300
WWW.STATE.NM.US/MOIFA

NEW GROUNDS PRINT
WORKSHOP & GALLERY
3812 CENTRAL AVE SE, STE 100B
ALBUQUERQUE, NM 87108
505-268-8952
E-MAIL: NEWGROUNDS@EARTHLINK.COM
WWW.NEWGROUNDSPRINTSHOP.COM

GEORGIA O'KEEFFE MUSEUM
217 JOHNSON ST,
SANTA FE, NM 87501
505-995-0785 • FAX 505-995-0786
E-MAIL: MAIN@OKEEFFE-MUSEUM.ORG

WWW.OKEEFFE-MUSEUM.ORG

SITE SANTA FE
1606 PASEO DE PERALTA
SANTA FE, NM 87501
505-989-1199 • FAX 505-989-1188
E-MAIL: INFO@SITESANTAFE.ORG
WWW.SITESANTAFE.ORG

PEYTON WRIGHT
237 E PALACE AVE
SANTA FE, NM 87501
800-879-8898 • FAX 505-989-9889
E-MAIL: FINEART@PEYTONWRIGHT.COM
WWW.PEYTONWRIGHT.COM

RIVA YARES GALLERY
123 GRANT AVE
SANTA FE, NM 87501
505-984-0330 • FAX 505-986-8661
E-MAIL: ART@RIVAYARESGALLERY.COM
WWW.RIVAYARESGALLERY.COM

TEXAS

ARTSPACE FOUNDATION
FOR CONTEMPORARY ART
445 N MAIN AVE
SAN ANTONIO, TX 78205
210-212-4900 • FAX 210-212-4990
E-MAIL: INFO@ARTPACE.ORG
WWW.ARTPACE.ORG

AMON CARTER MUSEUM
3501 CAMP BOWIE BLVD
FORT WORTH, TX 76107
817-738-1933 • FAX 817-988-5079
E-MAIL: CAROL.NOEL@CARTERMUSEUM.ORG
WWW.CARTERMUSEUM.ORG

ADAIR MARGO GALLERY
415 E YANDELL ,
EL PASO, TX 79902
915-533-0048 • FAX 915-496-8550
E-MAIL: AMARGO@WHC.NET
WWW.ADAIRMARGO.COM

EL PASO MUSEUM OF ART
1 ARTS FESTIVAL PLAZA
EL PASO, TX 79901
915-532-1707 • FAX 915-532-1010
WWW.ELPASOARTMUSEUM.ORG

FINESILVER/FYI
816 CAMARON NO 1.02
SAN ANTONIO, TX 78212
210-354-3333 • FAX 210-354-3393
E-MAIL: FINEGAL@FINESILVER.COM
WWW.FINESILVER.COM

IRVING ARTS CENTER
3333 N MACARTHUR BLVD
IRVING, TX 75062
972-252-7558 • FAX 972-570-4962
E-MAIL: MINMAN@CI.IRVING.TX.US
WWW.CI.IRVING.TX.US/ARTS

JACK S. BLANTON MUSEUM OF ART
THE UNIVERSITY OF TEXAS
23RD & SAN JACINTO
AUSTIN, TX 78712
512-471-7324 • FAX 512-471-7023
E-MAIL: BLANTONMUSEUM@WWW.UTEXAS.EDU

KIMBELL ART MUSEUM
3333 CAMP BOWIE BLVD
FORT WORTH, TX 76107-2792
817-332-8451 • FAX 817-877-1264
WWW.KIMBELLART.ORG

MEREDITH LONG & COMPANY
2323 SAN FELIPE
HOUSTON, TX 77019
713-523-6671 • FAX 713-523-2355
E-MAIL: INFO@MEREDITHLONGGALLERY.COM
WWW.MEREDITHLONGGALLERY.COM

MEADOWS MUSEUM
SOUTHERN METHODIST UNIVERSITY
5900 BISHOP BLVD
DALLAS, TX 75275
214-768-2516 • FAX 214-768-1688
WWW.MEADOWSMUSEUM.SMU.EDU

MENIL COLLECTION
1515 SUL ROSS
HOUSTON, TX 77006
713-525-9400 • FAX 713-525-9470
E-MAIL: VMUSE@MENIL.ORG
WWW.MENIL.ORG

MUSEUM OF FINE ARTS
1001 BISSONNET
HOUSTON, TX 77005

DARIO MORALES

713-639-7300 • FAX 713-639-7597
E-MAIL: PR@MFAH.ORG
WWW.MFAH.ORG

PARCHMAN STREMMEL GALLERIES
203 N PRESA
SAN ANTONIO, TX 78205
210-222-2465 • FAX 210-212-5221
E-MAIL: PSGART@SWBELL.NET
WWW.ARTNET.COM/PSG.HTML

REBECCA LOW SCULPTURAL
METAL GALLERY & STUDIO
7608 HIGHWAY 80 WEST (SPUR 580)
FORT WORTH, TX 76116
TOLL FREE 877-879-8006 • FAX 817-244-1151
WWW.REBECCALOW.COM

SAN ANTONIO MUSEUM OF ART
200 W JONES AVE
SAN ANTONIO, TX 78215
210-978-8100 • FAX 210-978-8134
E-MAIL: SAMOA@WORLD-NET.NET
WWW.SAMUSEUM.ORG

SOUTH TEXAS INSTITUTE FOR THE ARTS
1902 N SHORELINE DR
CORPUS CHRISTI, TX 78401
361-825-3500 • FAX 361-825-3520
E-MAIL: STIAWEB@MAIL.TAMUCC.EDU
WWW.STIA.ORG

TEXAS FINE ARTS ASSOCIATION
JONES CENTER FOR CONTEMPORARY ART
700 CONGRESS AVE
AUSTIN, TX 78701
512-453-5312 • FAX 512-459-4830
E-MAIL: INFO@TFAA.ORG
WWW.TFAA.ORG

THORNWOOD GALLERY
1201 BIRDSALL AVE
HOUSTON, TX 77007
713-861-ARTS (2787) • FAX 713-861-2796
E-MAIL: THORNWOOD@WT.NET
WWW.THORNWOODGALLERY.COM

THE CENTER FOR SPIRITUALITY AND THE ARTS
4707 BROADWAY
SAN ANTONIO, TX 78209
210-829-5980 • FAX 210-805-9886
E-MAIL: ROBERTS@UNIVERS.UIWTX.EDU

THE TRAMMELL & MARGARET
CROW COLLECTION OF ASIAN ART
2010 FLORA ST
DALLAS, TX 75201
214-979-6430 • FAX 214-979-6439
E-MAIL: EDUCATION@CROWCOLLECTION.COM
WWW.CROWCOLLECTION.ORG

THE DALLAS CENTER
FOR CONTEMPORARY ART
2801 SWISS AVE
DALLAS, TX 75204
214-821-2522 • FAX 214-821-9103
E-MAIL:

THECONTEMPORARY@MINDSPRING.COM
WWW.THECONTEMPORARY.NET

WILLIAM CAMPBELL
CONTEMPORARY ART, INC.
4935 BYERS AVE
FORT WORTH, TX 76107
817-737-9566 • FAX 817-737-9571
E-MAIL: WCCA@FLASH.NET
WWW.ARTNET.COM/WCAMPBELL.HTML

INTERNATIONAL
GALLERIES

FRANCE

PARIS

GALERIE CLAUDE BERNARD 7 RUE DES BEAUX-
ARTS, 75006 • (33) (1) 4326 97 07, FAX
(33) (1) 4633 04 25 • EMAIL:
GALERIE@CLAUDE-BERNARD.COM

GALERIE JEANNE-BUCHE
53 RUE DE SEINE, PARIS, 75006 •
0166616965, FAX 0166616968

GERMANY

MUNICH

GALERIE THOMAS MAXIMILIANSTRASSE 25,
MUNICH, 80539 • +4989/2900080, FAX
+4989/29000888 • EMAIL: INFO@GALERIE-
THOMAS.DE • URL: WWW.GALERIE-THOMAS.DE

GREAT BRITAIN

LONDON

ALBEMARLE GALLERY 49 ALBEMARLE ST,
LONDON W15 4JR • 11442074991616, FAX
11442074991717 • EMAIL:
ALBGALL@AOL.COM • URL:
WWW.ALBEMARLEGALLERY.COM

GAGOSIAN GALLERY 8 HEDDON ST,
LONDON W1B 4BU • 44 0207 292-8222, FAX
44 0207 292-8220 • EMAIL:
INFO@GAGOSIAN.COM • URL:
WWW.GAGOSIAN.COM

SWITZERLAND

ZURICH

GALERIE HAUSER & WIRTH & PRESENHUBER
LIMMATSTRASSE 270, PO BOX 1463 • (41)
(1) 446 8060, FAX (41) (1) 446 8055 •
EMAIL: INFO@GHW.CH • URL: WWW.GHW.CH

A. COLUNGA (NIÑO ATRAPADO POR COCODRILO)